노년은 인생의 꽃이다

知워크

노년은 인생의 꽃이다
초판 발행 2024년 2월 14일

지은이   이응석
펴낸이   조충영
펴낸곳   지워크
출판신고   2023년 10월 26일.(제251-2023-104호)
주   소   서울특별시 구로구 오류로 36-25, 1F
전   화   010-4490-4050
이 메 일   gwalkbooks@gmail.com

ISBN | 979-11-986315-0-3

ⓒ 지워크 2023
본 책은 저작자의 지적 재산으로서 무단 전재와 복제를 금합니다.
책값은 뒤표지에 표시되어 있습니다.
잘못된 책은 구입처나 본사에서 바꾸어 드립니다.

노년의 인생은 꽃이다

이 응 석 지음

知워크

CONTENT

제1부 멋진 삶

- 001 몸 일지 쓰기 ·············· 15
- 002 삶은 100년의 여행 ·············· 20
- 003 자발적 자기 노력 ·············· 22
- 004 불편한 삶의 선택 ·············· 23
- 005 청개구리의 삶 ·············· 25
- 006 추억 쌓기 ·············· 27
- 007 터 미 널 ·············· 29
- 008 삶의 기쁨 ·············· 31
- 009 스콧 니어링 ·············· 32
- 010 자가용 ·············· 39
- 011 술과 담배 ·············· 43
- 012 결핍의 반전 ·············· 45
- 013 자서전 ·············· 48
- 014 괴짜 노인 ·············· 50
- 015 농부 ·············· 53
- 016 공부 ·············· 56
- 017 고전 읽기 ·············· 58
- 018 내 목소리 지키기 ·············· 60
- 019 자연은 강력한 항노화 수단 ·············· 62

020	훌쩍 다가온 부음 소식	79
021	오두막 편지	82
022	자신을 먼저 알자	84
023	밑동	86
024	오고 가고	88
025	몸의 혹, 삶의 혹	91
026	상실의 시간, 회상의 시간	93
027	순한 항거	95
028	아버지의 손금	97
029	돌집, 나무집	98
030	문명과 원시의 진자(1)	99
031	문명과 원시의 진자(2)	101
032	한담(閑談)	103
033	삶은 허무 속으로	106
034	심박수 60	108
035	건강 정보의 홍수	111
036	불편의 생활화	113
037	내 나라 샅샅이 밟기	115
038	몸으로 쓴 건강일지	119
039	사고, 낙상	124
040	행복의 99%	125
041	꿀맛 밥맛	132

042	노인도 남자다	135
043	아날로그 고집	139
044	잘 먹고 많이 움직이기	141
045	보청기는 불편하다	143
046	막걸리 한 잔	144
047	좋은 시력	146
048	치아	148
049	인간다운 체형 갖기	151
050	행복 캐기	154
051	노후의 돈이라는 것	156
052	명함 만들기	158
053	만 원의 행복	160
054	1억 보의 비밀	166
055	무리하지 말자	168
056	자발적 외톨이	170
057	배우고 싶다	172
058	노후에 필요한 5S	174
059	사계의 시작은 겨울	176
060	두께 1mm의 피부	178
061	시간 사랑하기	180
062	세월을 이기는 몸	181
063	스쾃과 까치발	182

064	헬스클럽	184
065	초보자의 세계	186
066	노인 해방구	187
067	세월 이기는 장사 있다	190
068	시간이 없다	192
069	운동과 BDNF	194
070	문화적 삶 살기	196
071	첫 경험 하기	198
072	부자의 공간	200
073	행복의 가면을 쓴 바이러스	202
074	용불용설론의 신봉자	204
075	건강 지킴이	206
076	삶은 허무다	208
077	노인의 성(性)	210
078	좋은 차, 좋은 몸	215
079	삶이라는 직장	217
080	3대 금기어	220
081	허벅지를 위해 차를 버리다	222
082	행복 습관 길들이기	223
083	싸구려 행복	224
084	멋진 삶을 사는 사람들	225

제2부 멋진 늙음

- 085　어떤 노후를 맞고 싶은가 ····· 238
- 086　경험론자 ····· 242
- 087　건강한 노인이 되려면 ····· 244
- 088　운동하면 오래 산다 ····· 258
- 089　노인 선진국 일본 ····· 259
- 090　일본인의 新건강장수수칙 12 ····· 261
- 091　멋진 나이 듦의 예 ····· 262

제3부 멋진 마무리

- 092　3월에 맞는 어떤 죽음 ····· 282
- 093　죽음을 잘 준비하자 ····· 287
- 094　어떻게 죽을 것인가 ····· 288
- 095　산다는 것과 죽는다는 것 ····· 290
- 096　친구 떠난 지 석 달 열흘 ····· 296
- 097　자다가 죽고 싶다 ····· 300
- 098　장례를 어떻게 할 것인가 ····· 302
- 099　멋진 마무리 ····· 305
- 100　늙지 않는 장수의 비결 ····· 327
- 101　건강을 위한 생활 습관 ····· 332

[프롤로그]

느림보 '노화 열차'의 승차권

　이 열차는 지구에서 가장 느리게 가는 노화 열차다. 이 열차에 탑승하면 누구나 백세 역에 느릿느릿 거북이처럼 나무늘보처럼 도착한다. 인생 후반부를 맞는 모든 노인에게 이 열차에 탑승시키고 싶다. 노인서 두 권을 낸 경력과 몸일지를 쓰면서 기록한 노화 과정과 실제로 겪은 이야기들을 버무려 노인에 대한 인생 후반부 선물을 준비했다. 주변에서 건강을 잃어 고통을 겪는 사람을 워낙 많이 봐왔기에 가만히 보고 있을 수만은 없다. 지금까지 비교적 건강한 내가 앞장서야 한다는 사명감도 생긴다. 잃어버린 건강을 되찾는 데 작은 도움이라도 주자. 아니 건강을 잃어버리지 않도록 돕자.

　가래는 필요 없다. 미리미리 호미로 막자. 느림보 노화 열차에 탑승하면 건강염려는 그리하지 않아도 된다. 물론 마음이 단단해야 한다는 전제가 깔려있다. 마음이 물렁하면 백약이 무효다. 정신의 나사를 바짝 죄어야 한다. 이 열차에 탑승하면 빨리 갈 수 없다. 주변의 나무 한 그루, 풀 한 포기를 세며 간다. 나무 크기를 재며

간다. 개미 기어가는 것도 보고 달팽이 움직임도 살필 수 있다. 보도블록 사이를 비집고 나온 민들레를 매만지며 갈 수 있는 느림보 열차다.

빛의 속도로 달려가는 요즘 시기에 웬 느림보 열차 이야기? 속도는 모든 풍경과 모든 경험을 축소하고 죽인다. 그리고 이유 없이 목적지에 일찍 데려다준다. 지금은 젊은 시절처럼 일하는 시기가 아니다. 허겁지겁, 허둥지둥해서는 안 된다. 유유자적, 여유와 한 템포 느린 삶을 향유해야 한다. 심지어 중간역에 내려놓고 뺑소니 차처럼 사라진다. 이런 급행열차를 왜 타야 하나. 그렇다고 시간을 붙들어 맬 수도 없다. 시계를 거꾸로 돌리는 것도 불가능이다. 발을 동동 구르며 안절부절못하는 것은 하수가 하는 짓이다.

대신 시간을 철저히 부리고 올라타고 시간의 주인공이 되어야 한다. 고삐를 단단히 움켜쥐고 코뚜레를 당겼다 놓았다 해야 한다. 시간에 질질 끌려가는 삶은 일단 하급의 삶이며 시간에 지는 삶이다. 시간에 지면 인생에 지게 되고 건강에 지게 되고 삶에 지게 된다. 이 느림보 열차에 올라타면 세상은 온통 꽃이 된다. 세상이 무지개가 된다. 세상이 아름다운 새소리로 덮인다. 이 열차에 타지 않으면 있는 꽃도 무지개도 새소리도 보이지도 들리지도 않는다.

그러려면 우선 자신의 시간을 많이 확보해야 한다. 그것은 잠을 적게 자는 것이다. 또 TV 보는 시간을 줄여야 한다. 그리고 행복의 시간을 늘리는 것이다. 이를테면 음식을 맛있게 느끼며 먹는다. 그리고 최소 30분 이상 즐기며 먹는다. 하루 세끼를 반드시 챙겨 먹는다. 어쩌다 금식이나 두 끼 식사는 봐줄 수 있지만 계속

이어진다면 건강에 문제가 생기고 자신의 행복한 시간이 베어져 나간다. 세 끼 식사 시간은 평균수명 80으로 했을 때 약 3년의 세월이다. 그 시간의 3분의 1이 깎이어 나간다. 이런 행복의 시간이 사라지는 건 매우 안타까운 일이다. 깎이어 나간 행복의 시간 1년을 다른 곳에서 보충한다는 것은 생각만큼 쉽지 않다. 잘 헤아려 행동해야 한다. 자신에게 주어진 시간을 자신이 주인공이기에 자신의 마음대로 자신의 시간에 올라타 자신이 맘껏 부릴 수 있어야 한다.

이 책이 다른 책과 다른 것은 인간의 몸이 나이 들면서 어떤 변화를 가져오는지 몸일지를 직접 쓴 것을 세상에 알린다는 점이다. 많은 참고가 되리라 여긴다. 인간의 몸이 나이에 따라 늙어가면서 얼마나 많은 변화를 가져오고 요동치는지 몸일지 기록은 생생하게 보여주고 있다. 소소한 것까지 놓치지 않고 기록했다는 점에 놀랄 것이다. 이 기록들은 많은 노인에게 큰 위로가 될 것이며 느림보 노화의 해법이 될 것이라 믿는다.

젊은 시절 무슨 일 저지를 것만 같은 두껍던 팔다리와 허벅지 근육은 어디론가 사라지고 얇아지고 위태롭게 가늘어지고 앙상하게 야위어가고 광대뼈는 왜 이리도 툭 불거지고 사나운 인상으로 바뀌는지 또 머리칼은 왜 이렇게 우황 앓은 소처럼 푸석거리고 성기어 가는가. 이 무시무시한 변화 앞에 어느 누가 감히 당당하고 어깨 힘주며 우쭐거릴 수 있는가. 비록 그렇더라도 바람이 불기도 전에 미리 누울 필요는 없지 않은가. 변화와 자연 앞에 순응하면서 지혜롭게 노화 바람과 동고동락 하며 지혜롭게 대처하여 살맛 나는 인생 후반부를 맞아보자. 이 책을 읽으면 얼마든지 가능하다는 확신이 들 것이다.

이 책은 바로 노화의 지혜로운 순응이다. 항거 아닌 순응! 이것만 이해한다면 이제 남은 것은 '어떻게?'만 남았다. 이 책은 '어떻게?'에 대한 필자의 체험과 몸일지를 쓰면서 찾아낸 항노화에 대한 답이다. 건강만큼 개인차(個人差)가 큰 분야도 드물다. 개인차를 더 늘리고 더 좁히고의 밀당을 이곳에서 한번 느끼고 만끽하시라. 필자가 할 수 있는 것은 말을 물가까지 일단 데려가는 것이다. 물을 마시고 안 마시고는 전적으로 말에게 달려있기 때문이다. 그럼 어떤 사람이 이 느림보 노화 열차에 오를 수 있는가. 그것을 풀어가는 것이 이 책의 사명이며 본령이다. 그 방법들과 필자의 경험을 생생하게 적어나간다. 이 책은 모든 노인에 대한 건강 소명이요 행복 소명이며 '어떻게'에 대한 명쾌한 답이다.

어떤 이론보다 탄탄한 경험이고 논리라며 필자는 강조한다. 필자는 값진 경험을 바탕으로 자신 있게 느린 노화, 건강한 노화, 행복 노화를 소개한다. 필자는 우선 자신이 40여 년간 해온 '돌솔 건강법' 일명 '장동건(장수·동안·건강) 건강법'을 자세히 소개하며 하루 한 시간의 투자를 강력하게 권한다. 자신의 행복한 노후를 위해 1시간 투자도 머뭇거린다면 이 책은 보지 않아도 된다. 하루 한 시간 투자는 국민연금 매달 100만 원 받는 것보다 낫다. 통장에 돈이 넉넉하면 쉽게 병원비로 없애버리고 육체적 정신적 고통은 무엇으로 보상받는가. 이런 삶을 어느 누가 상상이나 하겠는가. 더욱이 이게 현실이라면 삶은 어찌 되는가.

그다음은 인간은 어떻게 늙어갈까. 어떤 모습으로 변해갈까에 대한 근원적 질문에 답을 얻기 위하여 54살 되던 해인 1999년 4월 25일부터 쓰기 시작한 몸일지의 공개다. 23년간 소소한 부분도 놓치지 않고 숨김없이 기록한 몸일지는 필자의 건강 백서요, 몸의 일기장이다. 솔직히 내밀한 부분도 있고 개인의 숨기고 싶은 사항일 수도 있는 부분들을 가감 없이(성 문제 등) 공개한다는 점이다. 필자가 기록한 모든 내용의 공개로 천만 노인들의 건강에 조금이라도 도움이 된다면 나 한 사람의 희생은 아무것도 아니라고 강조한다. 모든 사람이 건강할 수 있다면 모든 사람이 행복할 수 있다면 이보다 더한 것도 주저 없이 할 수 있다고 힘주어 말한다. 모름지기 최선의 처방은 최고의 진단에 기초한다. 이 기록들은 최고의 진단이며 최고의 처방에 기여할 것이다. 이 책은 노화 늦추는 금맥이며 건강의 금맥이며 행복의 금맥이다. 금을 캐는 것은 오직 독자의 몫이다.

2024.1.1.
강릉 '아버지의 정원' 산마당에서
이 응 석

제 1 부 멋진 삶

괜찮게 산다는 것

〈느림보 노화 열차〉의 소소한 승차 조건

001
몸 일지 쓰기

 난 내 몸을 펜으로 삼고 종이로 삼고 먹물로 삼아 24년 동안 건강한 늙음을 기록해왔다. 이제 1,000만 노인을 위하여 또 건강을 위하여 적어온 몸일지를 세상 밖으로 내보낸다.

 건강은 사느냐 죽느냐의 문제다. 질병의 고통은 죽음보다 결코 낫다고 할 수 없다. 병마로 얽힌 삶이 장수로 이어지는 것과 무슨 상관인가. 아프고 싶어 아픈 사람이 세상에 어디 있느냐고들 흔히 말한다. 맞다. 그러나 분명 있다. 자신은 의도적이 아니라고 말하고 싶겠지만 침묵으로 아픔을 방조했다는 엄연한 사실이다.

 말하자면 몸과의 부실한 계약을 맺은 것이다. 계약을 위반해도 약속을 지키지 않아도 손해배상의 위험이 없으니 제멋대로 위약을 저지른다. 계약위반은 주로 몸의 주인이 저지른다. 만약 몸과의 약속을 제대로 지켰더라면 지금의 나약한 또 병약한 몸은 아니었을 것이라는 점이다. 본인은 죽도록 부정하고 싶겠지만 당신의 지금의 건강 상태는 당신의 과거에서 자신이 몸에 대해 저지른 계모 같은 악행의 결과다. 이 엄연한 사실에 고개를 절레절레 흔들지 못한다는 점이 그 실증적 예다. 당신은 당신의 몸에 대해 연산군처럼 얼마나 많은 폭군 행세를 하면서 살아왔는가. 진정한 애정을 갖고 녹수에게 준 사랑의 눈빛을 단 한 번이라도 준 적 있는가. 몸이 비명을 질러대도 당신은 귀머거리처럼 못 들은 척하지 않았는가.

몸을 괴롭히면 몸은 용수철처럼 반발력으로 강해진다. 주머니가 얇은 것, 이를테면 결핍은 자신의 몸을 강하게 만든다. 이것은 근본적으로 가난과는 다른 개념이다. 노인의 지출은 대부분 병원비, 약값, 건강 기능식품비로 쓰인다. 개인차가 있긴 하지만 의료비 지출이 만만하지 않다. 주머니가 불룩하면 툭하면 돈으로 해결한다. 병원, 약국을 생쥐 곳간 드나들 듯하다. 건강식품, 건강기능식품들이 산처럼 쌓였다. 그러니 제대로 검증도 되지 않은 제품들을 마구잡이로 섭취한다. 먹지 않으면 죽는 밥도 많이 먹으면 탈이 난다. 하물며 제대로 된 검증 없이 쏟아지는 건강기능식품들을 섭취한다면 자신의 몸이 이로울 수 없다. 운동이든 음식물이든 자연스러운 현상, 물 흐르듯 내처하는 게 필요하다.

물론 자연스러운 방법은 많은 시간과 인내가 있어야 한다. 건강기능식품에 매달리는 거의 모두는 부작용보다는 빠른 효과에 대한 기대감 때문이다. 반짝 효과 내는 기호식품, 건강식품에 매달리면 몸을 학대하는 계모 꼴 난다. 그렇게 자신의 몸을 학대하면 시간이 지나 반드시 몸으로부터 보복을 당한다. 그때 잘못을 뉘우치고 다시는 안 그러겠다며 손이 발이 되도록 싹싹 빌어도 이미 사후약방문의 후회막급만 남는다.

몸을 불편하게 하라. 내재역량을 강화하라. 편리를 추구하면 당신은 병원과 친해진다는 만고불변의 진리만 기억한다면 당신은 지금의 후회를 반으로 줄일 수 있다.

필자는 24년 전인 1999년 4월 25일부터 몸일지를 써왔다. 물론 계기가 있었다. 생전 처음으로 병원에 간 날이기도 하지만 그간 늙음에 대한 궁금증이 커서이기도 하다. 청계산 정상 부근에서 실족하여 바위에서 떨어졌다. 오른쪽 무릎이 부서지는 큰 사고였다. 한 달간 입원하면서 이식수술을 포함, 네 번의 전신마취와 수술을 하였다. 그때 나이가 54살이었으니 몸 이곳저곳에서 늙음 현상이 알게 모르게 조금씩 나타나던 시점이기도 하였다. 그래서 이제부터 몸이 어떻게 늙어 가는지 어디서부터 어떻게 변해 가는지를 적어 보자며 시작하게 되었다.

늘 궁금하기도 하였지만 흥미진진했다. 도대체 어떻게 늙을까, 또 어떻게 죽음에 이를까. 어떤 고통이 어떻게 따르며 몸엔 어떤 현상이 나타날까. 난 그것을 나의 신경이 나의 세포가 예민하게 느끼는 그 감각과 과정을 예리하게 지켜보기로 했다. 나를 갈아서 먹물로 삼자. 그리고 그 먹물로 글을 써 나의 동료 노인과 온 인류에게 알리자. 그래서 모든 노인의 고통을 줄이고 100세까지 행복을 누리도록 내가 나서자. 분명한 것은 의학이 발달하여 100세 시대가 도래했다고 매스컴에서 떠들썩하지만, 현실에선 100세 행복, 장수 행복이라는 말은 낯설기만 하다. 발달된 의술이 분명 장수에 일정부분 기여한 것은 누구도 부인할 수 없다. 그러나 의술이 단순한 생명 연장, 수명연장에만 매달린 것 또한 사실이다.

수명연장을 하면서 의술과 환자는 공생하는 관계로 발전하고 있다는 점이다. 어찌 보면 단순한 수명연장은 고통 연장이라는 등식과 무관하지 않다. 심장박동만 있는 상태에서 생명 존중 운운하면서 인공호흡기를 떼지 못하는 상황을 우리는 그것을 살아 있다고 환호할 수 있는가. 장수한다며 쾌재를 부를 수 있는가 말이다. 그런 장수는 장수 통계에는 기여할지 모르지만 이미 인간의 삶이라고 하기에는 잔인하다. 당신은 어느 쪽을 택할 것인가. 병마에 시달리면서 100살까지 살고 싶은가. 건강하게 85살까지 살고 싶은가. 당신의 선택이 당신의 삶의 질을 좌우한다. 평균수명과 건강수명의 격차 17년을 줄여야 한다. 개인이나 국가나 모든 복지와 노인 문제가 바로 여기에 그 초점이 맞춰져야 한다는 점이다.

　　OECD 38개국 중에서 유독 우리나라 노인들은 아프고 가난한 부문에서 8년째 1위를 차지한다. 덩달아 자살률 또한 1위다. 부끄러운 통계다. 나이 들어서의 가난은 죽음과 동격이다. 아니 어떻게 생각하면 죽음보다 더한 고통일 수 있다. 죽지 못해 살고 있다는 말을 아무 저항 없이 들을 수 있을 만큼 우리는 간이 크지 못하다. 가난하니 치료를 제때 받지 못한다. 호미로 막을 걸 가래로 막는 경우가 허다하다. 그 과정도 지난하다. 사회보장제도가 어느 정도 돼 있다고는 하지만 국가가 대신 아파줄 수는 없는 것 아닌가. 문제는 이미 아픈 다음에 의료보험으로 어떻게 치료를 받고 얼마나 입원하고 요양하느냐의 문제보다는 아픈 상황을 만들지 않아야 한다는 점이다. 이 세상에 아프고 싶어 아픈 사람은 한 사람도 없지만 그래도 우리가 아픈 상황을 만들지 않는데 눈 떠야 하며 아픈 상황을 줄여보고 애써보자는 얘기다. 그것은 바로 필자가 몸일지를 쓰는 이유이기도 하지만 모든 노인의 행복에 기여할 수 있기를 바라는 마음이기도 하다.

  그럼에도 거기에 대한 대책은 뒷전이고 모두 장수에만 매달린다. 단순한 장수만큼 고통과 무의미한 게 또 있을까. 삶의 가치나 행복은 따질 수도 없는 지경인데 그냥 오래만 산다면 이보다 더 큰 재앙은 없을 것이다. 단순한 장수에서 벗어나 건강한 장수, 행복한 장수, 가치 있는 장수, 의미 있는 장수에 초점이 맞춰져야 한다. 여기에서는 어떻게 하면 행복한 장수, 가치 있고 의미 있는 장수가 될 것인가에 온 정성을 기울일 것이다. 필자는 지금까지 비교적 건강한 삶을 살아왔다. 그리고 앞으로도 비교적 건강하게 살아갈 자신이 어느 정도 있다. 그것은 내가 몸일지를 쓰면서 얻은 지혜가 있어서다. 이곳에서 몸일지를 쓰면서 얻어진 늙어감에 대한 현상들과 나의 식습관 생활방식들이 잘 버무려지면 가능할 수 있다는 자신감에서다. 그것을 낱낱이 털어놓을 것이다. 노인들의 건강 백서, 또 노인들의 건강지침서를 완성하겠다는 불타는 의욕을 제4부에 모두 풀어 놓는다. 그것이 이 책을 쓰는 목적이며 이유다.

002
삶은 100년의 여행

인생은 100년간 하는 긴 여행이다. 당일치기 여행도 준비할 게 있고 1박2일 여행은 당일치기보다 준비할 게 더 많다. 하물며 100년의 여행은 말해서 무엇 하랴, 여기서는 무엇을 어떻게 준비하면 목적지까지 잘 도착할 수 있을까를 따져본다. 그중에서도 제일 필요한 게 뭘까. 그다음은 또 그다음은…. 이런 주제는 피해갈 수 없는 절체절명의 명제들이다. 백 년간의 여행길을 나서며 슬리퍼 질질 끌고 작은 배낭 하나 달랑 메고 갈 수는 없지 않은가. 오랜 기간의 여행이기에 큼지막한 배낭을 준비하고 건강이라는 물건, 지식을 채워주는 물건, 여행에 필요한 정보, 음식 보따리, 필수품, 비상약 등 자연히 챙길 게 많다.

그러나 배낭이 너무 무거우면 힘들고 지친다. 자칫 배낭에 짓눌려 제풀에 쓰러질 수도 있다. 여행 고수들은 배낭 내용물을 보면 금방 안다. 꼭 필요한 내용물만으로 여행이 쉽고 재미있고 알차도록 짐을 꾸려야 한다. 그러나 문제는 인생 백년 여행은 경험자가 적다는 데 있다. 많다면 그 사람의 경험을 듣고 요령을 터득할 수 있는데 현실은 그렇질 않다. 그래도 인생 100년 여행이 일반여행과 별반 다르지 않다는 점에서 위안으로 삼는다.

그런 함의를 하고 있기에 100년 여행에서 꼭 필요한 물건 몇 개만을 제시한다. 두말할 것도 없이 그 첫 번째가 건강이라는 짐 보따리다. 긴 여행이기에 철저한 계획에 따라 한 치의 오차도 빗나가는 것을 허용치 않는다. 건강하지 않으면 중도 탈락 또는 중도 포기로 귀결된다. 그다음은 중요정보와 지식이다. 우리 앞에 어떤 자연조건, 사회적조건, 공적 조건 사적 조건과 맞닥뜨릴지 모른다. 철저한 지식정보만이 안전을 보장한다. 여기서는 무사히 백세 역에 도착할 수 있도록 건강 정보와 지식정보를 안내한다.

노후 건강은 젊은 시절의 건강과는 매우 다르다. 노후화된 각 기관의 부품을 예민하게 잘 관찰하고 사랑의 마음으로 돌봐야 한다. 아주 작은 것까지도 보살핌을 요구한다. 이럴 때 무관심하거나 보살피지 않으면 어느 날 덜커덩 소리를 내며 주저앉는다. 여기서는 필자의 몸을 대상으로 실험하고 경험한 몸의 변화를 낱낱이 적었으며 거기에 따른 건강법까지를 적었다. 이어지는 항목들을 잘 음미하고 인생 후반부의 아름다운 마무리를 위한 대장정을 펼쳐나가기를 바란다. 작은 도움이라도 되었으면 하는 바람을 갖는다.

003
자발적 자기 노력

    여기에 제시한 여러 방법은 독자들에겐 하나의 영롱한 구슬 하나하나의 낱개다. 이 구슬을 꿰어 목걸이도 만들고 팔찌도 만드는 것은 오직 독자 자신이다. 돼지에겐 진주보다 사금파리가 낫다는 것쯤은 누구나 안다. 진주는 진주의 주인이 있고 사금파리는 사금파리의 주인이 따로 있기 마련이다. 공부나 운동, 자신의 몸 관리는 오직 몸 주인의 몫이다. 꾸준함이 필요한 이유다. 자신의 90살, 100살 된 멋진 미래의 모습을 이미지 메이킹 한다. 건강하게 잘 늙어가는 노인(예: 김형석 교수)을 이미지화하여 자신의 미래의 모습과 오버랩 해가며 노력한다. 자신의 마음이 느슨해질 때마다 자신의 모델을 소환해 채찍질의 도구로 삼는다. 이런 자기 노력이 매우 필요하다. 그래야 지치지도 않고 중단하지도 않는다.

004
불편한 삶의 선택

　불편함은 건강을 가져다준다. 불편함은 탄소중립에도 기여한다. 불편함은 흥미롭다. 불편함은 삶의 재미를 쏠쏠하게 안긴다. 시간을 천천히 흐르게 한다. 자가용으로 출퇴근하면 시야가 매우 제한적이다. 기껏해야 신호등과 빨간불일 때 앞 차, 옆 차의 차 모양, 색깔 정도만 볼 수 있다. 대중교통을 이용하면 다양한 사람과 사물을 접한다. 하늘도 볼 수 있고 땅도 볼 수 있다. 그러면서 떠오르는 많은 생각과도 만난다. 내가 살아가는 이 지구를 생각하게 된다. 나무와 곤충과 새와 구름을 만날 수 있다. 길거리의 상점과 간판과 미화원과 교통 정리하는 사람, 봉사하는 사람과 장애우와도 만날 수 있다. 이런 다양한 사람, 사물과의 접촉은 자기 삶의 아름다운 잔영으로 존재하기도 하지만 자신이 하는 일과도 무관치 않음을 알 수 있으며 때로는 새뜻한 아이디어를 주기도 한다. 자신의 행동이 자신은 물론 전 인류와 지구에 긍정적 효과와 도움을 준다고 생각하며 자신의 행동 하나하나가 절대로 대수롭다는 점을 느끼며 각성한다.

편리함은 단 꿀이다. 단 꿀은 입에는 달지만, 그것이 가져다주는 해악은 엄청나다. 단 꿀에 빠지면 단 꿀에 빠진 파리처럼 된다. 단 것은 씹을 것이 없기에 구강구조를 망가뜨린다. 깍두기나 당근을 먹을 때처럼 치아를 건강하게 단련할 수 없다. 인체구조는 그냥 만들어진 게 아니라 상호관련성과 유기적이며 보완적 구조로 만들어졌다. 소홀히 하고 홀대하면 어김없이 보복을 당한다. 불편함은 인체구조를 단단하게 한다. 차를 버리고 대중교통을 이용하고 엘리베이터나 에스컬레이터 대신 계단을 이용하면 하체가 단단해진다. 골밀도가 촘촘해져 골다공증의 염려에서 벗어난다. 이런 단순한 행위는 국민연금 매달 100만 원 받는 것보다 훨씬 낫다는 것을 필자는 80년 가까이 살면서 생생하게 체험하고 있다.

005
청개구리의 삶

　청개구리의 삶은 일단 심심하지 않다. 아무르산 참개구리보다 국산 청개구리가 머리가 훨씬 좋으리라. 참개구리의 고향은 아무르 江이지만 청개구리는 토종이다. 참개구리는 보수지만 청개구리는 진보다. 참개구리는 안정 지향적이지만 청개구리는 변화를 추구하는 진취적인 성향이다. 참개구리는 A형에 가깝고 청개구리는 O형에 가깝다. 참개구리는 과거 지향적이지만 청개구리는 미래 지향적이다. 참개구리는 정적이지만 청개구리는 동적이다. 참개구리가 되면 삶이 지리멸렬한다. 안정을 추구하기에 변화나 도전은 위험하다고 생각한다. 카이스트 이광형 총장은 TV를 거꾸로 시청하기로 유명하다. 이름난 괴짜로 기행이 만만찮다. 그러나 자신은 오히려 괴짜 아닌 유니크한 사람이라 정의한다. 특별한 사람, 개성 있는 사람으로 봐야지 괴짜는 아니라는 얘기다.
　평범함은 평범함을 낳지만 비범함은 괴짜를 낳는다. 그 괴짜가 세상을 바꾸고 역사를 만들어 나간다. 바로 바라보는 것은 정견이지 발견은 아니다. 발견은 있는 걸 찾아내는 것이다. 바로 바라보고 한 곳만을 바라봐서는 숨어 있는 것을 찾아낼 수 없다. 뒤집고 까고 파고 벗기고 비틀어야만 숨은 게 보인다. 모난 사람, 까칠한 사람, 청개구리 같은 사람을 모난 사람으로 보지 말라. 까칠한 사람으로 보지 말라. 청개구리 같은 사람으로 보지 말라. 그렇게 보는 순간 그의 상상력은 숨든가 사라지든가 죽어버린다. 그것을 지켜내는 건 부모의 힘이며 상사의 힘이며 친구의 힘이다. 힐난의 대상은 더더욱 아니라는 점을 알아야 한다. 삶을 지루하지 않게 하기 위해서는 다소의 변화 추구와 도전이 필요하다는 얘기다.

006
추억 쌓기

　네덜란드 심리학자 다우베 드라이스마는 말한다. 나이가 들면 왜 시간이 빠르게 흐를까. 그것은 노인들이 이런저런 이유로 하는 일 없이 무료한 시간을 보내기 때문이다. 많은 추억을 쌓아 시간이 빨리 달릴 수 없도록 과속방지턱을 만드는 것이다. 시간을 느릿느릿 흐르게 하는 방법 중 최고는 추억을 많이 쌓는 것이다. 나이가 들면 시간이 빨리 흐른다고들 투덜댄다. 이유가 뭘까. 노인들은 생활이 단순하다. 할 일도 약속도 빠르게 줄어든다. 모임 횟수도 줄어든다. 물이 느리게 흐르려면 걸림돌도 있어야 하고 이곳저곳 들를 곳이 많아야 한다. 거칠 것 없는 물은 빨리 내달릴 수밖에 없다.
　노인의 시간도 마찬가지다. 어떤 제약도 걸림돌도 추억을 만들 만한 일이 벌어지지 않는다. 그냥 단순하다. 앞을 보아도 뒤를 보아도 생각을 붙잡는 어떤 것도 떠오르지 않는다. 그러니 시간이 휙휙 지나간다. 방법은 추억 쌓기다. 시간을 꽉 채우는 느낌을 많이 만드는 것이다. 그것은 일일 수도 있고 여행일 수도 있고 공부일 수도 있다. 농사를 지을 수도, 악기를 배울 수도 있다. 내가 가지고 있는 시간을 꽉 채운 느낌, 보람이 가득한 느낌을 많이 만드는 것으로 사용하는 것이다. 그때부터 시간은 느릿느릿 흘러간다.

007
터미널

　모든 여행자는 터미널에 있고 모든 터미널엔 여행자가 있다. 터미널엔 가는 사람 오는 사람으로 늘 붐빈다. 이고 지고 손에든 저 보퉁이 속엔 무엇이 들어있을까. 아버지 엄마 아니면 손자에게 줄 선물일까 세간일까. 출장일까 여행일까. 낯선 곳일까 익숙한 곳일까. 자주 가는 곳일까 가끔 가는 곳일까. 초행일까 두 번째일까. 싸울까 웃을까. 마중 나오는 사람이 있을까, 없을까. 이혼일까 재혼일까. 결혼식일까 상가일까. 터미널에 익숙하다면 당신은 틀림없이 여행광 아니면 여행광에 가까운 사람이다. 이 끝없이 떠오르는 상상은 터미널이라는 특별한 장소에서만 가능하다.
　터미널엔 지역명, 요금 출발시간표 등이 적힌 판이 벽면에 붙어 있다. 필자의 경우는 가보지 않은 곳을 고른다. 그것도 이제 몇 군데 남지 않았다. 어쨌든 선택의 여지 없이 남은 몇 군데 중 한 곳을 골라 무작정 올라탄다. 물론 이동하면서 그곳에 대한 사전 지식을 머릿속에 입력한다. 잠잘 곳과 맛집도 체크한다. 문화유적지도 빠지지 않고 검색한다. 서울을 중심으로 북위 36~38도 사이는 계획을 잘 세우면 당일 코스가 가능하다. 그러나 36도 아래로는 1박2일 또는 그 이상의 여행 일정을 필요로 한다. 필자의 경우처럼 여행경험이 많아도 따지고 점검하고 챙길 것을 체크하고 또 해야 한다.

그리고 여유 있게 움직인다. 방문지가 버스와 기차가 모두 있을 때는 버스를 택한다. 그중에서도 이곳저곳을 들르는 완행버스를 선호한다. 개인의 취향이지만 이리저리 돌아가는 것이 매력적이다. 요금도 단 몇 푼이라도 저렴하고 비슷한 시간대에 여러 곳을 볼 수 있다는 장점이 있다. 어차피 여행은 낯선 곳을 방문하는 것이다. 다연장포처럼 동시다발로 같은 시간대에 여러 곳을 볼 수 있으면 유익한 여행이다. 터미널엔 으레 왁자지껄하다. 약간의 냄새 나는 화장실도 친숙하다. 낯선 곳에서의 익숙함은 색다른 반가움이다. 모든 상황과 여건들을 자신에게 유리하도록 모드를 맞춰놓는다. 기차도 같은 조건으로 선택한다. 급행보다는 완행이 우선이다. 드문드문 앉아 조용한 것보다는 웅성웅성하며 시끌시끌한 게 여행 풍경과 잘 어울린다. 그 사람들을 바라보는 것만으로도 즐겁다. 물론 여행 테마에 따라 약간씩은 다르지만, 신경을 조금만 쓰면 흥밋거리임은 사실이다.

008 삶의 기쁨

과연 어떻게 해야 삶을 즐길 수 있는 걸까? 멜라니 클라인은 두 가지가 필요하다고 했다. 그 첫 번째는 감사며 두 번째는 운명을 인정하는 것이다. 스스로 얻을 수 있는 기쁨을 기꺼이 받아들이고, 좌절한 것에 지나치게 원망하지 않는 것이다. 감사할 줄 알고 운명을 인정할 줄 아는 사람은 대부분 좌절을 두려워하지 않고 삶을 즐길 줄 안다. 여기에 건강이 더해진다면 금상첨화다. 건강하지 않으면 감사도 운명도 의미가 없어진다. 몸의 건강, 더 중요한 것이 마음의 건강, 그보다 더 중요한 것이 영혼의 건강이다. 영혼이 건강하고 아름다우면 몸도 마음도 감사와 운명을 받아들이는 태도도 아름답게 바뀐다.

009 스콧 니어링

　스콧 니어링은 1983년 8월 24일 100세가 되던 해, 부인 헬렌 니어링이 지켜보는 가운데 평화롭게 눈을 감았다. 그는 자신이 살아온 1백 년의 시간을 통해 우리 모두에게 진정한 자유가 무엇인지 그리고 진정으로 의미 있고 충만한 삶이 어떤 것인지를 실천적으로 보여준 사람이었다.
　스콧 니어링과 부인 헬렌 니어링은 말한다. '시골 생활의 가장 큰 매력은 자연과 접하면서 생계를 위한 노동을 한다는 것이다. 생계를 위한 노동 네 시간, 지적 활동 네 시간, 좋은 사람들과 친교하며 보내는 네 시간이면 완벽한 하루가 된다.'
　'생계를 위한 노동은 신분상 깨끗한 손과 말끔한 옷, 현실 세계에 대한 상아탑적 무관심에 젖어 있는 교사에게서 기생생활의 때를 벗겨준다. 그들에게 매료되는 것은 니어링 부부의 독특한 삶의 방식 때문이다.
　헬렌은 화려하고 유혹적인 문명 생활을 포기하고 스콧 니어링과 함께 버몬트주의 숲속으로 들어가 농사를 지으며 살았다. 극도로 단순하고 검약하고 가난한 생활이었다. 그런 삶은 상당한 용기를 필요로 하는 삶이다. 누구나 어린 시절의 스승은 정말 중요하다. 오하이오주 털리도시의 샘 존스 시장도 그중 한 명이다. 그의 모토는 LLL이다. 그건 배우고 배우고 또 배운다.(Learning, Learning, Learning)는 의미다. 스콧 니어링에겐 충격으로 다가왔고 자라면서 머리 한구석에 좌표처럼 자리 잡고 있었다.'-스콧 니어링 자서전에서

스콧 니어링 부부의 그 독특한 삶의 방식은 그런 기초위에서 가능해졌다. 그는 삶의 충만은 물론 마지막 죽음까지도 자발적으로 품위와 존엄이 있는 방식을 택했다. 일체의 생명을 연장하려는 어떠한 의학적 배려도 거부하고, 고통을 줄이려는 진통제·마취제의 도움도 물리치고, 물과 음식조차 끊고, 온전한 몸과 마음으로 100세에 죽음을 맞았다. 참 멋있는 죽음이다. 아름다운 마무리다. 모두가 저럴 수만 있다면 얼마나 좋을까. 그러나 불가능은 아니라는 점에서 어떤 희망을 본다. 스콧 니어링은 생전에도 다음을 인생 목표로 삼고 자신만의 길을 걸어갔다. 독자들도 한번 자신의 삶을 대입시켜 보기 바란다.

* 스콧 니어링의 인생의 목표

1. 간소하고 질서 있는 생활을 할 것.

> 2. 미리 계획을 세울 것.
> 3. 일관성을 유지할 것.
> 4. 꼭 필요하지 않은 일은 멀리할 것.
> 5. 되도록 마음이 흐트러지지 않도록 할 것.
> 6. 그날그날 자연과 사람 사이의 가치 있는 만남을 이루어가고, 노동으로 생계를 세울 것.
> 7. 자료를 모으고 체계를 세울 것.
> 8. 연구에 온 힘을 쏟고 방향성을 지킬 것.
> 9. 쓰고 강연하며 가르칠 것.
> 10. 계급투쟁 운동과 긴밀한 접촉을 유지할 것.
> 11. 원초적이고 우주적인 힘에 대한 이해를 넓힐 것.
> 12. 계속해서 배우고 익혀 점차 통일되고 원만하며, 균형 잡힌 인격체를 완성할 것.

*필자의 삶의 패턴을 스콧 니어링의 삶에 대한 목표에 대입시켜 본다.

1항   나의 삶은 단순하고 명쾌하다. 글 쓰고 강의하고 시골에서 약간의 채소로 자급자족하며 정원 만들어가는 아주 단순한 일을 반복한다.

2항 오래전부터 계획을 세우고 실천하고 있다. 우선 건강이다. '돌솔 건강법' 일명 '장동건(장수. 동안. 건강) 건강법'을 43년째 실행하고 있다. 살아생전 30권의 책을 쓴다는 계획을 세워놓고 추진 중이다. 현재 10권의 책을 썼고 15권 분량의 원고를 마친 상태다. 욕심을 조금 부리자면 백 살 되는 해 생일날에 맞춰 30번째 책을 출간했으면 하고 바라고 있다. 고향에 미니 도서관과 상상공장학교도 세우고 싶다. 지자체의 지원을 받든 뜻있는 자의 도움을 받든 꼭 이루고 싶다.

3항 일관성 유지는 나의 장점 중 하나다. 일단 계획을 세우면 중도 포기란 없다. 초지일관하며 좌고우면하지 않는 고집불통이다. 어떤 경우엔 단점도 된다.

4항 중요한 항목이다. 자신의 시간을 많이 확보하려면 필요하지 않은 일은 멀리 해야 한다. 자신의 시간을 확보하는 가장 확실한 방법은 TV 시청 시간을 줄이는 것과 잠을 적게 자는 것이다. 대신 숙면으로 채우면 된다. 노후엔 시간이 제한적일 수밖에 없다. 선택과 집중을 해야 한다. 참고로 필자의 수면시간은 하루 6시간 안팎이다.

5항   기도와 명상과 또 자연 속에서의 삶을 통해 항상 마음을 다잡고 있다.

6항   오두막이 있는 산골은 문명이 단절된 곳이라 일주일이 지나도록 단 한 사람 구경하기도 힘든다. 생활은 약간의 국민연금과 가끔 하는 강의료와 약간의 인세와 자급자족을 위해 심어 놓은 약간의 야채와 과일로 그냥저냥 생활한다. 감자와 옥수수를 조금 심고 싶지만, 멧돼지를 불러들인다며 경험 있는 사람들이 극구 말리고 있어 고민 중이다.

7항   사료를 모으는 데는 거의 수집광에 가깝지만, 체계적인 면에서는 많이 뒤처진다. 11개의 장르로 53년간 모은 신문 스크랩(80쪽짜리 650여 권)도 계획을 세워 컴퓨터에 정리해야 하는데 차일피일 못하고 있다. 워낙 방대한 작업이어서다. 53년간 쓴 일기도 있다. 대학노트로 38권이다. 그곳에도 솎아 낼 것이 많은데 도무지 엄두가 나지 않는다. 시간은 적고 할 일은 많고 체력은 점점 떨어지는데 말이다.

8항   관심 있는 분야인 노인문제, 기후 환경문제, 인체의 신비에 관한 꾸준한 공부와 자료를 모으고 있다.

9항 9항은 현재 필자가 하는 일이기도 하다. 나는 길위에 있지 않으면 책상 앞, 아니면 산속 오두막에 있다. 늘 일기 쓰고 몸일지 쓰고 원고 쓴다. 노인 대학 강의, 복지관 강의가 있지만, 코로나로 지금은 중단된 상태다. 고향에 미니도서관을 세우고 싶다. 그곳에 작은 '상상공장학교'를 세워 한국판 빌 게이츠나 스티브 잡스를 키우고 싶은 욕심이 있다. 지자체나 재벌그룹이나 뜻을 같이하는 동조자의 규합을 통해 어떻게든 관철하려고 한다.

10항 나와는 직접적 관련은 없다. 다만 청와대나 각 부처 장관 또는 지자체장에게 업무 제안은 지속적으로 한다. 지금까지 일곱 번의 업무 제안을 했으나 반영되는 경우는 거의 없어 섭섭한 마음을 늘 갖는다. 각 부에서는 답장이 없었지만, 청와대에서는 나라를 사랑하고 국가정책에 관심을 가져줘 고맙다는 내용의 답장을 두 번 받았다. 이번 새 정부에도 업무 제안 세 개(1.국가 영토 1만km2 넓혀 땅값 집값 공장 부지 가격 낮추기 2. 국민연금과 건강보험기금 고갈을 막고 국민건강을 획기적으로 증진할 수 있는 국민 건강수당 신설 지급 3. 사행심을 부추기는 복권은 지양하고 독서 복권발행으로 국민의 문화 수준을 끌어올리자는 내용)를 했는데 소식이 없다. 국가를 위해 꼭 반영되었으면 하는 바람이다.

11항 우주의 탄생, 지구의 탄생, 빅뱅, 달 탐사, 고흥 나로도, 나로호, 다누리, 아폴로, 닐 암스트롱, 칼 세이건, 달의 인력, 만유인력, 상대성이론, 지동설, 코페르니쿠스, 갈릴레이 갈릴레오, 아인슈타인, 뉴턴 등 우주 과학에 지대한 관심을 두고 있다.

12항 현재 대학 공부와 고전 읽기와 원고 쓰기와 농사짓기와 나무 가꾸기 등으로 균형 잡힌 인격체를 위해 지속적으로 노력을 기울이고 있다.

010 자가용

　자가용을 아직도 가진 자의 으스댐의 용도인 줄 착각하는 사람이 꽤 있다. 자가용이 없으면 모두 죽는 줄 안다. 어떻게 자가용 없이 살 수 있느냐고 반문한다. 필자도 그랬던 적이 있다.
　60년대 초 만해도 우리나라 자동차 수는 16만 대밖에 되지 않았다. 그땐 어떻게 살았는지 묻고 싶다. 인간은 그토록 얄팍하고 간사하다. 그러던 것이 88올림픽을 거치고 국민소득이 1만 달러 넘어가는 1990년대 초, 중반부터 자가용은 폭발적으로 늘어났다. 지금은 2,300만 대나 된다. 물론 필자도 1985년도부터 자가용을 소유했으니 40년 가까운 세월이 흘렀다. 차를 없애고 걸어 다니기 시작한 게 벌써 14년이 되었다. 그때까지 자동차 마니아로 200만 km를 달렸다. 한때는 카레이서를 꿈꾸었을 만큼 자동차를 사랑하였다. 지금도 자동차에 대한 미련은 남아있다. 그러나 탱글탱글한 허벅지를 만지작대며 유혹을 뿌리친다.
　필자가 자동차를 버린 건 도보 여행가가 되고 난 후부터다. 2004년 11월 뜻밖의 책 한 권을 만난다. 프랑스 르몽드지 기자

출신인 베르나르 올리비에가 쓴 '나는 걷는다'라는 책이다. 그는 기자 생활을 끝내고 63살 되던 해에 터키 이스탄불에서 중국의 시안까지 12,400km를 4년간(실제는 1,089일)을 걸어 실크로드를 횡단하였다. 그 생생한 횡단기를 읽고 '나는 그간 무얼 했는가' 하는 자조 섞인 질문을 스스로에게 던졌다. 어금니를 깨물고 실크로드는 못 가도 우리나라라도 돌자는 생각을 하게 되었고 이듬해 곧 실행에 옮겼다. 서울숲에서 출발하여 내륙을 관통하고 동해안, 남해안, 서해안, 강화도 임진각을 거쳐 서울숲으로 돌아오는 코스로 우리나라를 87일 동안 'ㅁ'자로 돌았다. 무려 372만 보를 걸었다. 그 이후 2006~7년엔 MBC와 함께 '그 섬이 가고 싶다'의 총괄 기획자로 참여하여 유인도 506개 중에서 400여 개를 답사하였다. 다시 2012년엔 6대 강 자전거길 1,632km를 44일 동안 걸었으며 그 외에도 서울둘레길, 제주올레길, 물레길 등 이름이 붙은 길은 모조리 아작아작 밟았다. 17년 동안 무려 1억 보를 걸었다. 지금도 하루도 거르지 않고 1~2만 보를 걷는다.

(*필자의 오른쪽 무릎은 사고로 절단 직전까지 갔으며 네 번의 대수술을 한 다리다. 의사의 금족령에도 불구하고 이런 걷기를 했는데 결과적으로 사용을 했기에 다리가 더 강건해지지 않았을까 생각해본다. 이 부분은 별도 항목에서 자세하게 다룰 것이다)

차가 없으면 당연히 한동안은 불편하다. 적응이 잘되지 않는다. 오랜 세월 자가용에 몸과 마음이 길들어 있기 때문이다. 얼마나 편한가. 겨울이면 따뜻하고, 여름이면 시원하고 힘들이지 않고 먼 거리를 잠깐이면 이동시켜준다. 서울에서 강릉 216km를 걸어서 열흘 걸리는 시간을 버스는 2시간 40분에 KTX로는 1시간 반이면 간다. 이 얼마나 엄청난 차이인가. 누가 선뜻 차를 없애고 고생길로 접어들겠는가. 결단엔 용기와 의지가 필요하다. 그러나 차를 없앰과 동시에 당신은 건강이라는 재산을 얻는다는 사실에 기쁨의 환호성을 질러도 된다. 창조주가 인간을 만들 때 자동차를 염두에 두고 만들지 않았다. 수렵 생활에 맞는 몸의 구조를 만들어 내보냈다. 직립보행 인간에게 맞게 잘 걸을 수 있도록 몸 구조를 만들었다. 머리는 뇌를 쓰라고 몸의 제일 꼭대기에 배치했다. 잘 걷고 잘 달려야 그날의 식량을 얻을 수 있다. 그러니 몸이 날렵하고 재빨라야 한다.

오늘날 인간의 몸매로는 거북이나 나무늘보도 잡기 어렵다. 3~40대의 49%가 비만이라는 통계에 아연(啞然)하다. 걷고 달려야 하는 몸인데 차가 그것을 못 하게 막았다. 엘리베이터, 에스컬레이터가 막았다. 걸을 기회는 모두 사라졌다. 그 편리라는 꿀에 빠져 허우적댄다. 그리고 가는 곳이 술집과 병원이다. 기다리는 곳도 술집이나 병원 약국 같은 곳이다. 결단을 내려야 한다. 자가용을 없애라. 그것만이 살길이다. 젊은 시절에 조금 힘들면 어떤가. 힘 빠질 때를 대비해 힘을 비축하고 길러야 하지 않겠는가. 지금의 세대는 직장에 있는 기간보다 퇴직 후의 기간이 훨씬 길다. 우리가 어떤 삶을 살아야 하는가.

덕수궁 기둥 같은 튼튼한 젊은 시절의 다리가 있을 때는 자가용으로 다니고 근육이 빠져 닭 다리 같이 되었을 때 어쩌려고 하는가. 노후의 모든 행복은 걸을 수 없으면 그것으로 끝이라는 점을 명심해야 한다. 물론 가슴에 잘 와닿지 않겠지만 와 닿아야만 한다. 그래야만 하고 대처해야만 한다. 그렇지 않으면 100세 인생, 장수 인생은 구름 잡는 소리다. 설령 숨을 쉬고 있다 하여도 삶의 질을 운운하기엔 너무 먼 이야기다. 불행한 삶의 끝을 맞이할 수밖에 없다. 노인 대국, 노인 선진국 일본이 근래에 와서 '근육은 연금보다 낫다'라고 외치는 것도 예사롭게 들리지 않는 이유다.

011
술과 담배

　사실 이 항목은 빼려고 했다. 지금까지도 금연과 절주를 하지 않은 사람은 별로 없다고 보기 때문이다. 그래도 워낙 해악적 요소가 크기에 고민 끝에 넣었다. 지금까지도 담배를 피운다면 박물관 전시를 하거나 문화재감이다. 노인은 흡연이나 음주를 받아들일 만큼의 체력도 따라주지 않고 해독시키는 물질도 잘 나오지 않는다. 담배만 하더라도 4,000여 가지의 발암물질이 들어있다. 특히 니코틴과 타르 함량이 높다. 워낙 해악적 요소가 크다. 건강을 지켜야 하는 지표나 건강을 해치는 지표나 어느 것을 봐도 흡연과 음주는 언제나 랭킹 1, 2위다. 소량의 음주는 기분전환과 소화와 혈행에 도움을 준다는 긍정적 측면이 있긴 하다. 최근엔 막걸리에 항산화 물질, 항암물질인 스쿠알렌과 파네졸이 다량(적포도주의 100배)으로 포함됐다는 애주가에겐 희소식(2022.4.18. 조선일보)이 있었다. 그래도 과유불급이라는 것을 늘 신경 써야 한다. 약주라고 불릴 만큼 술은 긍정적인 측면이 분명 있다. 그럼에도 문제가 되는 것은 그 적정량이라는 것을 지키기가 쉽지 않아서다.

필자는 애주가며 애연가였다. 28년 전 금연한 얘기는 나중에 하고 여기서는 술 이야기를 좀 해야겠다. 술을 젊은 시절엔 하루도 빼놓지 않고 30년쯤 마셨다. 그것도 폭음과 연음이었다. 지금 이렇게 살아있는 것 자체가 기적이다. 아니면 부모님께 감사하고 또 감사할 일이다. 그토록 많이 마시고 즐겼는데 나이가 들면서 체력이 떨어지고 소화력도 떨어지고 술 깨는 시간이 오래 걸린다. 예전엔 자고 나면 멀쩡했는데 언젠가부터 머릿속이 안개에 뒤덮여있다. 술의 주성분은 메틸알코올이다. 이것을 간에서 우르소데옥시콜산이라는 분해 요소가 콸콸 나와 분해를 하는데 나이 들면서 이것의 양이 적어지니 원활하게 알코올 분해가 이루어지지 않는 것이다. 이런 자연적인 현상을 무시하고 무리하게 음주를 하게 되면 인체에 치명적인 해악을 안길 수밖에 없다는 점이다.

012
결핍의 반전

 결핍은 곧 건강이다. 돈 좀 있는 사람에게 기죽을 필요 없다. 부러워할 필요도 없다. 노후의 적절한 결핍은 큰 장점이 된다. 건강한 결핍은 가난한 부자다. 결핍은 건강을 안겨준다. 여기에서의 결핍은 가난과는 물론 다르다. 오히려 맑은 가난, 청빈(淸貧)과 가깝다. 법정 스님의 무소유란 아무것도 소유하지 않음이 아니고 불필요한 것을 소유하지 않음을 얘기하는 것처럼 말이다. 인생 후반부는 너무 빈한하면 문제가 생기지만 그렇게 많은 돈이 필요치 않다는 점을 말하고 싶다. 물론 어떻게 지출하느냐에 따라 많은 차이를 가져오지만, 매스컴에서 가끔 부부인 경우 최소 월 3~400만 원은 있어야 한다고 발표한다. 이런 발표와 통계에 기죽을 필요가 없다.
 물론 쓰기 나름이지만 필자와 맛 기행 다니는 친구는 국민연금 17만 원으로 10년을, 3~4년 전부터는 기초연금 25만 원이 나온다며 어린아이처럼 기뻐하던 모습을 아직 기억하고 있다. 그 친구가 국민연금을 그렇게 적게 받으리라고는 상상하지 않았다. 워낙 여유롭고 결핍의 흔적을 찾을 수 없었기에 신통하게 느꼈다. 그러나 친구는 행복을 구가하며 본인이 하고 싶은 것은 거의 다 하며 살아간다. 물론 형제들의 지원이 다소 있었지만, 고정 수입원은 되지 못했다. 어쨌든 불편하기는커녕 충만하게 살아가는 모습을 보면 존경스럽다. 결핍의 가장 훌륭한 점은 건강관리를 잘한다는 것이다. 돈이 넉넉하면 툭하면 돈으로 해결하지만, 결핍은 그럴 수 없다. 그러니 음식도 신경 써 섭취하게 되고 건강을 위해 운동도 거르는 법이 없다. 건강해서 불필요한 지출이 생기지 않도록 몸을 잘 챙기는 것이다.

실제로 이런 노력은 일상의 소소한 행복들을 안겨준다. 몸이 아프지 않으니 행복하다. 몸이 건강하니 좋아하는 여행을 맘껏 한다. 늘 밥맛이 좋다. 의욕적으로 일을 할 수 있다. 필자도 월 50만 원으로 살아간다. 필자의 경우를 예로 든다. 일주일 중 5~6일은 여행을 떠난다. 교통편은 주로 전철을 이용한다. 수도권에 있는 장날을 훤히 꿰뚫고 있다. 1일장, 5일장, 3일장이 있다. 장날에만 먹을 수 있는 맛 집을 알아둔다. 전철은 2~3 정거장 전에 내려 걷는 것은 물론 하루 5~10km 정도를 걷는다. 배낭엔 막걸리 한 병과 따뜻한 커피를 준비해간다.

오가는 전철 속에서는 책을 읽는다. 움직이는 17평짜리 도서관이 되기도 하고 움직이는 카페가 되기도 한다. 이렇게 찾아낸 맛집이 수도권에 9곳이 있다. 친구와 주 1회꼴로 순회하며 맛집 기행을 한다. 그곳 주변에 문화유적지를 빼놓지 않는다. 가끔은 절에 들러 스님과 차담을 한다. 평균 2~3시간을 하지만 어떨 때는 5시간을 넘길 때도 있다. 월 3~4회 박물관과 고궁과 미술관을 들른다. 천호동에 있는 단골 책방에 들러 책을 읽고 고른다. 내가 읽을 책도 있지만, 손자에게 읽힐 책을 고르는 재미 또한 가슴 뛴다.

서점에 들를 때는 왕복만 천 보 정도를 걸어서 갔다가 걸어서 온다. 손자에게 책을 전달할 때도 전철이 있지만, 왕복 2시간 소요되는 거리를 걸어서 갔다 온다. 웬만해서는 차를 타지 않는다. 필자의 모든 생활은 걷기가 기본이다. 걸으면 즐겁다. 볼 것이 많아 심심하지 않다. 생각의 창고가 문을 연다. 택시는 무거운 짐이 있을 때를 빼곤 타지 않는다. 한 달에 3회 정도는 수도권을 벗어나는 여행을 한다.

글은 새벽 3시쯤 일어나 쓴다. 수면시간이 평균 5~6시간 내외여서 움직이는 시간이 다른 사람에 비해 많다. 그러니 적은 돈으로도 많은 것을 할 수 있다. 시간 없어 못 한다고들 얘기한다. 링컨은 '시간이 없다고 말하는 것처럼 비겁한 핑계는 없다'라고 했다. 잠자는 시간과 TV 보는 시간을 줄이면 자신의 활동 시간이 확보된다. TV 시청 시간은 깨진 사금파리처럼 참으로 허무한 시간이다. 물론 예외 프로그램은 존재하지만……. 남이 하는 것을 보고 즐기기보다 나 자신이 직접 하는 것에서 기쁨을 찾는 것이 몇 배 더 행복하다.

013
자 서 전

 '인생은 짧고 예술은 길다'라는 문장만큼 우리의 인생과 예술을 잘 표현한 아포리즘이 또 있을까 싶다. 호사유피(虎死留皮)도 비슷한 맥락이다. 사람은 남길 가죽이 없으니 무엇인가를 남기려고 기를 쓴다. 대표적인 게 돌에 이름을 새기는 것이다. 또 묘지명(墓誌銘)과 묘비를 만든다. 나무에 새기고 흙으로 빚고 방부제를 뿌리며 발광을 해댄다. 그러나 그 모든 것들이 무슨 소용 있을까. 자신의 의지와 관계없이 작은 지구별에 맨손으로 와 많은 것을 향유하고 즐겼다. 이만한 능력도 기록할 거리도 흔치 않다. 아무렇게나 살았다고 흔히들 말한다. 그러나 우리 중 누구도 아무렇게 막산 사람은 없다. 그 개인 하나하나가 주인공이며 역사며 중요한 가치다.
 꼭 한자리한 사람만 대단한 사람이 아니란 얘기다. 따지고 보면 오십보백보며 오히려 아무것도 하지 않은 사람이 한자리한 사람보다 훨씬 고귀한 사람일 수 있다. 물론 자신의 선택으로 이 지구에 온 사람은 없다. 그러나 자신의 탄생이 지구에 한 그루 나무가 되어 아름다운 인테리어로 빛났고 많은 사람에게 그늘을 만들어 주었으며 훌륭한 재목으로 그 쓰임새가 다양하였다는 점이다. 이런 소소하지만 소소하지 않은 사실들을 담담하게 적어나간다면 개인의 일생은 물론 한가정의 또 이 사회에 훌륭한 역사로서의 가치를 지닌다는 점이다.

자서전 쓰기는 그리 어렵지 않다. 사실을 사실대로 친구와 대화하듯 거짓 없이 쓰면 된다. 자서전에서는 솔직함이 가장 중요하다. 침소봉대하거나 분칠을 하면 자서전으로의 가치는 소멸한다. 서술 방식 또한 일정한 틀이 없다. 나름대로 원칙을 정하여 사건의 발생순으로 나열하든가 아니면 큰 사건 별로 적든가 하면 된다. 중요한 것은 거짓으로만 적지 않으면 된다는 사실이다. 명문장을 만든다는 부담감을 떨쳐버리고 그냥 있는 사실을 솔직담백하게 써나가면 된다. 도전해 보기 바란다.

014
괴짜 노인

 여기서 말하는 괴짜는 머리를 기르고 수염을 기르고 옷을 남과 다르게 입고 소위 일반사람들의 평범한 생각을 뛰어넘는 소위 튀는 사람을 말하려는 게 아니다. 괴짜는 유니크함이다. 특별함이다. 개성의 독특함이다. 실리콘 밸리는 젊은 괴짜들이 넘쳐난다고 한다. 서울대학교나 카이스트에도 괴짜가 많다. 현재 카이스트 총장 이광형 씨도 대표적 괴짜 칭호를 받는 사람이다. 넥슨의 김정주도 대표적 괴짜다. 그들의 학창 시설이나 총장 시절, CEO 시절에도 튀는 언행으로 괴짜의 삶을 살았다. 단순하고 평범한 것은 생리에 맞지 않고 뭔가 특별하고 관심을 끌만 한 호기심 거리에 온갖 정신이 가 있다. 일반사람들의 눈에는 그저 이상한 사람으로 비칠 뿐이다.
 누구나 먹고살기 위해 학교에 다니고 공부를 하고 직장생활을 한다. 그곳에는 예외 없이 규율이 있다. 규율이 그 조직을 유지시킨다. 따라서 그 규율을 벗어나면 벌을 받는다. 그러니 본인의 의사와는 관계없이 순치되고 획일화될 수밖에 없다. 튀는 즉시 아웃이라는 걸 알기 때문이다. 분위기가 그럴진대 머리 돈 자나 아웃을 각오한 자 아니면 고개 숙이고 속박의 삶을 살아갈 수밖에 없는 조직구조다. 가슴에서 치받는 '욱'하는 성질을 죽이고 한평생을 살며 자식 키우고 학교 보내고 시집 장가 보낸다. 그러다 60살을 전후하여 그런 직장을 시원섭섭한 마음을 갖고 떠난다. 물론 요즘은 그 나이가 형편없이 줄어들었지만 말이다. 물론 개인차가 존재하지만, 그즈음이면 거의 모든 올가미에서 벗어난다.

자식들 결혼시키는 시기, 부모 사망 시기가 지나면 사회생활, 친구 만나는 시간이 어느 날 갑자기 팍 줄어든다. 그리고 넘쳐나는 건 시간이다. 이건 삶의 흐름이다. 그렇게 시간이 모자라 이리 뛰고 저리 뛰며 악착같이 일벌레처럼 살았는데 언제부터인가 갑자기 일도 없고 경조사도 없고 돈 벌 일도 돈 쓸 일도 점점 줄어들고 친구 만날 일 자체가 줄어들고 체력도 줄어들고 주량도 줄어드는 시기를 맞는다. 오직 확실한 건 무한한 시간이 내 앞에 펼쳐져 있다는 사실이다. 속박과 구속과 순치로 일관되었던 평생의 삶이 어느 날 자유라는 시간의 바다에 풍덩 빠진다. 그러나 오래된 습관으로 굳어진 관성은 갑자기 자유 속으로 텀벙 뛰어들기가 쉽지 않다. 준비와 훈련과 노력이 필요한 이유다.

긴 항해를 앞두고 걸맞은 스트레칭과 준비운동을 해야 한다. 무엇보다 건강해야 한다. 그것은 곧 나를 돌아보는 것이다. 나는 어떤 사람인가. 나는 무엇을 좋아하는가. 나는 어떤 것을 잘하는가. 나는 인생 후반부를 어떤 삶을 살아야 하는가. 나는 내 남은 생에 무엇을 꼭 하고 싶은가에 대한 깊고 넓은 자기 성찰의 시간을 가져야 한다. 그 성찰의 시간은 정해진 것이 없다. 며칠이 될 수도 있고 몇 달이 될 수도 있고 몇 년이 될 수도 있다. 그러나 성찰의 결과물을 얻어야 한다는 사실만큼은 분명하다. 그게 되지 않은 상태에서 당장 뭔가를 해야 한다는 조급함에 짓눌려 생쥐 곳간 드나들 듯 동분서주 좌충우돌한다면 큰 문제가 발생한다. 느긋하게 느릿느릿 자신을 탐구하는 시간을 가져야한다. 왜냐하면 지금까지의 직장생활 기간보다 남은 시간이 훨씬 더 길기 때문이다.

나를 찾아야 한다. 지금까지의 삶은 나를 잃어버린 삶이었다. 아니 나라는 존재가 어떤 존재인지 모르는 채 살았다. 이제부터는 진짜 나를 찾아야 한다. 그다음에 일에 뛰어들어도 늦지 않다. 이제 어렵사리 자신을 찾았다면 자신답게 한 번 인생을 살아보는 것이나. 지금까지의 삶은 나의 삶이 아니었다. 나의 진짜는 저 깊은 곳에 숨어 있고 아니 어디 있었는지 조차도 모르는 삶이었다. 나 아닌 나가 생존을 위해 나인척하며 거짓의 삶을 살았던 것이다. 그건 페르소나일 수도 있고 가면일 수도 있다. 이제부터는 솔직한 나의 삶이 되어야 한다. 숨어서 살아온 내가 아니라 햇빛을 맞으며 숨김없이 나의 삶을 살아보는 것이다. 그것은 바로 괴짜가 되는 것이다. 나의 개별성과 특별함이 마침내 드러나는 삶이다. 악기를 불고 싶으면 악기를 불고 소를 키우고 싶으면 소를 키우고 도자기를 굽고 싶으면 가마에 불을 지펴라. 글을 쓰든 그림을 그리든 바다에 그물을 던지든 산에서 지게를 지든 산나물을 뜯든 내 하고 싶은 것을 마음껏 해보라. 지구에 어떻게 온 생명인데 남의 삶을 살다만 갈 수는 없지 않은가.

015
농　부

　농부는 격조 있는 자연의 철학자다. 다만 몸엔 늘 흙이 묻어있을 뿐이다. 꽹과리 소리가 나면 달려 나간다. 괜히 신명 난다. 젤 앞에는 농자천하지대본이라고 쓴 깃발이 나부낀다. 농부는 최상의 문화 향유자다. 농부는 순수한 어린이와 같다. 농부는 단순하다. 아니 농부가 되면 단순해지고 순수해진다. 어떤 순서이건 관계없다. 둘 다 맞는 얘기이기 때문이다. 곡식은 농부의 발소리를 듣고 자란다고 한다. 맞다. 그건 곧 애정이기 때문이다. 위대한 진리일수록 내용이 단순하다. 농부는 가장 위대한 일을 가장 단순하게 하는 사람이다. 술수나 잔머리가 통하지 않는 게 농사다. 그런 일을 평생 하다 보면 자연의 철학자가 된다. 예외 없이 모든 농부는 철학자다.

　농부는 몸을 직접 움직여 행동해야 한다. 잔머리로 되는 것도 없고 입으로 되는 것도 없다. 오직 행동이다. 인생 후반부에 농부가 한 번 되어보는 것도 괜찮을 성싶다. 그것은 여러 의미가 있다.

　첫 번째는 자신과 마주할 수 있어서다. 언제 한번 제대로 자신과 마주한 적 있는가. 또 적당한 소득을 안긴다. 키울 때의 즐거움이 있다. 늘 몸을 움직이므로 건강에 더없이 좋다. 마음이 순수해져 스트레스받을 일이 없다. 농부는 불면증이 없다. 머리가 바닥에 닿으면 이내 코를 곤다. 농부는 비만한 자가 없다. 살 빼는 약으로 다이어트를 하는 것만큼 몸을 이중으로 죽이는 행위는 없다. 섭취한 칼로리보다 소비하는 칼로리가 많으면 저절로 빠진다. 이건 수학이 아니라 셈본이다.

60대 중, 후반까지는 어느 정도의 체력이 뒷받침된다. 70대에 접어들면 체력의 하강 속도를 인지한다. 농사를 짓고 싶다면 농사지을 땅이 있어야 한다. 땅을 마련할 때 100평 미만의 크지 않은 땅을 준비해야 한다. 큰 땅은 감당할 수 없다. 땅 한 평에 들어가는 노동력은 대단하다. 농사는 설렁설렁하면 수확도 설렁설렁하게 된다. 적기에 야무지게 땀을 흘려야 한다. 4~5평짜리 도시 텃밭 가꾸기도 만만찮다. 수확량은 언제나 땀 흘린 양과 비례한다. 농토 100평은 결코 작은 땅이 아니다. 수확 양도 상낭하다. 취미와 소일거리 삼아 하는 농사다.

욕심으로 큰 농토를 장만하였다간 일에 치여 죽는다. 필자는 10평 정도에 가지 고추 방울토마토 상추 오이 파 등을 심는다. 요만큼 하는데도 힘들어 죽는다. 반으로 줄이고 싶은 유혹을 계속 받는다. 또 그럴 체력이 따라주지 않는다. 그러면 자연스레 몸에 무리가 간다. 작은 땅에 농사를 권장하는 것은 우선 재미가 있다는 점이다. 땀의 참 의미를 안다. 키울 때의 기쁨, 수확할 때의 기쁨이 아주 크다. 자신이 씨 뿌리고 풀 뽑고 돌보며 수확한다는 것은 큰 보람이다. 농자천하지대본임을 실감한다. 농부는 최고의 자연의 철학자다. 농부는 최고의 문화 향유자다. 이 사실을 깨달으면 진짜 농부가 된 것이다. 이것이 농부의 위대성이다.

016
공 부

　　공부만큼 인생 후반부를 알차게 꽉 채워주는 게 또 있을까. 공부해 남도 주고 나도 갖자. 공부하면 뇌세포가 늙지 않는다. 학교에 다니면 학우가 생긴다. 학우는 좋은 친구다. 학생증을 몸에 지니고 있으면 60만 대군처럼 든든하다. 살아가는 데는 많은 증명서와 자격증이 있다. 그중에서도 으뜸은 학생증이다. 공자의 '학이시습지불여열호'니 태공의 '인생불학이면 명명어야행'이니 '현고학생부군'이니 하는 것들은 모두 배움에 대한 찬사요 중요성이요 갈망이다. 모든 자격증과 모든 증명서의 바탕은 배움이다. 그 배움은 학생의 신분 때 이루어진다. 배움은 일정 장소에서 이루어진다. 그 장소에는 배우기 위하여 모여든 동료가 있기 마련이다. 그 동료는 학우가 된다. 학우와는 끊임없이 소통과 정보교환이 이루어진다. 자연스럽게 공부 벗이 되는 것이다. 나이 들면 친구도 떠나가고 주변에 남는 것은 별로 없다. 새로운 공부 벗이 생긴다는 것은 엄청난 보너스다.

필자는 노인대학에서 꽤 오래 강의했다. 연 1회 모교 후배들에게 인생 강의도 한다. 10년간 이어진 일이다. 한번 가르치는 것은 두 번 배우는 일이다. 상대에게 강의를 하는데 결국은 자신에게 강의를 하는 셈이 된다. 그게 강의의 매력이다. 1시간 강의를 위해선 많은 준비를 해야 한다. 강의할 때마다 듣는 사람이 바뀌는 것도 매력이다. 익숙함보다는 낯섦을 뇌는 좋아한다. 늦가을 무서리처럼 뇌세포가 바짝 서서 콕콕 찌르는 것을 느낀다. 이 얼마나 가을바람처럼 삽상한 일인가. 자신은 조금 갖고 남에게 많이 주자. 베푸는 것보다 더 큰 봉사는 없다.

017
고전 읽기

　나이 들어 자식들 다 출가시키고 결혼식 쫓아다니고 문상 쫓아다니다 보면 어느 날 조용해진다. 그런 의식조차도 다 끝나고 모임도 줄고 갈 곳도 없어지는 외롭고 처량한 시기가 찾아온다. 60대 중 후반에서 70대 초에 벌어지는 일이다. 손자 돌보는 재미가 있긴 하지만 그것도 초등학교 입학 전까지다. 갑자기 할 일이 없어지고 휑뎅그렁하고 혼자만 남는다. 시간은 넘쳐나고 외로움이 밀려온다. 바로 이때가 꼭 읽고 싶었지만 시간 때문에 읽지 못했던 고전에 눈을 돌리는 적기다.

　필자는 최근 사마천의 '사기 56'을 읽었다. 벼르고 별렀던 책이다. 1,000쪽에 이르는 벽돌 책을 손에 들기가 정서적으로 쉽지 않다. 그런데 요즘엔 얇은 책보다는 주로 두꺼운 책을 선호한다. 그것은 시간의 여유 때문이리라. 아무리 두꺼워도 정신적으로 짓눌리지 않는다. 서두르지 않아도 된다. 어떤 강박관념이 없다. 재미있을 것 같은 소제목을 골라 고것만 쏙 빼서 읽는 재미도 쏠쏠하다. 내 마음대로. 처음부터 끝까지 읽을 수도 있고 그렇지 않을 수도 있다. 그간 쌓인 지적 경험들이 난해한 문장의 접근을 쉽게 한다. 그래서 공략의 쾌감은 배가 된다.

018
내 목소리 지키기

　듣기 거북한 목소리에서 벗어나 보자. 필자는 노래 듣는 것도 좋아하고 부르는 것도 좋아한다. 굳이 순위를 매기자면 노래 부르는 쪽이다. 그러니 노래방도 자주 간다. 그런데 어느 날부턴가 노래가 잘되지 않고 소리도 거북스러운 쉿소리기 난다. 문제는 목소리도 늙는다는 점이다. 노인의 목소리는 누구나 갈라지고 찢어지고 쉰 목소리가 난다. 왜 그럴까. 은쟁반에 옥구슬 구르던 기름기 도는 그 낭랑한 목소리는 도대체 어디 갔는가. 목젖에도 근육이 있다. 이 근육이 줄어들어 위축되고 주저앉는 현상이 일어난다. 자주 사레가 들리는 것도 이와 무관하지 않다. 단단하게 곧추세워진 목젖이 목구멍을 좁혀주고 넓혀주고를 해야 하는데 근육 빠진 목젖은 그럴만한 힘이 없다. 그게 원만히 이루어지지 않으니 듣기에 거북한 소리가 나는 것이다. 오래된 버들피리가 소리가 잘 나지 않는 현상이나 다를 바 없다.
　어떻게 할 것인가. 자주 사용하여 목젖의 근육이 유지되도록 하는 것이다. 매일 아침, 가곡 또는 찬송가 2곡 이상 부르기, 신문 사설 소리 내 읽기, 시집 낭송하기를 꾸준히 한다. 나이 들면 대화 기회는 점점 줄어든다. 혼자 있는 경우가 많아서다. 대화를 하지 않으니 사용 빈도가 뜸한 목젖은 위축될 수밖에 없다. 여기에서도 용불용설론은 유효하다. 대화를 잘하던 사람도 오랫동안 하지 않으면 우리말도 잘할 수 없는 상태가 된다. 친구와 안부 전화를 하든 수다를 떨든 책을 큰 소리로 읽든 사용을 해야 한다. 그래야 100살까지 좋은 목소리를 지킬 수 있다. 덕수궁 기둥 같은 허벅지를 가진 쇼트트랙 선수나 사이클 선수도 서너 달쯤 병원에 입원하고 있으면 볼품없어지고 연두부처럼 말랑말랑해진다. 인체는 원래 그렇게 만들어졌다. 예외가 없다.

019
자연은 강력한 항노화 수단

웬만한 병은 산속에 들어가면 다 낫는다. 암 환자도 산속에서 치유했다는 사례는 주변에서 자주 듣는 얘기다. 자연을 구성하고 있는 모든 나무와 풀들과 생물들은 자신을 지키기 위한 방어용 독성을 지니고 있다. 그런 독성은 인체에 해를 수는 경우도 드물게 있지만 거의 모두는 유익을 안겨준다. 산속에 들어가면 머리가 맑아지고 감기도 잘 걸리지 않고 술도 잘 취하지 않으며 소화가 잘 되는 이유는 우리가 잘 아는 것처럼 풍부한 산소와 살균 작용하는 피톤치드와 이온 덕분이다.

자연과 친해지려면 자연의 이해가 선행돼야 한다. 자연은 서두르지 않는다. 그렇다고 게으름도 피지 않는다. 또박또박 시계처럼 움직인다. 자연과 이인삼각 경기하듯 호흡을 맞추며 그들을 살피며 느끼며 관조한다. 자연은 가장 자유롭게 느릿느릿 정연하게 움직인다. 그래서 그들을 흐트러진 질서라 칭한다. 그들과 함께 웃고 떠들며 그들 속으로 들어가 일체감을 이루면 자연스럽게 나도 자연의 일부가 되어 자연의 속도에 따라 움직이는 자신을 발견한다. 필자의 자연 속의 생활을 잠시 엿본다.

인간이 만든 음악이 아무리 감미로워도 빗소리 음악을 능가할 수는 없다. 이것은 하늘의 오케스트라다. 빗소리는 세계를 건반으로 하는 하늘의 망치 소리다. 실력 차이가 아니라 애당초 게임 자체가 안 되는 본질적 본원적 차이여서 어쩔 수 없다. 달콤한 음악이 백기를 드는 게 아니라 듣고 있는 인간이 백기를 들어야 한다. 오두막에는 나만 있는 게 아니다. 나를 먹고 사는 벌레가 있다. 그 녀석은 내가 제공하는 맛있는 피를 먹고 대신 그 녀석은 나의 외로움을 달래준다. 철저한 물물교환 방식이다. 일방적 시혜나 수혜는 없다. 이곳에도 수요와 공급이 이루어지고 보이지 않는 손에 의하여 피 값과 외로움을 달래는 값이 형성된다.

이 녀석 말고 친구가 또 있다. 의사의 조력으로 자신의 목숨을 자유자재로 죽였다 살렸다 한다. 바로 라디오다. 그 녀석은 호흡소리만 들리지 않을 뿐 그런대로 친구 노릇 톡톡히 한다. 물론 나의 피를 좋아하는 녀석들만큼 신선하고 자극적이지 않다는 단점이 있다. 이곳의 자연은 철저한 물물교환, 자급자족을 이루어 낸다. 곳간에 쌓아 두는 일도 없다. 그날 벌어 그날 쓰면 된다. 물론 자식의 양육이나 겨우살이 준비 때는 다르다. 하여튼 정치와 경제가 가장 모범적으로 이루어지는 곳이다.

약육강식이지만 철저한 물물교환의 생활방식이다. 자연은 물물교환의 법칙으로 이루어진다. 강자가 약자를 먹이로 하는 구조는 같지만 먹히는 A종(種) 덕에 다른 약자 B종(種)은 살아남는다. 살아남은 놈은 또 다른 자연을 양육하거나 제거한다. 이것의 확대가

지구라는 큰 틀에서의 균형이다. 직접적인 관련성이 없어 보이는 듯하지만, 그것은 뱀 가운데 토막을 보고 무슨 뱀인지 구분하기 어렵듯 극히 일부분을 보았기 때문에 그렇게 보일 뿐이다. 자연선택론, 적자생존론, 용불용설론이 존재하지만, 이 모두는 물물교환 법칙(이론)에 지배를 받는다. 이 법칙은 상생의 법칙일 수도 있고 희생의 법칙일 수도 있다.

사마귀가 천사벌레를 전광석화처럼 낚아챘다. 먹힌 천사벌레에 먹힐 뻔했던 복숭아 줄기의 연한 잎은 그놈의 끼니만큼 생존을 연장한다. 사마귀 배가 천사벌레 먹은 만큼 불렀을 테니 다른 나비나 잠자리의 수명은 어떤 놈이라 특정할 수는 없지만 소화될 시간만큼 늘어난다. 또한 그 나비는 꽃가루받이를 하며 유익 활동 시간을 늘린다. 결과직으로 자연은 보은과 희생으로 균형을 유지한다.

달팽이 속도는 시속 4m다. 거머리 속도는 더 느리다. 끈끈한 액체가 앞으로 나아가고 몸을 지탱하는 역할을 한다. 낭떠러지에선 더듬이를 최대한 늘려서 위험 여부의 정보를 얻는다. 왕거미는 집 한 채를 짓는 데 4시간쯤 걸린다. 날개가 없지만 허공에 집을 지을 수 있다. 바로 바람이라는 날개를 이용한다. 중앙의 바퀴통에 앉아 발끝에 신호줄을 매어 늘어뜨리고 느긋하게 앉아 쉬다가 먹이가 걸려든 것이 감지될 때 쏜살같이 달려 나와 친친 감아 꼼짝달싹할 수 없게 만든다.

도라지꽃, 붓꽃, 달개비꽃, 비비추는 모두 보라색이다. 난 보라색을 유독 좋아해 이맘때는 보라에 빠진다. 산 도라지가 흰색은 없고 모두 보라다. 내가 좋아하는 보라색만 피우니 기분 좋다. 보라색 붓꽃이 지고 한 달 반 만이다. 도라지 꽃대에도 3대가 함께 모여 산다. 이제 막 꽃봉오리가 맺힌 어린이 도라지, 이제 막 입을 연 소녀 도라지, 활짝 핀 아가씨 도라지, 이미 꽃이 진 할머니 도라지가 함께 뜨거운 여름을 보내고 있다.

천사벌레(미국선녀벌레)의 무한 번식에 두려움을 느낀다. 이 녀석이 달라붙었다 하면 남아나는 게 없다. 천사벌레는 양두구육의 전형이다. 양의 탈을 쓴 이리다. 이렇게 아름다운 외모를 지니고 이토록 악랄하게 생명을 앗아가다니. 선뜻 이해되지 않지만 사실이다. 선녀벌레의 머리는 앵무새를 닮았다. 작은 눈이 검은 점처럼 박혔다. 몸체는 3~5mm 정도, 시력이 좋지 않은지 두려움이나 경계의 기색이 없다. 날개를 접을 땐 점프할 때이고 날개를 공작새처럼 활짝 펴면 눈 결정체를 닮은 아름다운 꽃이다. 반만 펴면 오픈 스포츠카를 닮았다. 전후좌우 이동이 자유롭다. 속도감도 있다. 3m 이상을 점프하고 비상시에는 날기도 한다. 번식력도 엄청날 것 같다. 작고 여리고 약하지만, 현대식 무기를 다수 장착했다.

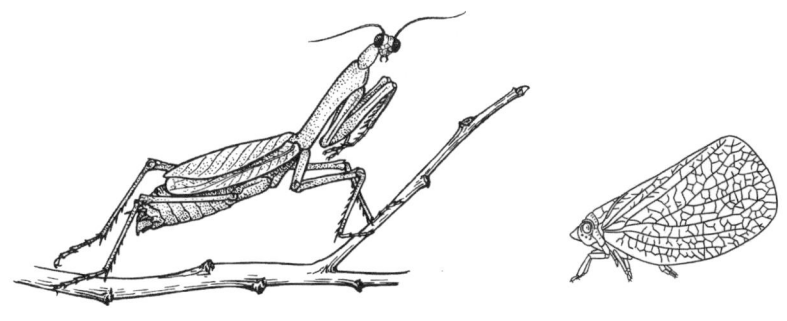

당랑과 천사 벌레

그 많고 많은 식물의 줄기에 새하얗게 달라붙어 설화처럼 피어난다. 더듬이 2개, 다리는 8개다. 다리를 곤추세워 빠른 속도로 이동한다. 곤충 로봇처럼 걷는다. 몸 전체가 생존 수단인 셈이다. 날개를 공작새처럼 펴기도 하고 갈매기처럼도 편다. 예쁜 꽃술을 매단 눈부신 하얀 파티복이다. 활짝 피면 개망초를 닮았다. 점프할 땐 날개를 접어 어깻죽지에 끼고 뛴다. 점프 정도는 일도 아니다. 우상혁이나 이신바예바가 한 수 배워야 한다. 과수원과 정원과 휴양림과 온 수목을 갉아 먹고 빨아 먹는 천사의 탈을 쓴 악마!

새에게 마음이 있다면 근간을 이루는 것은 '자유' 아닐까. 그들의 날갯짓이 그걸 말한다. 거칠 것 없는 창공을 무시로 넘나든다. 5월 23일, 04시45분, 어제보다 2분 이른 시간에 어김없이 동고비가 잠을 깨운다. 아름다운 목소리로 뿌옇게 열리는 새벽을 알린다. 동고비 수놈은 같은 음절로 9번을 운다. 암놈으로 여겨지는 놈은 5번을 운다. 수놈의 인사를 암놈이 받는 모양새다. 울음소리도 5번 우는 놈은 가늘고 길고 얇다. 내가 그냥 암놈으로 여긴다. 일정한 음절이다. 이놈들의 공연 시간은 20분 내외다. 초침처럼 정확하진 않아도 분침 같은 정확함이다. 그리고 공연장소를 옮긴다. 이맘때 산촌에서 만나는 아름다운 연주회다. 새는 지상에서 가장 아름답다. 창공을 훨훨 나는 새, 그들의 정신은 온통 자유일 것이다. 재수 없게 조롱(鳥籠)이에 담긴 놈만 빼고. 새는 고급스럽다. 문화적 소양이 인간을 능가한다. 대놓고 화내는 인간의 저질스런 대화의 차원을 넘어선다. 노래로 또 음절로 대화한다. 그들을 따르려면 아직 멀었다.

젤 성가신 것은 내 눈을 호수로 착각하고 몸을 던지는 날 파리 놈이다. 이놈은 아마도 내 눈을 바이칼호수쯤으로 착각하지 않았을까 싶다. 넓고 깊고 맑은 바이칼호수, 이놈이 투신자살 장소로 나름대로 고민이 있고 난 뒤 선택했을 거다. '이왕이면 이런 곳에……' 하면서 몸을 던졌을 거다. 샌프란시스코 금문교에 자살자가 많듯 말이다. 나에게는 고통스러운 일이지만 그놈 입장을 생각하면 잘한 선택일 수 있다. 삶이 다 그런 거 아닌가. 언제나 나만 유리할 거란 생각에서 벗어나야 진정한 자유와 행복과 친밀감이 생긴다.

새, 나비, 벌들의 엥겔계수는 절대적이다. 아니 모든 생물에겐 절대적이다. 그들에게 문화 수준은 없다. 최소한의 먹을거리는 서로 주고받아야 상생한다. 그 과정에서 희생과 보은이 균형감을 유지하며 일어난다. 철저한 자급자족과 물물교환이 이루어진다. 그것이 제대로 안 되면 균형 축이 무너져 생태계에 전체에 문제가 발생한다. 풀은 말한다. 흔들리는 자유를 제한하지 말라고. 자신을 구속하지 말라고 외친다. 자신에게 어떤 제약도 하지 말라고 외친다. 풀은 자유다. 특히 흔드는 자유는 그에게 절대적이다. 흔들리면서 뿌리내리고 흔들리면서 씨앗을 품는다. 흔드는 것이 삶 자체다. 그 자유는 누구로부터도 방해받아선 안 된다. 풀에 말한다. 너의 자유가 진정 부럽다고.

천사의 고향은 하늘일까 구름일까. 어떻게 내 곁까지 왔을까. 나에게 오는데 이토록 꽃단장했을까. 아 그렇구나. 나무꾼임을 눈치챈 모양이다. 아이 셋 낳을 때까지 옷을 주지 말자. 선녀와 오래도록 사는 길은 오직 그 한길이다. 시골 매미는 유순하다. 바람을 닮고 구름을 닮아 그럴 것이다. 도시 매미는 성질이 고약하다. 강퍅하다. 그악하다. 소리를 고래고래 질러댄다. 시골 매미는 그럴 이유가 없어 유순하고 사근사근하다. 작은 목소리로 속삭여도 아미를 숙이고 다소곳하게 다가오는 게 시골 암컷 매미다.

강아지풀은 씨를 잔뜩 품었을 때는 머리를 숙인다. 땅에 떨어뜨려 빈 쭉정이가 된 후에는 고개를 쳐든다. 인간이나 식물이나 고개를 쳐드는 건 언제나 빈 쭉정이일 때다. 어쩜 그리도 완벽하게 신비한가. 바람에 흔들거리는 나뭇가지 같은 사마귀, 멋모르고 이웃 동네 마실 나온 천사벌레를 전광석화처럼 낚아챈다.

큰까치수염은 많은 여름 들풀 중에서도 나의 눈길을 끈다. 누르스름한 줄기와 잎시귀, 그 녀석은 6월 하순쯤 수많은 알갱이를 달고 하얀 꽃을 피워댄다. 등은 휘어 곱사등이 같지만 아름다운 곡선이다. 굵은 쪽은 하얀 알갱이가 촘촘히 박혀있지만 가늘어지는 끝 쪽으로 갈수록 듬성듬성 덜 여문 옥수수처럼 비어있다. 그 비움은 여백, 미완성, 공간의 조화 때문이리라. 아름다운 꽃과 씨방을 꽃대 가득 담을 법한데 그냥 남겨둔 깊은 뜻은 무엇일까. 꽃대 굵기가 원통형이 아니라 한쪽 면은 꼬깔콘처럼 가늘어진다. 그 언밸런스는 비움에 대한 미학일까. 삼각형 원주율에 대한 기하학일까. 그 심오한 뜻에 생각이 닿자 그놈으로부터 시선을 거둘 수가 없다. 분명한 것은 실수가 아니라 의도된 비움이라는 것이다. 그 공간의 쓸모는 과연 무엇일까. 독자에게 숙제를 드린다.

대지는 비를 맞으며 어떤 감상을 일으킬까. 사람들은 '비 반갑다 지겹다 시원하다.' 이 정도의 반응을 보인다. 그러나 대지는 '아, 어머니의 젖줄, 왜 이제야 주시나요.' 할 것 같다. 지금 대지의 춤을 보면 안다. 그냥 우두커니 서 있는 놈은 하나도 없다. 모두 고개를 까닥거리고 몸을 비틀며 피아노 반주에 맞춰 발을 살랑살랑 흔드는 놈도 있다. 무덤덤한 인간보다는 그 찬란한 반응들이 놀랍다. 싱그러운 이유가 역시 있었구나.

오두막에 누워 고막을 때리는 장맛비 소리를 듣는다. 그 소리는 삽시간에 우주의 고요를 허문다. 그 속에서 맥박 뛰는 손의 작은 흔들림이 감지된다. 그 흔들림은 생명의 원초적 소리다. 그 미세한 떨림이 없다면 그 몸은 죽은 몸이다. 그 미세한 떨림이 천둥·번개보다 더 빠르고 크게 나의 뇌를 꽝 친다. 반갑고 기쁘다. 이제 풀잎 피아노 연주가 시작된다. 연주자는 젊고 예쁘다. 힘 있고 스타카토가 너울댄다. 끊어질 듯하다가 이어지고 이어질 듯하다가 끊어진다. 독특한 연주다.

비는 재주가 많다. 말라붙은 저수지를 채워주기도 하고 고개 떨어뜨린 곡식을 세우기도 한다. 아무래도 으뜸은 모든 동식물을 먹이고 재우고 키운다는 점일 게다. 하나 덧붙인다면 아름다운 연주까지 들려준다. 제아무리 뛰어난 피아노 연주자라도 건반은 고작 88개일 뿐이다. 비의 연주 실력은 상상을 초월한다. 동시에 이 세계에 존재하는 생물과 무생물의 무한한 건반을 자유자재로 두드린다. 건반의 모양, 크기, 재질, 방향, 장소가 모두 다르다. 제각각인 건반을 저글링 하는 기예단원처럼 능숙하게 다룬다. 그 소리는 우렁차고 쾌활하며 용맹하다. 그러다 한없이 부드럽고 가냘프고 상냥

하고 섬세한 음을 선사한다. 리듬과 곡조와 강약과 장단 고저에 따라 식물이 자라고 곡식을 움 틔운다.

비의 리듬은 현학적이며 관조며 통찰이다. 비는 하늘과 땅을 연결하는 물 커튼이다. 게다가 아름답기도 하고 가끔은 괴기스럽고 공포감이 밴 음색을 무시로 선물한다. 비는 우아하다. 꽃 양산 쓰고 맞으면 누구나 아리따운 숙녀가 된다. 토라지면 누구도 못 말리는 견원지간이다. 장엄과 용맹의 본보기다. 비는 독립적이지 않다. 관계 지향적이며 언제나 어깨동무하고 함께 울고 함께 웃는다. 협업을 최우선시한다. 비는 일편단심이다. 대지의 어머니 품에 안길 때까지 좌고우면하거나 옆길로 새는 일이 없다. 언제나 직진이며 초지일관이다.

대지와 손잡으면서 자신의 소명을 성공적으로 끝낸다. 비는 이중성격이나 수박같이 겉과 속이 다른 부류에겐 따끔하게 침을 놓는다. 상태에 따라 작은 침부터 큰 침까지 준비한다. 비는 본질적으로 직진을 지향한다. 그것도 부드러운 직진이다. 상대에 따라 변화무쌍한 대처 능력을 갖고 있다. 오늘 비 연주는 공연 시간이 평소보다 길다는 데 있다. 재밌어도 연주 시간이 너무 길면 식상할 수 있다. 진퇴유절과 지족(知足)과 지지(知止)를 잘 아는 녀석이니 지루한 연주는 하지 않을 것으로 믿는다.

매미에게도 혈액형이 있다. A형과 O형 두 개다. A형의 매미는 정말 소심하다. 애인을 찾고 있지만, 숫기가 없어 쩔쩔맨다. 부르다 그치고 그치다 부르고를 반복한다. 일주 안에 배필을 만날 수 있을지 걱정스럽다. 정상적인 참매미는 34~36초쯤 운다. 공연은 한 번으로 끝내고 이내 다른 장소로 옮긴다. 그러나 소심한 매미는 시작 자체를 하지 못한다. 주변의 시선을 너무 의식해서다. 저 소심한 녀석을 어느 암컷이 눈길이라도 주겠는가. 일주일이라는 시한부 생명임을 생각하면 애처롭다. 창문을 열어달라고 로미오처럼 목청을 뽑아도 시원치 않을 판에 말이다. 그런 걸 보면 말매미의 작전은 그럴싸하다. 22초 동안 짧지만 강하고 굵게 고음으로 연인을 찾는다. 아마도 배필을 찾을 확률이 소심한 그놈보다 훨씬 높지 싶다.

내 고향 하늘은 펀치볼이다. 큰 화채 그릇이다. 어찌 보면 바이칼 호수에 얼음낚시를 위해 뚫어 놓은 큰 구멍 같기도 하다. 양구의 펀치볼은 위에서 본 것이고 고향의 펀치 볼은 아래서 본 것이다. 그래서 많은 걸 담고 쏟는다. 그 속에서의 화채 그릇의 경계는 무시로 변하며 그때그때 많은 것을 담아낸다. 개울가 층층 소나무 두 그루와 큰 두꺼비 바위가 내 시선을 잡을 만큼 일품이다. 이곳 자연의 운치는 꽤 괜찮다. '자연은 들일 데 없으니 둘러두고 보리라' 했던 송순의 마지막 절이 가슴에 팍 꽂히는 그런 그림이다. 아무리 큰 산의 소유자라도 명목상 주인일 뿐이다. 실제 주인은 그 산의 아름다움을 만끽하며 산이 발산하는 산소와 이온을 담뿍 마시는 사람의 것이다. 공기도 물도 아름다운 산천도 곤충도 실제로 눈으로 보고 손으로 만지는 사람의 것이다. 서류상에 주인은 별 의미 없다. 청문회나 공직자 재산공개 때나 필요한데 그것은 오히려 불필요한 존재가 되기도 한다. 난 지금 달달한 산소 덩어리를 마신다. 깊은 호흡으로 마지막 허파꽈리에 닿도록 집어넣는 중이다. 자연은 소유자가 주인이 아니라 향유자가 주인이다.

구름은 천재 화가다. 화판도 크지만, 화폭도 크다. 제아무리 큰 화판도 일순 아름다운 그림으로 채운다. 마음에 안 들면 금세 지운다. 며칠 동안 계속되는 전시회도 있지만 몇 달 이어지는 전시회도 있다. 전시회 없는 기간은 짧다. 천성적으로 붓을 놓지 못한다. 구름은 재간꾼이다. 못하는 게 없다. 그린 그림은 바람으로 지웠다가 물로 지웠다가 한다. 제멋대로다. 찬사도 따르지만, 원망 또한 듣는다. 재간꾼들에게 쏟아지는 늘 있는 평판이다. 한여름의 구름은 차양 역할을 톡톡히 한다. 오늘은 구름 덕에 평상에 앉아 간편식을 느긋하게 먹는다. 간편식은 늘 아침 대용으로 먹는 식사다. 콘플레이크와 아몬드, 호두에 두유를 넣어 걸쭉하게 만들어 숟갈로 떠먹는다. 집에 있을 땐 계란 프라이도 하나 추가했는데 이곳 오두막에선 편의시설이라고는 없으니 어렵다. 오늘은 유난히 맛이 좋다. 음악이 있고 산소와 이온이 버무려져서 그런 모양이다. 구름 뒤에 숨은 해도 도와준다. 참 맛 좋은 아침이다.

겨울은 만만한 계절이 아니다. 실오라기 하나 걸치지 않고 욕정을 드러낸다. 어금니 깨물며 용솟음치는 욕정을 누른다. 봄은 욕정을 참다 참다 못 견디고 터뜨리는 폭발이다. 그 욕정의 세계에 빠지기 위해 내 겨울 발걸음은 바쁘다. 개심(改心)을 위해 새해 첫 여행지로 개심사(開心寺)를 택했다. 겨울 여행은 언제나 탁월하다. 발가벗은 욕정으로 날 유혹한다. 봄여름을 비웃듯 이 녀석들은 과감해진다. 오(汚)와 염(厭)과 욕(辱)을 피해 정(淨)을 향해 내닫는다. 내닫는 그 녀석 몸뚱어리에 날름 올라탄다. 기호지세다. 서울 남부

터미널서 가장 느린 버스에 올라타 가장 느린 걸음으로 자유의 함선에 오른다. 그리고 탐욕 아닌 무욕의 바다로 헤엄친다.

내게 있어 두 다리는 재산목록 1호다. 두 다리를 괴롭히며 지금까지 버텼다. 역설적이게도 다리에 대한 괴롭힘은 건강으로 보답했다. 고마운 일이다. 다리의 보은을 기다리고 한 행위가 아닌데도 잊지 않고 보은하는 녀석이 기특하다. 2시간을 내달려 서산 바로 전 정거장인 운산에서 내렸다. 난 느린 버스, 느린 기차, 시속 4km의 느린 걸음으로 내 삶의 모드를 맞춰놓았다. 난 내 몸을 짐차보다는 파워풀한 스포츠카를 만들고 싶다. 두 다리는 곧 자유다. 어떤 구속도 받지 않는 것이 두 다리를 이용한 방랑이다.

내 여행은 언제나 그러하듯 지금부터 끝없는 질문과 헤매는 과정의 연속이다. 그러는 사이 노파로부터 핀잔도 듣고 어떤 이로부터 엉뚱한 대답에 곤경에 빠지기도 한다. 질문엔 정답을 기대하기 어렵다. 종합하여 듣고 자신이 판단해 정답을 도출해내야 한다. 틀리든 맞든 온전히 자신의 판단과 책임이다. 어떨 때는 갖은 편의를 제공하는 과분한 친절과도 맞닥뜨린다. 난 걸어야 하고 그곳은 멀다며 차를 태워준다고 하는 이와 싫지 않은 실랑이를 벌이는 웃을 수만 없는 상황도 생긴다. 이번엔 어느 인심 좋은 50대 중반의 믿음이 좋은 아주머니 덕을 톡톡히 보았다. 사실 내키지 않아도 응해야 하는 상황이 되고 마는 일도 있다. 묻고 또 묻고 어렵사리 개심사 이정표를 만났다.

오는 길에 380만 평 서산농장이 광활하게 펼쳐져 있다. 대관령 600만 평의 삼양목장에 이어 국내 2위의 크기란다. 30여 분 걸으니 아담한 신창저수지가 나를 맞는다. 주산저수지를 빼닮은 버드나무 몇 그루가 한쪽 귀퉁이에 발을 담그고 있다. 바다에 발 담그고 사는 맹그로브도 아니고 저 녀석 발은 얼마나 시릴까. 둥치를 붙잡고 눌어붙은 탱탱 언 얼음이 얄밉다. 몸을 동글게 만 청둥오리 한 패가 그 바로 옆에서 계 모임을 한다. 저 녀석들에겐 코로나도 없는 모양이다. 거리두기와 인원 제한이 전혀 이루어지지 않았다. 까치가 누에고치처럼 집을 지었다. 처음 보는 모양의 새로운 공법이다. 까치의 가우디.

서산에 있는 개심사(開心寺)에선 개심(改心)할만하다. 150살 배롱나무가 그걸 말한다. 휜 기둥과 휜 서까래 휜 대들보가 그걸 말한다. 배롱나무는 무욕 나무다. 물론 절집에서 애용되는 이름이다. 배롱나무는 채신머리없이 늘 옷을 벗고 지낸다. 그것이 자신의 긍지며 자존이라 여긴다. 그의 당당함은 그것으로부터 나온다. 텅 빈 겨울 산사가 좋다. 고요와 적요가 더없이 좋다. 텅 빈 들이 좋다. 그래도 한 무리 청둥오리가 땅에 박힌 낟알을 찾으며 절구질한다. 텅 빈 길과 하늘도 좋다. 빈 나뭇가지도 좋다. 어쩌다 미라가 된 홍시 하나도 좋다. 박새 한 마리 이리저리 바람에 날린다. 빈들 빈 가지에 무슨 먹이가 있을까. 그래도 몸 말고 다리 오그리고 구멍 숭숭 뚫린 집보다 허공이 더 나으려나. 그래도 채광은 으뜸이라며 한마디 하려나. 이 모든 것은 겨울이 주는 정령이다. 어느 계절에서도 맛볼 수 없는…….

개심사에 이웃한 산골 마을에서 열 가지 버섯이 들어간 버섯전골로 배를 남산처럼 불렸다. 시린 귓불도 발그레해졌다. 느타리,

새송이, 노루궁뎅이, 황금, 은이, 표고, 팽이, 목이, 백만송이, 만가닥버섯이 찬 배를 데워준다. 참 기분 좋다. 살짝 가격이 비쌌지만, 맛이 그것을 눌렀다. 헐렁하기만 하던 가슴이 뭔가 채워진 느낌이다. 이 재미는 또 하나의 여행 재미다.

바다는 단 한 번도 같은 파도를 치지 않는다. 바다는 그리움과 외로움을 키우는 유일한 장소다. 그렇다. 우리의 일상만 매일 똑같은 파도가 친다. 우리에게 가끔은 일상의 파도에서 벗어나는 삶, 뭔가 변화를 도모하는 삶이 필요하다. 지루한 일상에서 벗어나는 것, 여행보다 더 좋은 것은 없다. 그것도 으뜸은 겨울 여행이다. 겨울 여행의 백미는 삭막함과 고적함, 불편함이다. 겨자처럼 톡 쏘는 추위와 살을 에는 바람도 한몫한다. 인적 드문 포구나 산사 여행은 외로움을 오롯이 즐기는 여행이다.

가끔 박새의 외침도 어치의 아름다운 날갯짓, 허공의 가창오리 군무는 가히 일품 그림이다. 일상에서 나와 내가 대면하기는 쉽지 않지만, 오롯이 홀로인 겨울 여행은 그것을 가능케 한다. 몸은 오그라드는데 사고의 영역은 확대되는 이 묘한 이질감과 앙상블은 또 뭔가. 생명체 하나 만날 수 없는 동토의 겨울은 새로운 아름다움들과 조우하게 하는 신이 부여한 찬스다. 볼 게 있어 아름다운 게 아니라 볼 게 없어 아름답다는 역설이 존재한다. 모든 껍질을 벗겨내고 오직 알맹이만 남긴 그 모습은 순수함, 질박함, 소박함, 단순함의 극치들로 이루어진 선물이다. 참으로 아름다운 참이다.

필자에게 여행은 고행 그 자체다. 가장 느리게 또 가장 불편하게 움직이기에 그렇다. 어떤 동반자도 쉽게 수긍하지 않는다. 어떤 동반자도 짜증 낼 만하다. 하는 짓을 보면 그럴 수밖에 없다. 지름길을 피하여 일부러 돌아가고 가던 차가 서서 태워준다 해도 거절하니 머리를 절레절레 흔든다. 좋은 계절 놔두고 추운 계절에 여행 떠나는 사람, 아무 데나 앉아 술 마시고 밥 먹고 자연보호와 조금만 어긋나면 잔소리가 이어진다. 환경을 위해서는 이쑤시개 하나도 버리지 못하게 한다. 나무젓가락 싼 종이도 함부로 못 버린다.

썩은 나무 외엔 어떤 나뭇가지도 함부로 꺾으면 안 된다. 쓰레기가 생기면 반드시 다시 집으로 가져가야 한다. 습관이 잘 된 사람은 쉽게 수용하지만 그렇지 않은 사람은 질려버릴 것이다. 게다가 생리적 현상이 서로 다르고 먹는 것, 생각하는 것이 서로 다르고, 어느 곳으로 방향을 잡느냐 하는 문제가 생길 때도 서로 이견이 생길 수 있으니 금싸라기 시간이 소모되고 또 서로 피곤하게 될 것이다. 이 모든 것을 생각하면 동반자 없이 홀로 다니는 편이 여행의 참맛을 느끼기엔 최고다. 물론 짧은 여행은 예외다.

겨울 여행은 그야말로 적막이다. 어딜 가도 그 뜨겁던 여름의 왁자지껄함은 없다. 가끔 빈들 지키는 허수아비, 빈 논에 떨어진 낟알 찾는 기러기, 가창오리, 독수리들만 '꽥꽥 꾹꾹' 소리 낸다. 그들의 비행은 멋지다. 일단 이륙하면 자동 V자 모양으로 대형을 이룬다. 젤 앞에는 힘 좋은 젊은 리더가 이끈다. 기러기는 뒷줄에 설수록 바람의 저항을 70%까지 덜 받는다. 덜 자란 놈이나 병약자는 뒷줄에 선다. 가다가 응급상황이 발생하면 젊고 힘 있는 동료가 그를 대열에서 이탈시켜 응급조치하고 끝나면 다시 대열에 합류시킨다. 그들이 날아가면서 꽥꽥대는 소리는 우두머리 대장에 보내는 응원의 목소리다. 잘 훈련되었다는 생각이 든다. 그래야 1만km나 되는 먼 길을 날아가고 날아올 것 아닌가.

쓸 데 있는 상상을 한번 해봐야겠다. 거미는 바람 날개가 있다. 자벌레는 허공을 딛지 않는다. 태안반도엔 개미목 항구가 있다. 한자로 의항항이라 부른다. 사람이 쓰다가 세자는 길다며 개목항으로 줄여 부른다. 목 잘린 만두, 깨진 김밥, 술 취한 술빵, 보조개 있는 곰보빵, 가시에 찔린 바람은 매서웠다. 물 가득 담은 구름은 마침내 뚫린 구멍으로 새기 시작했다. 처음엔 작은 구멍이었으나 점점 구멍이 커진다. 비는 하늘과 땅을 연결하는 물 커튼이다. 바람이 구름을 푸른 멍석에 빠르게 말리고 재빨리 일본 쪽으로 밀어낸다. 긴 날개의 콘도르 구름이 삽시간에 사라졌다. 어찌하면 맑은 물을 기를 수 있을까. 숯을 몇 개 더 넣을까. 자갈과 모래는? 어쨌든 오염 안 된 정수된 물을 긷기 위해 눈을 크게 뜬다.

살아있음에 대한 고마움은 살아있음을 나타냄으로써 표현된다. 살아있음은 꼼지락댐으로써만 그것을 입증한다. 그렇지 않음은 살아있어도 살아있다고 할 수 없다. 말하자면 숨 쉬는 시체인 셈이다. 미동도 하지 않는 당신 혹 찬바람에 찔렸나. 찔린 바람 가시인가. 가시나무 가시에 심장 찔린 가시나무새인가 아니면 그 잎인가. 삶이 삶다워지려면 끊임없이 꿈틀대야 한다. 미물도 천적을 만났을 때를 제외하면 늘 꼼지락댄다. 그것은 곧 죽지 않았음의 반증이다. 하물며 인간에게 있어서랴.

우리는 아직 죽지 않았다. 오늘도 아침 먹고 점심 먹고 하지 않았나. 먹을 거 다 먹고 생각을 꼼지락대지 않는다면 산목숨이라

하기 어렵다. 생각과 행동 두 개를 동시에 꼼지락대라. 그렇지 않으면 공기압이 다른 자동차 앞바퀴처럼 된다. 장수인의 공통점은 끊임없는 생각과 행동의 꼼지락댐이다. 유의미든 무의미든 경제적이든 비경제적이든 상관없다. 그냥 웃고 그냥 긍정하며 그냥 소통하라. 잘 따지던 필자도 이젠 잘 안 따진다. 실성한 사람처럼 그냥 실실 웃는다. 훗날 저쪽에 갔을 때 하려고 이곳에선 쌓아 두기만 한다. 하하.

020
훌쩍 다가온 부음 소식

며칠 전 필자가 사는 동네 시장 안에 있는 횟집 앞을 지나게 되었다. 마침 젊은이가 대방어를 잡고 있다. 오른손에는 작은 망치가 들려있다. 대방어 머리를 망치로 내리친다. 방어가 길길이 뛴다. 필자가 보기에도 때리는 게 서툴다. 애당초 방어 크기에 비해 망치가 좀 작아 보였다. 급소를 때려야 하는데 길가 두더지 잡듯 망치 가는 대로 내리친다. 대여섯 번을 쳤는데도 방어는 여전히 꿈틀댄다. 좀 빨리 숨통을 끊었으면 좋으련만. 방어가 느꼈을 고통을 생각하니 가슴이 짠하다. '너무 불쌍하다, 이건 동물 학대다.' 이런 생각이 든다. 아, 우리의 죽음과 방어의 죽음은 무슨 차이가 있는가. 그 죽음의 흔적을 먹는 인간은 또 무엇인가. 이 본질적인 물음으로 한동안 괴로웠다.

부음 소식이 잦은 겨울이다. 사망자 나이에 자연스럽게 눈이 간다. 간격이 점점 좁아지는 것이 실감 난다. 평소에는 잊고 살았는데 설날 73살로 사망한 희극인의 소식이 눈과 귀를 붙잡는다. 죽음은 낮이 밤이 되듯 생명체에겐 너무나 자연스러운 것이라며 단 1%도 신경을 쓰지 않으며 살아왔다. 나는 시절을 잘 만나 지금의 나이도 오래 살았다고 흡족해하는 입장이다. 오래 살아 고맙다며 시시로 주문을 건다. 그래서 짐짓 죽음이 두렵지 않은 척하며 산다. 물론 좀 둔해서 그럴 수도 있다. 필자가 현재 나이에도 흡족해하는 것은 건강한 시기에 잠을 많이 자지 않고 눈 뜨고 있는 시간의 많음에 대한 자족의 표현이기도 하다.

젊은 시절의 1시간은 나이 든 후 10시간보다 낫다. 아니 열흘보다 낫다. 아파서 골골대는데 10시간, 100시간이 주어진들 무슨 의미가 있겠는가. 단순한 고통의 연장일 뿐이다. 내게 있어 이런 생각은 매우 강하다. 젊은 시절 많이 활동하고 체력이 떨어지고 모든 게 허물어지는 시기는 연명치료 같은 데 매달리지 말고 아름다운 마무리를 짓자는 의식 또한 강하다. 그래서 '사진 연명의료 의향서 등록'도 시행 초기에 끝냈다. 4년이 지난 지금은 140여만 명으로 늘어났다. 유서 작성도 물론 마친 상태다. 잠을 1시간 적게 자면 3년의 수명을 늘린다. 그렇게 따지면 평균 수면시간이 6시간 정도밖에 되지 않아 8시간 자는 사람보다 6년쯤 더 사는 셈이다. 평균수명과 건강수명의 차이 17년, 이 기간에 병치레하지 않았다면 17년을 더 해도 된다. 또 평생 감기에 걸리지 않았다면 3년을 더 사는 셈이다. 알토란 같이 살 수 있는 시간의 합계가 무려 26년이다. 그렇다면 지금 죽어도 103살을 산 셈이니 어찌 족하지 않겠는가.

또 건강하게 오래 사는 법에는 추억을 많이 쌓는 방법도 있다. 심리학자들의 공통된 의견은 추억을 많이 쌓으면 시간이 천천히 흘러간다는 것이다. 또 수면시간을 줄이는 것도 한 방법이다. 대신 숙면을 하면 된다. 숙면은 몸을 피로하게 하면 간단히 해결된다. 농부들은 불면증도 비만인도 없다. 몸을 편하게 놔둔 채 비만 운운하는 것은 많이 먹고 움직이지 않으면서 살이 안 빠진다고 투덜대는 것과 무엇이 다른가. 눈뜨고 있는 시간이 많으니 보고 읽고 쓰고 걷기 등 활동할 시간이 당연히 늘어난다. 영국 텔레그래프지의 평기자로 19세부터 94살까지 75년간 현역 기자로 활동한 디디스 씨는 하우스만의 시를 인용하여 '젊은이여, 잠시 후면 계속 잘 텐데 뭘 그렇게 잠을 많이 자는가. 어서 일어나게'라 하였다. 눈 뜨고 있는 시간을 많이 확보하고 추억거리 많이 만들면 이래저래 좋다. 추억거리가 없으면 우사인 볼트가 달리는 속도로 시간이 흘러가지만, 그 반대면 나무늘보처럼 흘러간다. 어느 쪽을 택하든 자신의 몫이다.

021
오두막 편지

　산촌의 겨울은 알싸한 겨자다. 늦가을 무서리 밭이다. 발바닥을 콕콕 찔러대는 땅에 떨어진 침엽수다. 대관령 자락 산촌의 겨울은 길다. 긴 그림자를 드리운 채 느릿느릿 사라진다. 앙다문 흙들이 이 빠진 할머니의 잇몸처럼 부드러운 속살을 드러내고 완전히 풀어지려면 좀 더 기다려야 한다. 아침저녁으로 한기가 온몸에 그악스럽게 달라붙는다. 낮에 잠깐 부드러웠다가 아침이면 다시 단단해진다. 북쪽 사면은 아직도 삽을 거부한다. 탁탁 소리 내며 완강히 치받는다. 지금 개나리, 진달래, 생강나무 꽃망울을 보고 있노라면 마치 초등학교 운동회 때 어린이들이 달리기를 앞두고 조잘대는 작은 웅성거림과 분주함을 감지할 수 있다. 그중에서 제일 성미 급한 놈은 생강나무인 듯 통통하게 배를 불렸다. 곧 출산이 임박했음을 알린다. 이제 출발 총성과 함께 총알처럼 튀어 나가는 놈이 있을 게다. 물론 뒤에서 발목 잡고 이기죽대는 놈도 틀림없이 있다.
　밤새 채운 소변 통을 어깨가 처진 놈에게 선물로 뿌려줬다. 나무줄기에 하얗게 집을 짓고 겨울을 나는 날아다니는 꽃도 가지에서 제거해줬다. 오랜만에 삽질, 낫질, 도끼질을 했더니 온몸이 녹진하다. 지난해 사태 난 곳을 보수하느라 흙과 돌을 삽으로 퍼 올리고 잔돌을 박고 메웠다. 내 키보다도 훨씬 높은 곳이라 평지보다 몇 배나 더 힘들다. 열기와 삼겹살을 구워 먹을 요량으로 장작을 패서 평상 밑에 쌓았다. 바람이 세게 불어 불 피우는 건 엄두도 못 냈다. 잡목을 제거하느라 톱질을 수도 없이 했다. 공간이 살짝 열리니 부모님 산소에 볕이 많이 든다. 잔디랑 회양목도 좋아할 것이다.

  * 이곳은 전기가 들어오지 않는다. 따라서 어떤 편의시설도 없다. 필자는 스무 살까지 이곳에서 자랐다. 그때 그 시절로 돌아가 그 시절의 정취를 느끼고 싶어 불편을 재밌어하며 체험하고 있다. 아버지가 사용하셨던 농기구도 그대로 다 갖췄다. 아버지가 하셨던 방법 그대로 체험하는 것이다. 내가 의도적으로 하는 것이기에 일반사람들은 매우 낯설 것이며 불편해할 것이다.

022
자신을 먼저 알자

　눈에 눈곱은 없는지, 입언저리에 밥풀은 안 붙었는지, 이빨 사이에 고춧가루는 끼지 않았는지, 목덜미에 비듬은 떨어지지 않았는지, 코털이 길게 삐져나오지는 않았는지, 외형은 물론 내부까지도 자신부터 먼저 살펴야 한다. 며느리가 미우면 발뒤꿈치 때부터 보인다. 남의 흠을 귀신처럼 찾아내 씹고 또 씹고 침소봉대하고 공업용 재봉틀로 박음질해대는 세상이다.

　지금의 대선판이 그렇다. 5,100만 명의 인위와 행복이 걸린 선거다. 하는 말 꼬락서니와 행동거지를 보면 기막히고 가관이다. 아닌척하며 마스크 뒤에 본 표정을 숨기고 위선을 떠는 걸 보면 가슴부터 떨려온다. TV를 보면 토할 것 같다. '이거 야단났구나.' 하는 탄식이 절로 나온다. 선택의 여지 없는 이 막다른 골목, 정답이 없는 시험지를 받아든 수험생처럼 국민은 어디에 표를 던져야 절망의 강을 뒤집히지 않고 건널 수 있을까.

　그간 오답을 적어내 쓴맛을 톡톡히 보았다. 문제를 잘못 낸 출제위원에게 책임을 묻기엔 너무 늦었다. 시험 한두 번에 인생 전체를 팽개치기엔 너무 젊다. 아직 할 일이 태산 같은데. 그래, 이번엔 눈 크게 뜨고 바로 보자. 적어도 곶감이 호랑이보다 무섭다고 설화 아닌 실화로 둔갑시키는 현란한 입놀림에 속지 말아야 한다. 그래야 주변과 인생이 행복하다. 새해에도 만 보 이상 걷기와 300회 이상의 스쾃과 3분 이상의 플랭크와 1일 1시간 이상의 독서를 줄기차게 하자. 띄엄띄엄 생각날 때만 하는 것은 건강에 별 도움이 되지 않는다. 그나마 이것이 당신을 지켜 주고 자신을 희미하게나마 알게 해주며 아름다운 마무리도 약속해 준다. 그럴 리는 없겠지만 설령 또 시험을 망친다 해도…….

023
밑 동

겨울은 봄의 밑동이다. 겨울의 준비 없이 과연 봄이 올까.

봄은 여름의 밑동이다. 봄의 꽃 없이 여름의 자람이 있을까.

여름은 가을의 밑동이다. 여름의 자람 없이 가을의 열매를 맺을까.

가을은 겨울의 밑동이다. 가을의 열매 없이 겨울의 쉼이 가능할까.

지금, 이 순간의 준비가 내년 봄을 만든다. 예년과 많이 다른 내년 봄, 그만큼 많은 준비가 필요하다. 밑돈, 밑돌, 밑말, 밑면, 밑밥, 밑변, 밑불, 밑쇠, 밑술, 밑실. 밑씨, 밑알, 밑음, 밑점, 밑줄, 밑창, 밑천 등… 한글 사전의 밑 글자가 들어가는 어휘를 찾아봤다. 하나같이 내게 좋은 의미를 전한다.

새해를 준비하는 데 밑이 들어가는 어휘만큼 좋은 어휘가 또 있을까 싶다. 놀랍고 반갑다. 바로 이거다. 밑이 들어간 어휘가 우리의 진정한 바람이라는 것을. 우리 모두 밑동과 밑판이 되자. 그러면 웃는 삶이 된다. 웃는 세상이 펼쳐진다. 걱정 근심 없는 삶이 된다. 밑을 살피고 밑만큼 단단해지자. 그리고 먼 훗날 밑으로 돌아가자. 이것을 아는 것은 하늘과 산과 천이다. 우리도 노력하면 밑동과 도타운 사이가 될 수 있다. 여생은 밑을 살피고 밑을 단단히 하자. 그래야 건강하고 행복해진다.

024
오고 가고

　한해도 저물고 인생도 빠른 속도로 후반부 안쪽으로 달려간다. 어제도 오늘도 떠오르는 찬란한 저 태양은 한결같지만, 이맘때면 늘 애잔한 마음을 숨길 수 없다. 어느덧 새해라는 이름의 인위적 획을 일흔일곱 번째 맞지만 늘 새롭나. 일생을 철부지로 살아왔기에 지금도 어린이티를 못 벗고 있다. 그러니 늘 혼나고 핀잔 듣지만 고쳐지기는커녕 증세가 점점 심해진다. 이런 것이 즐거움이니 이제 어쩌겠는가. 옛날은 길어지고 앞날은 짧아서인지 자꾸 뒤돌아 보는 습관이 생긴다. 내가 51년째 쓰는 일기책과 51년째 모으는 신문스크랩과 앨범을 자주 꺼내 보게 된다. 그중에는 1999년 4월 25일부터 쓴 몸일지도 섞여 있다.
　50대 초반이던 처음엔 쓸 거리가 별로 없었는데 근래 와서는 툭하면 쓸거리가 생긴다. 올해 만해도 위염-1월19일부터 한 달 정도 병원약 복용으로 정상으로 돌아옴, 가려움증-2019년 9월 벌초 이후 온몸에 가려움증세 나타나 2년 넘게 낫지 않고 있음, 치아 임플란트 1개와 브리지 2개(약 6개월 소요)는 11월 16일 마무리하면서 6~7개월을 통증과 불편을 경험했다. 또 치핵 수술(2021년 10월 28일) 등으로 병원을 들락댔다. 한편으로는 코로나19 속에서도 지난해에 이어 올해도 아홉 번째 책 '자유, 너는 자유다'를 펴내는 성과를 이루어 만족한다.

    이 모두는 내 몸속에 오래 머물던 놈들이다. 70여 년을 함께한 몸의 세포와 상한 치아와 60여 년을 함께한 치핵 제거 수술 등은 통증과 불편을 제거해 주었지만, 한편으론 그들과의 이별 의식으로 마음 한구석이 짠하다. 이별 의식이 잦으면 탄생 이전의 상태로 돌아간다는 자연스러운 생의 귀소가 떠오르는 것도 인생 후반부 깊숙이 들어가는 징후 아닌가 싶다. 늘 새날이지만 매일이 각별한 것은 새날의 수가 빠른 속도로 줄어드는 아쉬움 때문이다. 그래도 아름다운 마무리가 되려면 지금의 순간이 충만해야 한다. 대표적 충만 조건은 아마도 건강일 것이다.

    건배사 '백두산(백 살까지 두발로 산에 가자)'을 잘 헤아려 새해에도 스쾃, 플랭크, 뇌운동, 걷기 운동을 꾸준히 하면 좋을 듯싶다. 월요시를 배달한 지도 어언 3년이 가까워지고 또 한편으론 보잘것없는 시를 사랑해 줘 감사한 마음 전한다. 앞으로도 맑고 고운 시를 위해 나름대로 최선을 다할 것이다.

    내년에는 책은 잠시 뒤로 접어놓고 고향인 대관령 자락에서 작고 거칠지만 쟁기질하여 땅을 일구고 다듬는 일과 과일나무와 꽃과 푸성귀 심는 일에 열심을 다하려고 계획하고 있다. 낫질, 톱질, 삽질, 도끼질하며 땀과 친해지는 일을 할 것이다. 그 옛날 아버지가 하셨던 그대로 지게 지고 나무와 돌을 나르며 불편을 즐기며 추억하며 산촌 생활을 해보고 싶다. 더 늙고 힘 사그라지기 전에 푹 빠져보련다. 그런 일상들을 13년째 하는 블로그와 페이스북 등에 올리며 귀산촌 귀농에 관심 있는 분들과 정보를 공유하며 지금보다 조금은 활발한 SNS 활동으로 시간을 보낼까 생각하고 있다.

그렇게 하면서 도시의 시끄러움과 켜켜이 쌓인 분진에서 좀 멀어지고 싶다. 비록 금의환향은 아니더라도 고향에 초의환향 하면서 신 귀거래의 생활을 몸소 체험할 것이다. 모양이 어느 정도 갖춰지면 친구들과 다듬어지지 않은 산촌의 풋풋한 시골 냄새도 맡으며 담소하는 시간도 가질 것이다. 티끌 없는 그곳에서 티끌 없는 삶을 살다 티끌 없는 곳으로 가고 싶다. 그래서 미리 조금씩 연습하는 것이다.

025
몸의 혹, 삶의 혹

　한 생 살다 보면 우연이든 필연이든 몸에 혹하나 정도 생긴다. 다치든 긁히든 받히든 물리든 맞든 찔리든 생기게 마련이다. 천백 살 먹은 이 녀석은 다르다. 용문산 산삼을 먹었나, 백삼을 먹었나, 이모든 걸 다 먹었나. 지팡이는 짚었지만, 허리는 굽지 않았다. 손발은 좀 거칠지만, 목도 아직 꼿꼿하다. 흠인가 훈장인가. 겨우 목언저리 물혹 하나 달았다. 장안사에 있을 저 녀석, 마의태자 심려병으로 이곳에 터 잡았다. 키 68m에 허리둘레 15m라 힘깨나 쓰겠다. 한해 은행알 350kg을 수확한다니 그냥 존경심이 쑥쑥 난다. 저 녀석은 경순왕도 왕건도 다 만났을 게 아닌가. 견훤도 이성계도 세종도 연산도 영조도 다 보았을 게 아닌가.
　그래, 그리 오래 살았으니 어디 한번 물어보자. 누가 젤 쓸 만한 왕이더냐? 너도 이 땅에 터 잡고 살아가니 지금 꼭 필요한 왕이 누구이면 좋겠니? 한 의견 내야 온당치 않겠느냐. 김씨. 이씨, 박씨, 윤씨, 심씨, 허씨 등 왕 해보겠다며 지금 이 나라는 난리법석, 일구지난설이다. 해괴한 일 당하기 전 한 마디 전해 주렴. 시고 달고 쓴 것을 많이 보아왔으니 네 판단이 누구보다 정확할지 싶다. 모두가 그렇게 믿는다. 귀띔해 주기 바란다. 어, 연락을 빨리 해왔구나. 어여 말해 보거라. 필요한 덕목이 많지만 딱 하나만 말한다면 '사기꾼을 조심하라'. '그걸 어떻게 안담'. 아하 노자가 말한 게 있다. '대변약눌(大辯若訥)'. 말로 머리를 어지럽히는 자는 피해야 나라가 평안하고 국민이 행복하다. 적잖이 고민되었는데 단칼에 해결해 줘 고맙다. 5년 후에 보자. 건강하기를 바란다.

026
상실의 시간, 회상의 시간

 상실의 시간은 빠르게 흐른다. 회복의 시간은 느리다. 시간은 빠르게 상실된다. 빠른 시간을 맬 수는 없지만 느리게 할 수 있다는 것이 네덜란드 심리학자이며 '나이 들수록 왜 시간은 빨리 흐르는가'의 저자 다우베 드라이스마의 주장이다. 필자도 전적으로 동의한다. 빠른 시간의 주범은 게으름이다. 느린 시간을 주도하는 것은 큰 경험 큰 추억이다. 큰 경험은 큰 추억이 되고 큰 추억은 과거를 되돌리는 힘을 가진다. 그것은 일종의 회상 효과다. 회상 효과는 심리적 나비효과를 불러일으켜 너른 지역을 흐르는 강물처럼 추억지형을 넓힌다. 빠르게 흐르던 강물이 너른 땅을 만나듯 유속이 느려진다. 추억거리가 없을 땐 회상 효과도 없기 마련이다. 그럴 땐 시간은 계곡물처럼 급하게 흐른다.
 큰 회상 효과는 시간을 계량화하여 큰 꿈을 꾸는 일과 큰 꿈의 나무를 심는 일을 하는 것이다. 꿈과 나무의 특징 중 하나는 느리게 자란다는 것이다. 시간의 속도는 일정하지 않다는 것이 내 생각이다. 시계나 달력을 보면 일견 일정할 것 같지만 시간은 불규칙적이다. 억척스럽게 일을 하면 시간은 이스트를 넣은 빵처럼 부풀어 진다. 그러나 잠을 자거나 빈둥거리면 시간은 건포도처럼 쪼그라든 다. 이스트를 넣은 찐빵 같은 시간과 건포도 같은 시간 중에 어떤 시간을 갖느냐는 전적으로 자신의 몫이지 삼자 개입을 허용하지 않는다. 깨진 달빛에 물음표를 던져보면 혹시 답을 알려줄 수도 있지 않을까.

027
순한 항거

젊은 시절엔 자연에 항거하지만 늙으면 자연에 순응한다. 인간은 자연에 항거하지만 결국 자연에 순종한다. 젊을 땐 산이 사람을 보고 나이 들면 사람이 산을 본다. 그 순종은 전적으로 자율이다. 일종의 순한 항거다. 처연한 게 아니라 그게 자연의 이치다. 인도에서는 50살이 되면 남자(男子)는 바나프라스타(vanaprastha), 즉 시선은 숲을 향해야 하고, 속세를 등져야 한다는 말이 전해 내려온다. 50살이 된 남자의 등은 이제 삶과 야망과 욕망 같은 것들을 뒤로 등져야 한다는 말이다. 인도인의 평균수명은 남자 67세, 여자 69세(2020년 기준)임을 고려해야 한다. 50살이 된 남자는 모든 것을 끝냈다. 50살이 된 남자는 이제 홀로 있음, 진정한 자기 자신을 향해 나아가야 한다.

그 이전의 삶은 욕망이 너무나 과한 삶이었고, 그래서 홀로 있을 수가 없었다. 50살 전의 남자는 집안의 온갖 책임을 짊어져야 했고, 아이들을 양육해야 했다. 우리가 살아가면서 고민과 고통은 주로 사람 문제와 돈 문제 때문이다. 이런 소소한 문제에서 탈출하고 뛰어넘어야 한다. 그때쯤이면 나이를 먹는 게 아니라 토한다고 한다. 이제 모든 욕심을 내려놓고 자기 몫의 삶을 위해서 닦아 나가는 인생 후반부가 되었음을 자각하고 하루하루의 소중한 시간이 되도록 붙들어야 한다.

028
아버지의 손금

    고향에 있는 작은 땅에 '아버지의 정원'을 만들면서 땀과 눈물을 많이 흘린다. 힘들어서 울고 그리워서 운다. 곳곳에 박힌 아버지 손금 때문이다. 아버지가 봇도랑을 만들면서 삼각형으로 된 칼 같은 돌의 이를 맞춰 너무도 단단히 쌓으셨다. 지금은 봇물 대는 논이 사라져 봇도랑이 필요 없게 되자 난 한 뼘이라도 땅을 넓히기 위해 봇도랑을 허무는 일을 하고 있다. 말하자면 아버지는 쌓느라 땀을 흘리셨고 난 그걸 허무느라 피눈물 흘린다. 그 봇도랑을 얼마나 단단히 쌓았는지 돌이 잘 빠지질 않는다. 안 봐도 빤하다. 이건 순전히 아버지 작품이다. 아버지는 요것조것으로 꽤나 유명한 분이셨다. 일반 성인의 세 몫을 해치우는 부지런함과 괴력도 갖고 있었다. 손 모양은 볼품없이 갈퀴처럼 변해 버렸지만, 꽤 많은 재산을 일군 손이다. 그 삼각형의 칼 같은 돌, 그 돌, 돌마다 아버지 손금이 선명하게 박혔다. 그 위에 떨어진 눈물로 손금은 더욱 또렷하다.

029
돌집, 나무집

가재는 돌집에 산다. 새는 나무집에 산다. 나는 오두막에 산다. 그 녀석들과 나는 매우 닮았다. 그래서 신난다. 빈부 차도 느껴지지 않는다. 만약 빈부 차가 난다면 친해지기 어려웠을 것이다. 사는 집도 비슷하고 삶이 자유스러운 것도 비슷하다. 가재는 모든 바위와 흐르는 모든 물이 자기의 생활공간이다. 새는 모든 나무와 모든 허공이 자기가 살아가는 삶의 터전이다. 나는 그런 면에선 그 녀석들을 따를 수 없다. 난 지금은 낯선 오두막이란 곳에 갇혀 산다. 다만 잘 때만 그렇다는 게 그나마 다행이다. 잠에서 깨면 이야기는 달라진다. 온 땅과 온 공기와 온 공간이 모두 내 것이다. 이곳은 미세먼지 제로다. 속(俗)에 있는 사람들과는 비교가 안 되지만 가재와 새보다는 한참 못하다. 그래도 참 좋다. 찐찐찐이다.

문명과 원시의 진자(1)

　평소에도 난 문명을 썩 좋아하지 않는다. 문명을 지배하는 자가 되고 싶지 문명에 지배당하는 삶이 싫어서다. 문명이 날 구속하고 조종하려 하기 때문에 별로다. 차를 버리기 전에도 내비게이션은 일절 사용하지 않았고 스마트폰 전화번호 저장은 물론 단축다이얼 같은 것도 사용하지 않는다. 엘리베이터도 에스컬레이터도 잘 이용하지 않는다. 고집스럽게 계단을 이용하며 원시와 비문명을 추종한다. 몸은 편한 것을 좋아하지 않는다는 걸 알아서다. 역설적이게도 일반사람들의 바람과는 반대로 몸은 불편하고 괴롭힘당하는 걸 좋아한다. 물론 무리하지 않는 전제에서다.
　도시는 점차 문명의 누더기로 덮여간다. 구속의 철조망이 운신의 폭을 좁힌다. 자칫 질식할 수도 있다. 가능한 한 문명의 덫에서 탈출을 획책해야 한다. 자연은 원시의 본향이다. 얼핏 불편할 것 같지만 성숙한 자유의 맛을 누릴 수 있다. 자연은 가장 우수한 도덕과 자유가 존재하는 곳이다. 그 무질서할 것 같은 자유는 인간은 흉내도 못 낸다. 전기도 수돗물도 화장실도 없다. 영하의 오두막

속은 얼음 그 자체다. 다리는 따뜻하게 머리는 차게 하라 했지만 난 두 곳 다 얼음 같은 곳에서 이누이트족처럼 지난겨울을 지냈다. 나를 연단 시키고 싶어서였고 얼음 뇌의 작동이 궁금해서였다. 얼음 뇌의 작동은 가히 놀랍다. 어찌 그리도 별빛 같은 금싸라기 생각 뭉치를 쏟아내는지 스스로 의아하다. 문명과 원시의 진자는 상당 기간 이어질 것이다. 명백한 것은 모든 문명은 원시안에 있으며 원시에서 출발하고 원시에서 배태된다는 점이다.

031
문명과 원시의 진자(2)

군군신신부부자자(君君臣臣父父子子), 임금은 입금다워야 하고 신하는 신하다워야 하며 아버지는 아버지다워야 하고 아들은 아들다워야 한다는 말이다. 도도향향목목초초(都都鄉鄉木木草草) 도시는 도시답고 시골은 시골답고 나무는 나무답고 풀은 풀다워야 한다.

시골에 모처럼 불편 느끼는 장소를 만들자. 정말 시골 같은 시골을 한 번 만들어보자, 가장 시골스럽게, 모두가 도시화 현대화할 때 고집스럽게 50년대의 원시적 시골 모습을 재현해 보자. 편리와 문명의 중독에 빠진 사람은 물론 거부반응을 보일 것이다. 문명의 하수인은 종국엔 파멸로 한 발짝씩 나아가는 행위이기 때문이다. 나 혼자라도 사마귀의 지혜, 말하자면 당랑거철을 현실화시켜 앞발을 들어 수레를 세워보자.

요즘 나의 삶은 문명과 원시의 진자다. 3도(都) 4촌(村)의 삶이다. 산골에 오두막 정원을 하나 만들어가는 재미에 빠져 있다. 그것도 겨우 모양만 만들어졌을 뿐인데 말이다. 그곳에 작은 꿈을 심는 중이다. 심는 것 중에는 꽃도 있고 과일나무도 있지만 제일 중요한 것은 나의 꿈을 심고 있다는 점이다. 미래에 꿈이 영그는 생각에 미치면 난 하늘을 난다. 꿈이 이루어지고 아니고는 둘째 문제다. 어떤 한 곳에 푹 빠진 삶이 내겐 중요하다. 어떤 눈은 그런 나를 답답해 죽겠다며 바라본다. 심지어 머리 돈 사람 취급한다. 시골 한 친구의 눈이 그렇다. 난 그렇게 바라보는 그 친구의 눈을 이상하게 보고 있다. 누가 진짜 이상한 눈인지 나도 아리송하다.

032
한담(閑談)

 살다 보면 좋은 글, 퍼온 글이라며 참 많은 글을 보내온다. 그런 글은 도대체 어디서 찾을까. 좋은 글 홍수다. 그러다 보니 감동이나 반가움 대신 또 이런 글인가 하는 생각이 먼저 든다. 이 세상에 미인만 있고 쇠고기만 있다면 미인도 쇠고기도 그저 그런 것이 된다. 좋은 글도 어쩌다 만나야지 똑같은 얘기를 막 퍼 나른다. 살아가면서 수도 없이 대하는 영양가 없는 그렇고 그런 글이다. 공연히 신경만 건드린다. 대표적인 게 인생이 짧다는 둥 이제 인생의 가을을 맞았다는 둥 단풍 들었다. 곧 낙엽 된다. 그 좋던 봄날 어디론가 사라지고 이토록 성큼 가을을 맞았나. 모든 글이 아쉬움, 한탄, 후회, 안타까움 같은 내용밖에 없다. 그런 글 제발 보내지 않았으면 좋으련만. 좀 미흡하고 서툴러도 자기의 글, 자신의 생각, 자신의 이야기, 자신의 미래, 자신의 희망을 적으면 어떨까.
 필자의 생각은 조금 다르다. 나이 드는 게 재미있고 흥미롭다. 또 궁금하기도 하다. 간혹 세월이 빨리 갔으면 하는 때도 있다. 우리가 죽는 것은 생명체에겐 너무 당연하다. 자신만 죽는 것도 아니다. 왜 그리 요란 떨까. 빈손으로 왔다가 이만큼 누렸으면 됐지 뭘 어떻게 더 한단 말인가. 힘도 다 빠지고 쇠약한 몸을 이끌고 저 언덕배기를 얼마나 더 끌고 가려 하는가.

 80살 정도 살면 적절한 삶이다. 아이들도 다 키웠고 힘도 적절하게 빠졌으니 죽기도 쉽다. 김형석(103세) 씨 같은 예외가 더러 있긴 하지만 어디까지나 예외일 뿐이다. 설령 보편적이라도 쇠약한 몸을 계속 끌고 간다는 건 여러 면에서 무리다. 이만하면 길게 행복하게 잘 살았다. 참 잘 살았노라고 감사하자. 지구에, 가족에, 친구에.

 죽음은 낮이 밤이 되는 것처럼 자연스러운 현상이다. 모든 고통을 일순 해결해 주는 죽음이 얼마나 고마운가. 죽음 후엔 긴 고요와 평안이 있지 않은가. 스티브 잡스의 말처럼 죽음은 최고 최대의 축제요 피날레다. 지금의 장수를 잘 따져보면 현대의학으로 아픈 기간만 연장하는 측면이 있다. 잘 들여다보라. 우리 몸 각 기관의 부품들은 내용 연수가 60년 정도다. 평균수명이 60살일 땐 문제가 없었지만 83살인 지금은 20년 이상을 병마와 싸우고 의술에 의존해야 한다. 이런 현실은 본인은 물론 주변의 고통만 가중시키는 수많은 주변의 예가 말해주지 않는가. 장수는 자칫 큰 재앙의 단초가 된다. 경제적으로 여유가 있고 건강한 사람 소수를 제외하면 90세를 넘긴 모든 노인은 왜 이리 목숨이 질기냐고 한탄 조로 이야기한다. 죽고 싶어도 죽지 않는다며 한숨 쉬며 내뱉는 말에 진심이 느껴진다. 돈도 없고 아픈 곳만 늘어나고 힘도 없는데 무슨 낙으로 살고 싶겠는가.

물론 전분세락(田糞世樂), 개똥밭에 굴러도 이승이 낫다고 하는 이야기가 있긴 하다. 하지만 그냥 이야기일 뿐이다. 정말 개똥밭에 나뒹구는 삶을 한 번 살아보라. 그걸 삶이라 할 수 있겠는가. 야무진 인생 설계 없이 그냥 막연하게 장수를 맞는다면 큰 재앙이 된다는 것쯤은 불문가지다. 죽음은 두려움의 대상도 아니요 또 너무 두려워할 필요 없다. 다 허물어진 몸을 끌고 어디로 또 얼마를 더 가려 하는가. 의미도 없고 결코 바람직한 것도 아니다. 자신을 냉정히 바라보라. 만약 육신의 힘이 떨어지고, 마음의 의욕이 떨어지고, 정신의 꿈이 사라졌다고 생각된다면 더는 생명 연장이나 오래 살기를 바라지 않는 게 여러모로 지혜롭고 아름다운 마무리가 된다. 세 가지 중 하나라도 존재한다면 그나마 조금은 생각해볼 여지가 있다.

033
삶은 허무 속으로

　니체의 허무주의는 이렇게 정의 내린다. '삶은 덧없음이요 의미 없음이다'라고. 엊그제까지 만해도 활어처럼 팔딱팔딱 뛰던 젊음은 잠깐의 세월이 흘러 쭈그러지고 이지러져 밤나무에 매달린 빈 밤송이처럼 되어 버린다. 그나마 자존심은 있어 가시는 버리지 못하고 끝까지 매달고 버틴다. 혹시나 하는 바람이 있는지 알 수 없으나 그건 번지수가 한참 잘못되었다. 조금 전까지만 해도 대통령으로 위풍당당했으나 범인이 쏜 총 한 방을 맞고 쓰러져 저세상으로 간다. 존 F. 케네디나 링컨, 박정희 전 대통령의 경우다. 그나마 대통령은 장례를 크게 치른다. 묘지의 봉분도 크게 한다. 법으로 정하여 놓았기에 할 말은 없다. 다만 그게 무슨 의미가 있는지 묻고 싶고 고개가 갸우뚱해질 뿐이다. 산 자를 위한 것인지 죽은 자를 위한 것인지 선대를 위한 것인지 후대를 위한 것인지 애매하다.
　따지고 보면 아무 의미 없는데도 의미 있는 것처럼 한다. 모두 삶에 대한 미련이요 의식에 대한 기댐이다. 죽은 자는 알 리 없고 산 자는 알아도 살아있는 동안일 뿐이다. 몸은 이미 썩어 먼지가 되었는데 그걸 안들 무슨 소용이 있는가. 반면에 장삼이사는 풀잎에 맺힌 이슬처럼, 지렁이처럼, 미물처럼 짓밟히다 바람처럼 사라진다. 양반은 무엇이며 금수저는 무엇인가. 그 금(線)은 도대체 누가 그었는가. 가진 자들이 숨 쉬고 있는 동안 목에 힘주려는 하나의 수단에 불과하다. 지구의 생물 종 중 유일하게 죽음을 인지하는 것은 인간밖에 없다. 살아있는 동안 발버둥 치는 것도 그 죽음을 인지하기 때문이다. 허무를 인지한다면 그 경쟁에서 빠져나와야 한다. 모든 것은 허무이기 때문이다.

034
심박수 60

피의 흐름은 중요하다. 피의 흐름이 좋아야 한다. 그래야 우리가 섭취한 영양분들이 피에 실려 각 세포 속으로 원활하게 운반된다. 도로가 파이고 계속되는 땜질로 울퉁불퉁하다면 흐름이 좋을 수 없다. 비가 많이 내려 낙석이 생기고 흙더미가 도로를 덮친다면 도로의 기능은 소멸한다. 과적 차량에서 물건 하나만 떨어져도 이내 도로는 지체, 정체 현상을 빚는다. 10만km나 되는 우리의 혈관도 도로나 마찬가지다. 고지혈로 혈관이 좁아지거나 혈전으로 혈관이 막히면 중상 아니면 사망이다. 아니면 반신불수의 신세를 면하지 못한다. 이런 점에서 맥박 수가 60 이하로 떨어진다면 이런 위험에서 비교적 자유로울 수 있다. 어떻게 하면 될까. 달리기나 빨리 걷기 같은 유산소 운동을 꾸준히 한다면 쉽게 해결할 수 있다. 노인의 건강을 위협하는 것은 대부분이 비만으로부터 비롯된다는 점이다. 정상 몸무게를 유지하는 게 매우 중요하다.

심박수가 60 이하로 떨어지면 고혈압, 고지혈, 심근경색, 심장판막, 뇌출혈, 치매, 관절 통증에서 비교적 자유롭다. 하루 1시간 투자하여 평생 행복을 얻겠는가 아니면 1시간 아껴 평생 질병으로 인한 고통과 불행한 삶을 살다 끝내겠는가. 나이가 들면 모두 떨어지는 것밖에 없다. 그러나 단 한 가지 올라가는 것이 있는데 그것은 혈압이다. 기름때가 끼어 혈관이 좁아지기 때문이다. 피는 젊을 때와 다름없이 온몸에 공급돼야 한다. 그러나 운반 여건이 예전처럼 좋지 않다.

수십 년간 사용한 혈관이라는 길은 좁아지고 무너지고 낡았다. 그렇다고 보수를 할 수도 없다. 고속도로는 공사 중 표지판을 세우고 보수를 하지만 혈관은 그렇게 할 수 없다는 데 문제가 있다. 그러니 죽을 때까지 사용해야 할 혈관 길을 몸 주인이 잘 관리해야 한다. 심장은 힘이 떨어져 제대로 된 펌프질이 어렵다. 그러나 어쨌든 펌프질은 해야 한다. 좁아진 길에 혈액은 일정한 양을 죽기 직전까지도 보내야 하니 펌프질은 몇 배로 힘들어지고 당연히 혈압이 높아질 수밖에 없다.

대안은 없는가. 있다. 그것은 바로 유산소 운동이다. 좁고 경사진 계곡물은 유속이 빠르다. 그러나 너른 유역으로 가면 유속이 떨어지고 고요하게 흐른다. 호흡법에도 심장세균(深長細均) 호흡법이 있지 않은가. 깊고 길게, 가늘고 고르게 말이다. 맥박수가 60 이하로 떨어지면 이런 호흡을 할 수 있다. 혈액도 마찬가지다. 너른 혈관을 통과할 땐 힘들이지 않고 펌프질을 해도 흐름이 좋은 것은 당연하다. 바로 유산소 운동을 지속적으로 하면 숨이 차지 않는다. 숨소리가 고요하다. 맥박수가 빠르면 당연히 밭은 숨소리가 거칠게 나게 마련이다. 마라톤을 하거나 전철 계단을 오르내릴 때나 등산

할 때 절실하게 느낄 수 있다.

    이봉주나 황영조 같은 마라톤 선수들은 경기가 있을 때 말하자면 훈련량이 많을 때 맥박 수는 45~6회 정도다. 그것은 심장 기능이 좋고 폐산소 용적량(폐활량)이 일반인보다 커서다. 그래서 그들은 100m를 17~9초에 주파하는 속도로 105리를 그렇게 달릴 수 있는 것이다. 일반인도 꾸준히 유산소 운동을 하면 마라톤 선수만큼은 아니더라도 맥박수를 60 이하로 떨어트릴 수 있다는 사실이다. 필자의 경험은 그것을 100% 증명한다는 점이다. 그렇게 되면 노인에게 껌딱지처럼 달라붙는 고혈압, 당뇨, 고지혈, 심근경색, 심장판막, 뇌출혈, 관절염, 척추 관련 질환, 낙상사고 같은 위험에서 벗어날 수 있다. 맥박수를 재는 것은 새벽 6시로 정해 놓고 항상 그 시간에 체크해야 한다. 시간을 정해 놓지 않거나 활동을 한 다음에는 당연히 맥박수가 빨라질 수밖에 없다. 체크리스트를 방에 비치하면 좋다.

035
건강 정보의 홍수

건강정보는 차고 넘친다. 아무 날 아무 시간에 아무 채널을 돌려도 의사가 나와 건강을 얘기한다. 그 많은 의학 정보와 전문용어와 건강식품을 어찌 다 외고 다 섭취할 것인가. 그것은 불가능이다. 그러나 간단한 해결 방법이 있다. 그것은 좋다고 하는 모든 정보를 알려고 노력하는 게 아니라 생활 습관으로 인체에 해로운 것을 하지 않으면 된다. 무엇이 좋다고 하면 우~하고 몰려가 그 상품의 품절을 부르는 우매함을 더는 하면 안 된다. 좋다고 하는 것을 단 한 번 먹어 몸이 좋아질 것 같으면 그 많은 병원과 의사는 어떻게 살아가나. 쉽고 간단한 해법은 좋은 것을 찾아 먹는 어리석음에서 벗어나는 것이다.
늘 대하는 밥상에서 모든 음식을 골고루 먹으면 간단히 해결된다. 특별한 것이 대단한 것이 아니라 일상의 소소한 것들이 진짜 대단하다는 사실을 깨달으면 된다. 필자는 그것을 실천하며 지금까지의 건강을 지켜온 산 증인이다. 그 흔한 개소주 한 방울도 먹어본 적 없다. 오직 일정한 시간에 하는 삼시 세끼와 유산소 운동과 하루 만 보 이상 걷기만 철저히 지켜 지금의 건강을 유지하고 있다. 필자가 곧 증인이며 샘플인 셈이다.

결론적으로 좋다고 하는 것들도 한두 번 먹어서는 건강에 어떤 도움도 되지 않는다. 음식이나 건강 습관은 지속성과 꾸준함이 답이지 그 어떤 간단하고 편리한 단 한 번으로 해결되는 비법이라는 것은 존재하지 않는다. 그러기 위해서는 어느 정도의 기본적인 건강 지식이 있어야 함은 물론이다. 그래야 심지가 굳고 그때마다 튀어나오는 정보에 휘둘리지 않는다. 정보는 그냥 정보일 뿐이다. 어떤 성분을 지니고 있는지 또 어떤 성분은 해롭고 또 어떤 성분은 이롭다는 등의 이야기는 참고로만 하고 귓등으로 흘려야 한다. 다시 한번 강조하고 싶은 것은 건강은 자신이 어떤 습관과 어떤 음식물을 어떻게 꾸준히 섭취하느냐의 여부에 달려있다는 점이다. 절대 휘둘리지 않기를 바란다. 자신만의 루틴을 만들고 자신만의 고집으로 평생을 끌고 가면 된다.

036
불편의 생활화

　불편을 즐기면 당신은 건강해진다. 편리를 추구하면 당신은 병원과 친해질 수밖에 없다. 편리의 단꿀에 혀가 닿으면 단꿀에 빠져 죽을 때까지 헤어나지 못한다. 행복을 위해서는 어느 정도의 불편을 감수해야 한다. 노후의 건강은 절대적이다. 노후의 건강이 신통치 않으면 어떤 행복도 뜬구름 잡는 소리로 끝난다. 특히 걷지 못하는 문제가 발생하면 삶의 질은 급격하게 떨어질 수밖에 없고 모든 행복은 사라진다. 두 다리가 영주 부석사의 배흘림기둥같이 우람해야 한다. 튼실한 운동선수도 병원에 입원 3개월만 하면 그렇게 우람하던 다리도 연두부 같은 물렁 다리, 가냘픈 새 다리로 바뀐다. 인체는 216개의 뼈와 800여 개의 근육으로 이루어졌다. 이 구성품들은 사용하지 않으면 사용할 수 없는 상태가 된다. 말하자면 용불용설론이 강하게 적용된다. 인체를 구성하고 있는 모든 요소가 그렇지만 특히 뼈와 근육이 대표적이다.
　운동을 왜 하지 않느냐고 물으면 시간이 없어서라고 많은 사람이 답을 한다. 그렇게 답하는 사람은 자신이 게으르다고 실토하는 것이나 다름없다. 시간은 부지런한 사람이 가장 많이 소유한다. 정말로 시간이 없을 만큼 바쁘다면 생활 속에서 운동을 하면 된다. 그야말로 꿩 먹고 알 먹는 식이다. 전철 타고 다니기. 엘리베이터나 에스컬레이터 대신 계단 오르내리기, 한 정거장 전이나 후에 내려 걸어가기, 운동 효과를 위해 계단을 딛고 오를 때 발의 2분의 1만 걸치고 오르기, 내려올 때는 까치발로 내려오기, 까치발로 서서 아랫배에 힘을 주고 소변보기(하루 8~10회 자연스럽게 운동하게 됨), 전철에서 발뒤꿈치 들었다 놓기, 의자에 앉았다면 항문 조이기 등 얼마든지 바쁜 시간을 커버할 수 있다. 사무실 책상 서랍이나 거실에 악력기와 아령을 놓아두고 심심할 때 운동하기 등으로 시간을 벌수 있다.

불편을 생활화하면 보이지 않던 곳이 보이게 되고 생각지도 못한 것을 생각하게 되고 새로운 세상을 경험하게 되는 이삭줍기 이익이 따른다. 숨이 차 헉헉대던 자신이 언젠가부터 숨이 차지 않는 자신을 발견하게 되고 오줌발이 세지는 걸 느끼게 되고 자신감이 생기는 걸 알게 된다. 물론 처음엔 불편을 느낄 수 있다. 그러나 예전 반세기 전 생각을 잠시 떠올리면 금세 아름다운 향수에 빠지게 되며 그 향수를 즐기는 것, 그것은 곧 힘이 된다. 모든 것은 생각하기 나름이다. 자신의 생애에 행복을 안겨주는 일에 그리 인색하게 굴 일이 뭐가 있는가.

037
내 나라 샅샅이 밟기

여행은 누구나 하고 싶어 하지만 선뜻 나서기가 쉽지 않다. 여행은 돌아오기 위해 떠난다는 역설이 존재한다. 인생은 긴 여행이다. 여행은 한 권의 책이다. 여행을 하지 않는 사람은 그 책의 첫머리만 겨우 보았을 뿐이다. 동네 뒷산을 오르는 거도 아니고 당일치기도 아닌 한 많은 준비가 필요하다. 우선 몸이 건강해야 하고 경제적으로 조금은 여유가 있어야 하고 시간도 있어야 한다. 하물며 해외여행은 그 몇 배의 준비가 필요하다. 필자도 여행에 빠져 살지만 예외가 아니다. 여행은 종류도 많지만 우선 어떤 여행을 할 것인가가 명확해야 하며 어디를 얼마의 비용으로 누구와 갈 것인가 등 많은 준비가 필요하다.

필자는 혼자 하는 여행을 선호한다. 떠나기도 쉽고 출산 후의 여자처럼 움직이기도 좋다. 처음엔 떼로 몰려다니기도 하고 짝을 지어 다니기도 하지만 쉽지 않다. 먹는 것, 입는 것, 생활 습관과 생각의 차이가 있어서 몇 배로 힘들고 신경을 써야 한다. 무엇보다 서로의 여건이 맞지 않아 가고 싶을 때 가지 못한다는 점이 그렇다. 홀로 여행은 어떤 결정을 하는데 이견이 있을 수 없다. 가끔 갈등을 겪는 경우가 생기기도 하지만 그것도 혼자 해결하면 된다. 외롭지 않으냐는 질문을 많이 받지만 전혀 그렇지 않다. 오히려 정신적 풍요와 생각의 풍성함을 가져와 심심할 사이도 외로울 사이도 없다. 시야에 들어오는 모두가 친구며 스치는 모든 사람이 친구다.

여행도 단순화가 중요하다. 꼭 필요한 것만 챙기는 요령도 요구된다. 일별, 월별, 연도별 계획을 세우고 테마별로 분류하고 실행에 옮긴다. 국내 여행만 해도 할 것도 많고 갈 곳도 많다. 육지도 있고 섬도 있다. 도보로 할 것인가 자전거로 할 것인가 버스로 할 것인가 기차로 할 것인가도 정해야 한다. 혼자 할 것인가 친구와 할 것인가, 둘이 할 것인가 셋이 할 것인가 등 정해야 할 것도 많다. 텐트에서 잘 것인가 캠핑카에서 잘 것인가, 민박을 할 것인가 모텔에서 잘 것인가 등도 정해야 한다. 바다 여행인지 육지 여행인지 산인지 강인지 호수여행인지도 정해야 한다. 해외여행도 좋지만 국내 여행할 곳도 차고 넘친다.

내 나라 볼 시간도 부족하다. 해외여행은 EBS '세계테마기행'이나 '걸어서 세계로'를 보면서 갈증을 푼다. 방송사에서 하는 자연 다큐멘터리도 좋다. 돈도 벌고 시간도 번다. 거기서 번 돈으로 국내 여행을 알차게 샅샅이 뒤지고 걷고 밟고 파헤쳐라. 506개의 유인도 탐사도 괜찮다. 여행대상지가 없어 당신을 안방에 가두는 일은 없다. 필자는 여행광이다. 도보 여행가다. 일 년의 반은 길 위에 있다. 내 나름대로 우리나라를 바둑판처럼 훑었다고 자부하지만, 아직도 안 가본 곳이 훨씬 많다. 등산을 35년간 하며 지도에 나와 있는 산은 모조리 밟다시피 했다. 전국 일주를 걸어서 한 번, 자전거로 한 번 했다. 6대 강 자전거길 1,392km를 걸어서 밟았다. 유인도 506개 중에서 400여 개를 돌았다. 둘레길, 올레길, 물레길 등 이름 붙은 길은 거의 다 밟았다.

해외여행은 경제적인 문제가 제일 크다고 얘기들을 한다. 내겐 그런 문제도 있지만, 우선은 내가 태어나고 자란 내 나라를 샅샅이 밟아보자는 마음이 훨씬 크다. 내 나라를 밟아보지도 않고 외국을 간다는 게 정서상 맞지 않는다. 최소한 내겐 그렇다. 마치 모국어도 모르면서 외국어부터 공부하는 식이라고나 할까. 우리가 생각하기 나름이다. 사실 외국이라 해봤자 사람 생김새가 다르고 눈 빛깔이 다르고 코 크기가 다르고, 산이라 해봐야 높이가 다르고, 강은 길이와 폭이 다르고 폭포라 해봐야 크기가 다르고 얼음과 눈이 조금 많고 적고 같은 차이가 있을 뿐이다. 사람 살아가는 것은 먹고 배설하고 노래하고 춤추고 그 모양이 조금 다를 뿐 대동소이하다. 그런 차이를 느끼고 보기 위해 너무 많은 시간과 돈을 쓴다는 점이 나를 늘 멈칫거리게 한다.

우리나라도 경상도 다르고 전라도 다르다. 강원도 다르고 충청도 다르다. 말씨도 다르고 생김새도 다르다. 살아가는 방식도 다르고 생활 도구도 다르다. 동해안의 삶이 다르고 남해안, 서해안의 리아스식 해안의 삶이 다르다. 산중 생활이 다르고 벌판 생활이 다르다. 이중환의 택리지를 읽고 떠나면 그 차이는 더 확연히 눈에 들어온다. TV가 주는 역기능도 만만찮지만, 순기능 또한 상당하다.

내게 있어 그 순기능이란 EBS의 '세계테마기행'과 '걸어서 세계로'다. KBS에서 가끔씩 방영되는 자연 다큐멘터리도 빼놓을 수 없다. 그날그날 세계지도를 봐가면서 TV를 시청한다. 세계 곳곳을 가장 편한 자세로 여행하는 즐거움에 빠진다. 매일 돈 한 푼 들이지 않고 좋아하는 여행을 하는 셈이다. 차를 마시며 과자를 먹으며 즐겁고 신바람 나는 시간을 갖는다.

038
몸으로 쓴 건강일지

 필자는 일기를 52년째 쓰고 있다. 200쪽짜리 노트가 38권이다. 서가 한쪽을 채운다. 일기는 나의 역사며 기록이다. 나의 기록이면서 세상의 기록도 된다. 어떤 시대에 살았는지가 나타난다. 필자에겐 몇 가지 보물이 있다. 첫째는 일기책이다. 둘째는 51년째 하는 신문스크랩이다. 11개의 장르별로 연도별 날짜별로 꽂혀 있다.

 11개 장르를 소개하면 1) '지식창고'라 하여 논설위원이 쓴 사설과 오피니언 글들이다. 2) '문화'면이다. 3) 그날의 화제가 될 만한 기사를 '오늘의 화제'라는 제목을 붙여 보관한다. 4) '건강' 면이다. 건강에 관련된 기사는 모두 꽂혀 있다. 5) '여행' 관련 기사다. 6) 스포츠 관련 기사다. 주로 골프 기사, 마라톤 기사가 많다. 손자가 축구선수이기에 축구 관련 기사는 별도로 모았다가 손자에게 건네준다. 7) '실버'에 관련된 기사다. 8) 과학이다. 우주 관련 기사와 자연과학 등은 물론 실생활에 관한 과학 기사를 주로 모은다. 9) '기업경영'이란 제목을 붙여 관심 가는 국내외 경제 기사는 물론 재벌기업에 관련된 기사, 실생활과 밀접한 기사들을 모은다. 10) 자동차 관련 기사다. 신차의 디자인과 가격과 성능은 어떤지 요즘 대세는 어떤 차종인지가 궁금하여 모은다. 11) '멋진 삶'이라 이름 붙여 이 사회나 국가에 훌륭한 일을 한 사람, 귀감이 될 만한 사람들 관련 기사를 모으면서 닮고 싶고 흉내 내려 마음을 다 잡는 계기로 삼는다.

이 열한 개의 장르는 내가 매우 관심을 두는 분야다. 특히 건강과 여행, 실버 분야는 관심이 많고 관련 공부도 게을리하지 않는다. 80쪽짜리 클리어 파일이 650여 권이다. 세 번째는 세 손자와 두 며느리가 그때그때 보내온 카드와 메모와 자라온 과정들을 하나도 빠짐없이 스크랩북에 연도별로 정리하여 놓은 파일이다. 네 번째는 내가 그간 출간한 아홉 권의 책들이다. 요놈들은 보물 중 보물이다. 애지중지한다. 가끔 들춰보며 기쁨과 애잔한 슬픔과 감동으로 추억에 잠긴다.

다섯 번째는 14년째 이어지는 블로그(blog.naver.com/iguyha)다. 지금까지 8,500여 개의 글이 올라있다. 일단 목표는 3만 개의 글을 올리는 거다. 죽는 날까지 올릴 계획을 세워 놓고 있다. 여섯 번째는 가족과 친구들을 대상으로 매주 월요일에 카톡에 올리는 '월요시'다. 3년째 이어지는 시가 이미 150여 수가 넘는다. 2009년부터는 볼펜을 좀 많이 쓰기에 얼마나 쓸까가 궁금하여 모으고 있는데 알록달록한 볼펜이 130여 개가 모였다. 방바닥에 쏟아놓고 세는 재미도 있고 또 예쁘기도 하다. 난 모으기를 좋아한다. 처음엔 그냥 모으기가 좋고 재미있어서 했는데 나중엔 소중하다는 느낌이 들어 정성을 다해 닦고 문지르고 매만지고 쓰다듬는다.

그러던 어느 날 난생처음으로 병원을 가게 되었다. 바위에서 굴러 오른쪽 무릎이 심하게 부서진 날이다. 필자는 궁금증과 호기심이 많다. 마침 병원에 온 김에 지금부터 내 몸에 대해서 알아보자며 관심을 두기 시작했다. 인간은 어떻게 늙어갈까. 어떤 절차를 밟으며 변하여 갈까. 그 증상은 어떠며 현상은 어떻게 나타날까. 그때마다 일어나는 현상을 기록하자. 그 기록은 나의 몸의 기록이 될 것이며 모든 사람의 기록이 될 수도 있겠다는 생각이 들었다. 이런 기록들은 자신의 건강을 돌보며 관리하는 데 도움이 될 것이며 다른 사람들에게도 분명 건강 자료가 될 것이라는 데까지 생각이 미쳤다.

물론 한 사람의 자료가 표준이야 될 수 없겠지만 큰 차이는 없겠다는 생각으로 꼼꼼하게 몸의 변화를 기록한다. 실제로 이 기록은 늙어가는 자신의 몸을 이해하는 데 큰 영향을 미친다. 자연스럽게 자신의 몸에 대한 철저한 관리가 따른다. 가능하면 자연스러운 상태에서 몸의 변화를 기록하는 것이기에 어떤 건강기능식품이나 처방전의 도움 없이 가장 자연스러운 노화, 말하자면 인체의 변화를 적어나간다. 마침 병원에 처음 간 날이기도 하기에 1999년 4월 25일부터 몸 일지를 쓰기 시작하였다. 필자가 54살 되던 해로 벌써 23년째다.

재미있는 것은 쓰기 시작하고 10여 년간은 아픈 곳도 없고 몸의 특별한 변화도 감지되지 않아 쓸 게 별로 없어 휑뎅그렁했는데 조금씩 늘어나기 시작하더니 지금은 거의 매일 적을 게 생겨 A4용지로 벌써 70쪽을 채웠다. 이곳에는 인체의 모든 변화가 기록되어 있다. 머리카락이 세는 것, 눈썹 세는 것, 이명 증상 오는 것, 돋보기가 필요했던 시점, 눈물이 많이 나왔던 시점, 빈뇨, 잔뇨, 절박뇨, 변비, 설사, 가려움증, 병원에 간 이유, 복통, 손, 발톱의 자람, 변형, 소변 줄기의 강과 약, 처음 낮잠 잔 날, 가슴 통증, 맥박수의 변화, 임플란트, 발치, 보철, 하루 최대로 걸을 수 있는 걸음 수의 변화, 계단 오를 때 숨찬 정도의 변화, 벤치프레스와 아령의 무게 변화, 광대뼈가 도드라지고 얼굴 살이 빠지는 것, 뱃속에서 일어나는 갖가지 증상, 잦은방귀, 갈라지는 쉰 목소리, 어휘가 잘 생각나지 않아 쩔쩔매는 설단현상, 발기 등 처음 맞이하는 노화에 따른 몸의 변화 일체를 적는다.

그러면서 한편으로 '몸 체크리스트'를 책상머리에 붙여 놓고 3개월에 한 번씩 체크한다. 기록 내용은 몸무게, 가슴둘레, 허리둘레, 허벅지 둘레, 장딴지 둘레다. 키는 2년에 한 번씩 하는 건강검진으로 대한다. 필자의 '몸 체크리스트'에 적힌 내용(2022.3.1. 현재)을 살짝 공개하면 키 167cm(젊은 시절 168cm)로 친구들에 비해 그렇게 많이 줄지 않은 것은 꾸준한 운동의 결과가 아닌가 생각한다. 몸무게 63kg, 허리둘레 86cm, 허벅지 63cm, 장딴지 39cm다. 이 숫자를 계속 유지하는 게 목표다. 목표 달성을 위해 꾸준히 노력을 기울일 것이다. 특히 몸무게 63kg(+-1~2)은 57년 간 유지하고 있는 몸무게다. 특이한 것은 무절제한 음주와 줄담배를 피우던 젊은 시절보다 지금의 건강 상태가 더 좋다는 점이다.

나이 때문에 서서히 감퇴하는 체력과 성 기능, 소변 줄기의 힘 등은 어쩔 수 없는 부분이 분명 있다. 그러나 다른 부분은 꾸준한 운동과 식습관, 생활 습관으로 개선이 얼마든지 가능하다는 점을 분명하게 밝힌다.

물론 허리둘레를 1인치 정도 줄이고 싶지만 다른 곳과 연동되어 이곳을 줄이면 다른 곳이 줄어들어 늘 갈등이 생기는 대목이다. 이 숫자를 끝까지 붙잡고 가도록 노력하겠지만 불가능한 시점 또한 반드시 올 것이다. 그것이 언제일까 하는 것도 매우 궁금한 부분이다. '몸 일지'와 '몸 체크리스트'의 최대 장점은 단순한 기록에서 끝나지 않고 계속 몸의 변화를 비교하면서 미비점은 보완하고 또 보완을 위해 노력을 한다는 점이다. 기록 내용을 들여다보면 흥미롭다. '몸 체크리스트'를 쓰기 시작한 지 13년째인데 노력하고 애쓴 보람이 있어 쓰기 전보다 나이가 13년이나 더 든 지금이 오히려 허벅지와 장딴지 크기가 더 늘어났음을 알았을 땐 뿌듯하고 기쁘다.

039
사고, 낙상

    살다 보면 누구나 몇 번의 사고를 만나게 된다. 불의의 사고일 수도 있고 안전의식 결여로 생길 수도 있다. 뜻하지 않게 암과의 전쟁도 있을 수 있다. 불가항력적인 경우는 어쩔 수 없다손 치더라도 그런 경우가 아니라면 주의력 기울이기와 안전벨트의 생활화 등 건전한 생활 습관으로 줄여야 한다. 특히 노인이 되면 주의력 결핍과 나빠진 시력과 하체 부실 같은 건강상의 문제로 넘어지고 난간을 헛디뎌 높은 곳에서 떨어지고 돌부리에 걸려서 넘어지는 일이 생기기 마련이다. 몸에 근육량이 적고 동작이 느려 대처하지 못하니 상처는 클 수밖에 없다.

    당뇨 300인 친구는 자주 넘어진다. 꼭 왼쪽으로만 넘어지는데 눈썹 위 왼쪽 이마가 미친개 콧등처럼 아물 날이 없다. 같은 곳을 찧은 게 일곱 번이다. 큰 상처가 났을 때는 17바늘을 꿰맨 적도 있다. 잘 못 넘어져 고관절을 다치기라도 한다면 사망에 이를 수도 있기에 각별한 대처가 요구된다. 그 대처라는 게 스쾃이나 발뒤꿈치 들기 같은 운동으로 허벅지와 장딴지 근육을 키우는 방법이다.

040
행복의 99%

 노후 행복의 99%는 걷기가 좌우한다. 걷지를 못하면 노후 행복은 사라진다고 봐야 한다. 노후 걷기의 중요성은 아무리 강조해도 지나치지 않는다. 강조하고 또 강조하고 싶다. 이번 책의 여러 곳에서 걷기의 중요성을 반복할 것이다. 인생 후반부 삶에서 걷기가 차지하는 비중은 절대적이다. 걷기가 중복되었다고 생각하지 말고 걷기의 강조가 또 강조되었다고 생각하기를 바란다. 사실 책 전체에서 걷기만 강조하고 싶다. 노후의 건강과 행복은 걷기가 전부라고 해도 과언이 아니다. 일단 걷지를 못하면 젊은이건 늙은이건 행복의 99%는 사라진다. 인간의 모든 행복은 걸을 수 있을 때만 얻을 수 있는 구조로 되어 있다.
 여행을 하든 쇼핑을 하든 일터에 가든 친구를 만나든 취미생활을 하든 음식점엘 가든 손자를 보러 가든 걸을 수 있어야 가능하다. 이렇게 중요한 걷기를 우습게 취급한다면 몸으로부터 우스운 꼴을 당한다. 걷기는 어디로 하는가. 손도 아니고 머리도 아니고 바로 다리로 한다. 이걸 모르는 사람이 있을까. 안다면 왜 다리를 홀대하는가. 직립보행의 본령을 잊었는가. 태초에 인간이 만들어질 때 자동차나 엘리베이터를 염두에 두고 만들지 않았다는 사실만 확실히 안다면 다리에 대한 홀대를 당장 접어야 한다. 다리는 주인으로부터 직립보행에 맞는 대접을 받을 때만이 결초보은한다.

직립보행은 수렵시대에 맞게 설계되었다. 걷고 달리고 던지고 찌르고 싸우고 이고 지고 메고 할 수 있도록 만들어진 것이다. 지금도 수렵시대와 다를 바 없다. 다만 목표물만 호랑이나 돼지가 아닐 뿐이다. 새 다리와 불룩 배로 어찌 목표물을 잡을 것인가. 과일에 씨앗이 들어있듯 모든 문제 속에는 답이 들어있다. 해답은 쓰지 않는 다리를 쓰면 되는 것이다. 자가용에서 대중교통으로 엘리베이터나 에스컬레이터 대신 계단 오르기로 기회만 생기면 걷기로 생활 패턴을 바꾸면 된다.

하루 3~500회씩 스쾃을 하면서 하체 근육을 기르는 것도 빼놓으면 안 된다. 우리 앞에 언제 멧돼지가 나타날지 모른다. 아니 항상 호랑이와 멧돼지가 주변에 서성거린다고 생각해야 한다. 정신 차리지 않으면 호랑이 밥이 되든가 아니면 새끼들이 굶어 죽을 수 있다. 매일 거울을 대하며 얼굴만 보지 말고 자신의 몸의 전체적인 생김을 바라보기를 바란다. 과연 내 몸이 인간다운 체형인가, 인간스러운 그런 몸인가를 뜯어봐야 한다. 안 보는 건지 안 본척하는 건지 확실히 하기 바란다.

또 봤으면 느껴야 한다. 느꼈다면 개선해야 한다. 과즉물탄개(過則勿憚改)라 하지 않던가. 잘못이 있는 게 문제가 아니고 문제가 있는데 고치지 않고 그대로 방치하는 게 문제다. 특히 배와 허벅지와 장딴지를 유심히 봐야 한다. 과연 자신의 몸이 인간 본연의 모습을 띠고 있는가를 뚫어지게 보라. 아니면 그렇다고 긍정할 때까지 노력의 노력을 기울여라. 오늘도 당신은 회사라는 사냥터에 나가야 한다. 잡을 것인가, 잡힐 것인가. 먹을 것인가 먹힐 것인가. 그것이 문제의 핵심이다. 결국 사냥터에서의 수확도 당신의 장딴지와 허벅지 두께가 결정한다.

2005년 걸어서 전국을 일주한 후 17년간 1억 보를 걸으면서 얻은 지혜가 걷기에 관한 아포리즘이란 이름으로 태어났다. 여기에 소개한다.

* **걷기에 관한 아포리즘 모음**
-신(神)은 길에 있다.
-여행은(걷기는) 발의 수고를 통해 감정 호강을 시키는 행위다.
-여행은(걷기는) 발의 수고를 통해 감성을 두텁게 살찌우는 행위다.
-여행은(걷기는) 발의 수고를 통해 눈과 귀를 열어주는 고급스러운 감성 표출행위다.
-걷는다는 것은 자신의 가장 훌륭한 주치의다.
-길은 걷는 자의 것이다.
-걷기는 가장 큰 독서다.
-길은 언제나 걷는 자에 내준다.
-걷는다는 것은 자신의 뇌를 아이디어 생산 공장으로 바꾸는 행위다.

-걷는 것은 길에서 캐는 또 다른 금이다.

-도보 여행가는 차를 좋아하지 않는다.

-당신의 초롱초롱한 기억력은 걷기에 그 답이 있다.

-걷는다는 것은 꿈을 실현하는 가장 중요한 원자재 중 하나다.

-여행이란 걷기라는 노동을 통하여 지혜라는 알곡을 거두는 곳간이다.

-만보(萬步)라는 보약은 세상에서 가장 뛰어난 하늘이 내린 약이다.

-걷기는 몸이라는 건축물의 주춧돌이다.

-여행이 배움의 연속이란 걸 안다면 당신은 이미 진정한 여행자다.

-삶이란 걸을 수 있을 때부터 걸을 수 없을 때까지의 기간이다.

-여행은 곧 터미널이다.

-걷는 자는 길을 먹고 길은 걷는 자를 먹는다.

-글과 사상의 원천은 길 위의 고독이다.

-여행은 자신의 속과 거죽을 동시에 볼 수 있는 잘 닦은 거울이다.

-여행에너지는 늘 고독이다.

-걷기는 자연이라는 학교에 들어가는 등굣길이며 교문이다.

-경험은 밖을 채우고 독서는 속을 채우며 여행은 안팎을 채운다.

-이 세상에 고독만큼 좋은 여행에너지는 없다.

-인생 후반부의 모든 행복과 불행은 보행여부에 달려있다.
-여행은 상처와 치유를 동시에 엮어가는 긴 과정이다.
-여행은 즐기기가 아니라 위대한 자각이다.
-인생은 100년간 하는 긴 여행이다.
-여행의 참맛은 불규칙의 규칙에 있다.
-길은 하나의 두꺼운 잠언집이다.
-여행은 자아 채우는 잠깐의 출가다.
-걷는다는 것은 자신의 뇌를 아이디어 생산 공장으로 바꾸는 행위다.
-어떤 즐거움도 걷는 것과 비교할 수 없다.
-매일 걷는 것은 매일 출근하는 것보다 더 큰 수입을 보장한다.
-발바닥과 무릎연골이 닳는 게 먼저인지 마음이 단련되는 게 먼저인지가 궁금하면 걷고 또 걸어라.
-무심의 걷기는 모든 사람의 건강을 담보한다.
-매일 걷는 것은 어떤 CEO보다도 고액 연봉을 안겨 준다.
-독서는 앉아서 하는 여행이고 여행은 걸으면서 하는 독서다.
-단순하고 평탄한 길을 고독하게 걸을 때만 당신의 무딘 생각은 새파랗게 벼려져 튀어나온다.
-노인의 유통기한은 단연코 걷지 못할 때와 꿈을 잃어버릴 때이다.
-모든 생각은 길 위에서 튀어나온다.
-날씬한 다리는 20년이 행복하고 굵은 다리는 60년이 행복하

다.

-나는 왜 걷는가? 바로 그 물음에 대한 답을 찾기 위함이다.

-걸으면 뇌의 수많은 생각 주머니들이 술 빵 구멍처럼 빼곡하게 뚫려 어느 구멍으로부터 어떤 상상이 튀어나올지 가늠키 어렵다.

-나는 서재 아니면 길 위에 있다. 다른 모든 것들은 이 두 곳을 위한 덧대기다.

-나는 걸음이 잉태한 자식이다.

-나는 가장 쉽지만 가장 어려운 워킹 라이프의 실천자다.

-길은 건강의 샘이다.

-길은 건강한 삶의 묵시록이다.

-남자가 길을 나서는 것은 눈물을 흘리고 싶을 때이고, 여자가 배낭을 챙기는 것은 마음의 방을 하나 만들고 싶을 때이다.

-여행은 다리의 싸움으로 시작하여 머리와 가슴의 싸움으로 끝난다.

-치매 예방은 걷기가 답이다.

-걷기는 최고의 명의다.

-여행가는 길을 먹고 길은 여행가를 먹는다.

-길은 인생 대백과 사전이다.

-걷고 달리는 것은 직립인간의 본령이다.

-길은 모든 학문과 스승의 합이다.

-길을 걷는 것은 사상과 철학의 바다 위를 활보하는 것이다.

-걷기는 든든한 노후 연금이다.

-길은 지붕이 없는 야생 식물원이다.

-길은 비단실을 뽑아내는 누에고치다.

-길은 가장 많은 장서를 가진 도서관이며 모든 병을 치료하는 주치의다.

-걷는 것은 시간과 거리가 길고 멀수록 정신이 맑고 자유로워진다.

-지루한 길이 좋은 생각을 뽑아내는 데는 최고의 길이다.

-길을 걸을 땐 걷고 있다는 사실을 인지해야 길가 잡초와 벌레가 보인다.

-길은 모든 배움의 근원이며 가장 많은 장서가 있는 도서관이다.

-걷기는 최고의 강장제다.

-걷기는 장수로 이어지는 가장 가까운 길이다.

-길을 잃는 것은 여행자만이 가질 수 있는 특권이다.

-발을 지배하는 자가 노후 행복(건강)을 지배한다.

-발을 지배하는 자가 인생을 지배한다.

-발을 지배하는 자, 삶 전체를 지배한다. * 하루 스쾃 500회와 까치발 100회가 그 답이다.

041
꿀맛 밥맛

'도대체 맛있는 음식이 없다. 밥맛을 모르겠다.'라고 하는 할아버지 할머니를 많이 본다. 맛있는 음식을 맛있게 먹으며 살 수는 없는 건가. 이것이 정녕 불가능인가. 결론은 불가능이 아니라는 것이다. 나이가 들면 혈압만 빼고 모두 줄어드는 것밖에 없다. 시글프다. 힘도 의욕도 희망도 욕심도 각 기관의 기능도 쪼그라들고 사그라진다. 힘이 떨어지니 걸음걸이도 어깨도 축 처져 있다. 펄펄 끓던 젊음은 어디론가 사라지고 무기력과 의기소침과 니약함과 초췌함만이 온몸을 감싼다.

그렇다고 나이 탓만 하면서 주저앉으면 처량하고 궁상맞다. 어깨를 펴고 힘을 길러야 한다. 근육의 힘, 언어의 힘, 생각의 힘, 행동의 힘을 길러야 한다. 맛있는 음식을 먹으면 기분이 좋아지고 행복하다. 나이가 들면 하나같이 맛있는 게 없다고 한다. 왜 그럴까. 결론부터 말하면 혀가 맛을 느끼지 못해 일어나는 현상이다. 혀에는 맛을 느끼는 감각기관인 미뢰(味蕾) 즉 혀의 맛봉오리가 있다. 이 맛봉오리가 제 기능을 하지 못하여 맛을 느끼지 못하는 것이다. 그러니 어떤 음식을 먹어도 맛이 없는 것이다. 음식에 문제가 있는 것이 아니고 혀에 문제가 생긴 것이다.

신체 각 기관은 7~80년, 아니 그 이상 사용하게 되면 당연히 노후화되고 기능이 떨어진다. 차도 그렇듯 사람도 그렇다. 그러나 일반사람과 운동선수의 근육이 다르듯 누구나 노력을 하면 달라질 수 있다는 점이다. 우리가 음식을 섭취하는 것은 생명을 유지하기 위한 아주 기본적인 행위다. 평균수명이 80세라면 우리가 밥을 먹는 데 소요되는 시간은 대략 2~3년쯤 된다. 이 밥 먹는 시간을 단순히 생명을 위한 시간으로 때우지 말고 여기에 행복감을 얹는 것이다. 천천히 꼭꼭 씹으며 맛을 음미하고 이 음식물이 내 입으로 올 때까지의 과정을 생각하며 농부와 어부와 운송기사와 물건을 파는 가게와 관련자들의 노고를 생각하며 감사한 마음으로 음식을 먹으면 행복감은 커진다. 이제 맛을 느끼는 문제를 생각해보자.

맛은 혀의 맛봉오리가 좌우한다. 혀의 단맛, 쓴맛, 매운맛, 신맛을 느끼는 것은 혀의 오돌토돌한 돌기, 말하자면 감각기관의 집합체인 맛봉오리가 그 맛을 좌우한다. 기능의 퇴화를 막을 수는 없지만 늦출 수는 있다. 우리가 칫솔질할 때 이는 물론 혀도 잘 닦아줘야 한다. 이에 치태, 치석이 달라붙고 하수관에 때가 달라붙어 관이 좁아지고 오래된 하수관이 제 기능을 못 하듯 인체의 각 기관도 예외가 없다. 하루 세 번씩 30~50회씩 칫솔로 혀를 잘 닦아주는 것이 그 첫 번째 해결책이다.

다음으로 혀 운동을 해주는 것이다. 매일 아침 일어나면 침대에서 혀를 길게 쭉 빼기, 양옆으로 빼기, 안쪽에서 양 볼을 힘껏

밀기, 혀로 입천장을 전후로 훑기, 혀로 잇몸 훑기 등을 실천한다. 다음으로 '아이우에오, 파타카라, 중앙청창살쌍창살, 작년솥장사헛솥장사, 들에콩깎지깐콩깎지인가안깐콩깎지인가'를 매일 10회 반복한다. 이런 운동은 생각날 때만 하는 게 아니라 죽을 때까지 계속한다는 점이다. 그렇게 하면 당신은 언제나 달고 쓰고 맵고 짠 것을 확실히 구분하며 맛있는 음식을 맘껏 느끼며 씹으며 삼키며 행복해 할 것이다.

042
노인도 남자다

저기 여자 한 사람과 군인이 함께 간다. 한때 군인을 사람이 아닌 것처럼 표현한 적이 있었다. 군인은 제복을 입은 직업이며 직책일 뿐 똑같은 사람이다. 노인도 그렇다. 젊은 시절에 없던 주름이 생기고 검던 머리카락이 하얗게 변했을 뿐 똑같은 사람이다. 노인은 젊은이의 연장일 뿐이다. 바꿔 말하면 젊은이는 늙기 전 잠깐의 젊음일 뿐이다. 그런데 노인을 사람이 아닌 것처럼 또는 노인을 남자가 아닌 것처럼 취급하는 시선이 많다. 노인도 체력과 각 기관의 기능이 조금 떨어지긴 했지만 어엿한 남자며 수컷이다.

남자가 아닌 것처럼 보는 시선은 노인에게 매우 불쾌한 시선이다. 이런 시선은 '너 늙어 봤냐 난 젊어 봤다'라는 서유석이 부른 노랫말처럼 '너도 당연히 늙는다, 웃기지 마라'와 같은 깡 기를 드러낼 수도 있고 어이없는 체념으로 받아들일 수도 있다. 이런 점에서는 정도의 차이는 있겠지만 여성 노인도 마찬가지다. 여성성이 줄어들기는 했지만, 여지없이 여자다. 힘이 떨어지고 기능이 쇠하여 가뜩이나 풀이 죽어있는데 기를 살려주지는 못할망정 불난 데

부채질하면 되겠는가. 할아버지는 확실하게 남자고 할머니는 확실하게 여자라는 사실을 다시 한번 강조 한다.

지금 900만 명의 노인이 전국에 살고 있다. 2년 후면 이 숫자는 천만 명으로 늘어난다. 2035년엔 1,750만 명으로 전 국민의 35%가 노인인 정점을 맞는다. 정부나 지자체의 관련자들은 자신의 미래의 문제라 인식하고 적극적인 대책을 마련해야 한다. 이미 많이 늦었다. 노인 선진국 일본을 벤치마킹하여 노인복지, 노인성 문제, 노인 요양 문제, 노인 근육 문제, 노인 치아 문제, 장례 문제 등을 구체적으로 계획을 세우고 대책 마련에 나서야 한다. 노인 중에는 아픈 사람도 많지만 건강한 사람도 많다. 아픈 사람에 대해서는 아프지 않도록 해야 하고 건강한 사람에겐 인간다운 삶을 살 수 있도록 삶의 질을 높여야 한다.

일본에서 눈에 띄는 노인 대책 중 하나는 근육은 연금이라는 캐치프레이즈를 내걸고 운동시설을 대폭 확충하여 근육단련에 집중하는 내용이다. 또 할아버지 할머니가 함께 모여 차 마시고 대화하고 데이트한다는 점이다. 일본의 경우 노인 한 사람에게 들어가는 치료비와 요양비는 평균 900만 원 정도로, 이런 막대한 지출을 막아보자는 것이며 궁극적으로는 행복한 노후를 만들어보겠다는 정부 차원의 노력이다. 가래로 막을 것을 호미로 막는 지혜라는 측면에서 좋은 선택이라 여겨진다.

여기서는 노인성을 얘기하고 싶다. 선진국은 단순한 국민소득 지표로만 되는 게 아니다. 그 나라 국민의 행복 지수와 삶의 질이 좌우한다. 우리는 지금 평균수명 83세로 100세 시대를 말하고 있는 세상에 산다. 100세 이상인 사람이 2만여 명으로 20년 전보다 5배가 증가했다. 이 숫자는 앞으로도 빠르게 늘어날 것이다. 이젠 장수 이야기는 그만하고 노인의 행복한 삶을 얘기해야 한다. 노인이 왜 고독사가 많고 자살자가 많은지 이것이 가난 때문인지 짝이 없어서인지도 세밀하게 따져봐야 한다. 남녀 평균수명의 차이와 고독사와 자살자의 증가는 독거노인의 증가로 이어진다. 젊은이들의 비혼주의 독신주의도 이대로 방치하면 안 된다. 핵폭탄을 보자기로 가리고 있다고 심각하게 생각해야 한다.

자연을 거스르는 것은 위험하다. 식욕 성욕은 본능 중 본능이다. 비혼주의니, 독신주의니 하는 것은 자연을 거스르는 매우 위험한 행위다. UN 통계국에선 200년 후 지도에서 사라질 나라로 대한민국을 지목했다. 10년 전에 나온 얘기다. 국가의 모든 정책은 먼 미래를 보고 경영해야 한다. 사람이 없는데 무슨 국가가 존재하겠는가. 우리가 나뭇잎이 자라고 사라지는 걸 잘 인지하지 못하듯 인구가 늘고 줄고 하는 것을 피부로 잘 느끼지 못한다. 그건 많은 시간이 걸리기에 그렇다. 자연의 상태라는 것은 물이 위에서 아래로 흐르는 상태 같은 것을 말한다. 결혼하지 않고 아이를 낳지 않고 젊은이건 늙은이건 혼자 상태로 놔두는 것은 물을 아래서 위로 흐르게 하는 것만큼이나 자연을 거스르는 행위다.

이런 행태는 성적 빈곤층의 증가를 낳고 수컷 즉 남성의 성적 빈곤층의 좌절과 불만과 분노는 사회의 불안 요소로 작용해 큰 골칫거리일 수밖에 없다. 요즘 심심찮게 등장하는 스토킹 범죄, 성범죄는 이런 성적 빈곤층의 불만과 분노와 무관치 않다. 노인에게도 마찬가지다. 세상을 떠들썩하게 했던 조두순 사건은 빙산의 일각일 뿐이다. 현재 노인인구는 900만 명쯤 된다. 이 중에는 4~50대 같은 건강한 노인이 수두룩하다. 이들이 혼자 살 수 있다고 생각하는가. 있다면 무슨 근거인가. 노인의 성 문제는 이제 더는 쉬쉬할 문제가 아니다. 정부에서 나서야 한다. 국회에서도 정책으로 다뤄야 한다. 탈출구가 없으면 언젠가는 터진다.

기초연금, 노령연금도 중요하지만 이에 못지않게 노인의 성 문제 또한 중요하다는 인식이 필요하다. 정책을 다루는 사람도 곧 닥칠 자신의 문제라고 생각해야 한다. 늙지 않을 것처럼 딴청부리지 말고, 포퓰리즘 같은 데 매달리지 말고 적극 대책을 마련해야 한다. 이웃 나라 일본의 경우를 커닝하는 것도 괜찮을 듯싶다. 이웃 일본은 독신으로 사는 노인들이 짝을 찾을 수 있도록 미팅을 주선하여 함께 식사하고 차 마시고 데이트할 수 있도록 계기를 마련해 준다는 것이다.

지금 상태를 방치하면 큰 사회문제로 비화할 것이다. 정신 바짝 차리고 대책을 마련할 것을 촉구한다. 발등에 떨어진 불이다. 평균수명을 늘려나가는 것은 스스로 잘 알아서 하는 측면이 있기에 이젠 노인의 행복에 초점을 맞추는 게 더 시급하다. 내장은 썩어 가는데 얼굴에 분칠만 하면 무엇 하겠는가. 자살률, 빈곤율이 OECD 38개국 중 10년째 1위다. 무엇이 부끄러운 일이고 자랑거리인지 이젠 좀 가릴 줄 알아야 한다. 개인이나 사회나 국가나 자신의 시선 높이 이상을 볼 수 없다는 것은 불변의 진리라는 점이다. 제발 좀 깨닫자.

043
아날로그 고집

 필자의 아날로그에 대한 고집은 대단하다. 어찌 보면 바보나 하는 짓이다. 그 바보짓을 아무렇지 않게 행한다. 다른 사람은 답답하고 안타깝다고 할 수도 있지만 난 전혀 개의치 않는다. 내가 그러는 데는 이유가 있다. 우선은 몸을 움직이면 기분이 좋고 달콤하다는 점이고 다른 이유는 아날로그의 고집으로 떨어질 수밖에 없는 뇌 기능을 붙들어 보자는 것이다. 자동차를 없앤 장점은 많다. 자동차 유지비가 안 들어간다. 자동차라는 쇠붙이에 얽매이지 않는다. 얽매이지 않으니 자유롭다. 음주운전의 속박에서 벗어나 벗들과 좋아하는 술을 마실 수 있다. 도보여행을 즐길 수 있다.
 가장 큰 것은 덤으로 건강을 얻는다는 점이다. 자동차가 있을 때도 내비게이션을 사용하지 않는다. 단축다이얼을 사용하지 않는다. 전화번호를 저장하지 않는다. 손자들과 끊임없이 손편지를 쓴다. 신문스크랩을 50여 년간 하고 있고 일기를 51년째 쓰고 있다. 일일이 가위질하여 자르고 장르별로 꽂는다. 쓰레기를 버리러 갈 때도 계단으로 걸어서 간다. 손자를 만나러 갈 때도 전철로 네 정거장만 가면 되지만 55분 동안 걸어서 간다. 인사동에서 만나는 친구들과의 약속도 1시간 반쯤 걸려 청계천으로 걸어서 간다.

집에서 물 마실 때도 컵에다 물을 따라오면 되지만 나는 컵과 물을 따로 가져와 마신다. 모두 머리가 나쁘면 몸이 고생한다고들 한다. 난 기꺼이 몸이 고생하는 쪽을 택한다. 나의 삶에서 모든 편리를 배제한다. 일부러 일을 만들어서 한다. 되도록 많이 움직이는 방법을 찾아낸다. 덜 움직이고 편한 것을 찾는 것이 아니라 불편을 찾고 손발이 여러 번 가는 것을 일부러 선호한다. 문명에 순종한다는 건 정서적으로도 맞지 않는다. 그런 아날로그 사랑은 건강으로 보답한다. 그리고 즐거움을 안긴다. 아날로그에 중독되면 끊기 쉽지 않다. 건강을 주기에 신바람 난다.

044
잘 먹고 많이 움직이기

먹는 즐거움은 크다. 먹는 즐거움은 곧 행복이다. 이런 행복감을 제어해 가며 다른 무엇을 찾는다면 모순이다. '살이 찔까 봐 많이 못 먹겠다, 소화가 안 돼 많이 못 먹는다.' 같은 이유가 물론 존재할 수 있다. 그러나 그런 이유도 행복에 우선할 수는 없다. 그 행복감을 최우선에 두고 잘 먹되 들어온 칼로리만큼 또는 그 이상 몸을 움직이면 두 마리 토끼를 다 잡는다. 나이 들면 소화력이 떨어져 1회 섭취량은 자연스럽게 준다. 때문에 횟수를 늘려 전체 필요한 칼로리 섭취를 해야 한다.

음식 대신 영양가 있는 간식을 취하는 것도 한 방법이 된다. 한 번으로 끝날 행복을 여러 차례 나누어 행복감을 지속시키는 것이다. 우리가 늘 감사하며 맛있게 먹을 수 있도록 먹는 음식이 꿀맛이어야 한다. 나이 들면 맛있는 음식이 없다고 한다. 맛봉오리 기능이 사라져서 그렇다. 끝까지 입맛을 유지하려면 혀의 맛봉오리를 잘 살려야 한다. 이 방법은 돌솔 건강법에 자세히 설명되어 있다. 참고하여 꾸준히 한다면 행복한 식사하기가 될 것이다. 안 먹고 안 움직이는 몸의 학대를 하지 말고 잘 먹고 많이 움직이는 몸의 사랑을 실천하기를 바란다.

045
보청기는 불편하다

　보청기 끼는 누님을 곁에서 지켜본다. 대화가 안 되니 소리를 질러야 하고 그것도 두 번 세 번씩 반복해야 한다. 보청기 가격도 천차만별이고 크기와 성능도 제각각이다. 보청기를 끼어도 대화가 원만하지 않으며 끼었다 뺐다 하는 불편을 호소한다. 해결 방법은 귀 운동을 하는 것이다.
　새벽잠에서 깨면 좌우 귓불을 잡고 아래로 20회 잡아당긴다. 귀의 반을 접었다 폈다 하기를 20회 반복한다. 검지를 귓속에 넣고 앞뒤로 당겼다 놓기를 20회 반복한다. 젊은 시절부터 하면 좋지만 건강 상태가 좋은 젊은 시절에 스스로 깨달아 운동하기란 쉽지 않다. 문제가 생겨야 그때서야 부랴부랴 서둘러댄다. 물론 늦어도 하지 않는 것보다는 백번 낫다. 어쨌든 이 운동을 꾸준히 하면 보청기를 끼는 불편에서 벗어날 수 있다는 점이다.
　*'돌솔 건강법' 일명 '장동건 건강법'에서 자세히 다루고 있다.

046
막걸리 한 잔

 필자는 궁금한 게 많다. 인체는 어떻게 만들어졌고 제대로 관리를 한다면 얼마나 오래 살 수 있을까. 언제쯤 일상생활이 어렵게 될까. 성생활은 언제까지 가능할까. 이런저런 궁금증을 해결하기 위해 24년 전부터 몸일지를 쓰고 있다. 전제는 가능한 한 자연 상태로 관찰한다는 점이다. 가능한 한 병원과 약국을 멀리하고 건강 기능식품이나 보약 같은 것을 배제한 상태 말하자면 가장 자연스러운 상태에서 몸의 변화를 기록한다는 것이 그 전제다. 그래서 가능한 한 건강한 생활 습관을 중심으로 살아간다. 그래야 가장 자연스러운 상태에서 정확하게 기록할 수 있고 좋은 건강 자료가 될 수 있겠다는 생각에서다.
 물론 수도자처럼 생활하지는 않는다. 이의 실천을 위한다며 스트레스를 받아 가며 절제하거나 규율에 얽매이지는 않는다. 친구들과 어울려 술도 마시고 모임도 가지며 고기도 즐긴다. 다만 무리하지 않기 위해 노력할 뿐이다. 필자는 막걸리를 즐겨 마신다. 기분도 좋고 밥맛 또한 좋다. 막걸리를 거의 매일 1~2잔 마시는 필자로선 약간의 핑곗거리가 생겨 기분이 꽤 괜찮다. 막걸리에 대한 재해석이다. 최근(2022.4.1.) 한국식품연구원에서 막걸리에 스쿠알렌과 파네졸이라는 항암성분이 다량 함유되었다는 기사가 발표하면서부터다. 물론 알코올 도수가 6%라고 하지만 술은 술이다.

  술은 약주라고도 불릴 만큼 순기능을 전혀 무시할 수 없다. 그런데 아무리 절제력이 강해도 하루 1~2잔(400mL)만 마시기는 쉽지 않다. 물론 발표 전엔 이런 항암성분의 유무를 모르는 상태에서 소량의 막걸리를 즐겨 마셔왔다. 그랬음에도 건강과 장수엔 별 관계가 없다면서 오히려 긍정적 측면을 은연중 부각하려는 마음이 있었을 뿐이다. 필자의 경우 막걸리를 마시는 것이 밥을 맛있게 먹고 싶고 좋은 기분을 만들자는 의도가 분명 깔려있다. 물론 전립선 비대로 인한 빈뇨 현상이 우려되어 저녁 시간에는 마시지 않는다. 이런 항암효과의 발표로 음주량이 늘어날 수 있음에 대해 스스로 경계하며 절제를 다짐한다. 어떤 경우이건 과하지 않는 것, 무리하지 않는 것이 건강의 핵심이기에 그렇다.

047
좋은 시력

 나이 들면 안구 건조증, 눈물이 주르륵 나는 증상, 신문을 보지 못하고 친구가 코앞에 다가와도 몰라보는 난시를 비롯한 노안 증상 등 시력이 떨어져 답답함과 불편함을 느끼는 경우가 다양하게 나타난다. 시력 유지는 중요하다. 안경을 끼지 않고 살아간다는 것은 큰 축복이다. 친한 친구가 눈앞에 나타나도 몰라보는 상황을 누구나 맞는다. 온도 차가 나면 뿌옇게 성에가 낀다. 안경을 벗어 닦아야 한다.

 좋은 시력을 유지하기 위해선 소소한 노력을 해야 한다. 눈이 피로하지 않도록 한다. 눈알을 자주 돌려준다. 먼 곳을 바라본다. 마사지해준다. 자외선 차단을 위해 선글라스를 낀다. 루테인과 지아잔틴을 위해 충분한 영양분을 섭취한다. 자신의 적은 노력으로 이런 상황을 늦추거나 무력화시켜야 한다.

 제일 좋은 방법은 안구운동이다. 양손으로 코를 36회 비벼 따뜻해진 손으로 눈두덩에 얹고 눈을 좌우상하로 각 12회씩 돌려준다. 그다음 좌우로 또 원으로 30회씩 돌려준다. 일찍 시작하면 할 수록 좋다. 늦게 시작하더라도 죽을 때까지 꾸준히 계속하는 것이 중요하다. 이 책에서도 여러 차례 강조하지만 자기가 좋아하는 운동을 꾸준히 하는 것이 가장 좋은 운동이다. '꾸준히'가 답이다. 전문가가 추천하는 아무리 좋은 운동이라도 열흘에 한 번 한다면 그게 좋은 운동일 수 없다. 정말 부탁하고 또 부탁하고 싶은 것은 '꾸준히' 하라는 것이다. 꾸준히 하지 않으면 백약이 무효다. 이 책은 '꾸준히'와 '무리하지 않는 삶' 두 개가 핵심축이다.

필자는 2019년 정기건강검진 시 좌우 시력이 1.2 1.0이 나올 정도로 비교적 좋은 편이었지만 눈물이 고여 늘 불편을 겪었다. 특히 찬 바람 부는 날이면 손수건으로 찍어내기 바쁘다. 어쩔 수 없이 눈물길 수술을 하였다. 60대 초반에 접어들자 시력이 조금씩 나빠졌다. 어느 날 자고 나면 눈이 무슨 껍질에 싸여있는 것처럼 불편하고 시야가 흐리고 뿌옇게 뭔가 낀 것처럼 잘 보이지 않는다. 그때마다 병원에 달려가고 약을 복용하기보다는 지속적인 안구운동(뒤의 돌솔 건강법에서 자세히 설명함)으로 수정체를 둘러싸고 있는 근육을 강화했다. 보조적으로 루테인 지아잔틴을 복용할 수 있지만, 그것은 최후까지 버틴 후 마지막 선택할 수 있는 카드다. 그런 노력을 꾸준히 한 덕에 아직도 좋은 시력을 유지하고 있다.

*'돌솔 건강법' 일명 '장동건 건강법'에서 자세히 다룬다.

048
치 아

 정말 중요하다. 치아가 신통찮으면 100세 장수는 공수표요 물거품이다. 아무리 관리해도 지나치지 않는다. 젊은 시절부터 철저하게 관리하지 않으면 나이 들어 큰 고생을 하게 된다. 필자의 경우는 무지와 만용에서 비롯됐다. 치아 관리의 3.3.3법칙이 있다. 하루 3번, 식후 3분, 이내에 3분간 칫솔질하는 것을 의미한다. 이걸 지키지 못하고 5~60년을 넘겼다고 하자. 늦었지만 그래도 지금부터라도 열심히 해야 한다. 치통에 견딜 장사는 없다. 음식물을 섭취하지 않고는 하루도 살 수 없다. 영양을 섭취해야 우리가 살 수 있다. 우리는 기본을 너무 잘 잊는다. 우습게 보기도 하지만 너무 쉬워 그렇기도 하다. 그런데 따지고 보면 우습게 볼일이 아니다. 운동이건 공부건 기본을 무시하면 고생만 죽도록 하고 어떤 결과도 얻을 수 없다는 점을 명심해야 한다.
 필자는 다른 곳은 비교적 괜찮은 편이지만 치아만큼은 두 손 두 발 다 들었다. 잘못된 치과의 선택도 크게 한몫했다. 필자가 처음 치과를 방문한 것은 59살 되던 해 천호동 네거리 부근에 있는 치과였다. 치열이 고르지 않아 입을 벌리고 나의 치부를 보인다는 것이 심정적으로 쉽지 않아 차일피일하면서 그간 웬만한 통증은 참으며 미루어 왔다. 그러나 치통을 당해낼 재간이 없었다. 치통은 창피함을 훨씬 뛰어넘었다. 그땐 이미 호미로 막을 상황을 지나 가래로 막을 상황이 되어 있었다. 그렇게 시작된 나의 치아와의 전쟁은 동시다발로 길거리 게임기에서 두더지가 머리를 내밀 듯 이곳저곳에서 아우성쳤다.

필자의 몸일지 23년을 들여다보면 70% 이상은 치아 말썽으로 가득하다. 3개의 임플란트와 두 개의 브리지와 하나의 덧씌우기와 신경치료 등으로 연결된다. 시간 낭비, 경제적 낭비, 정신적 육체적 고통이 이만저만이 아니다. 필자의 경우는 잘못된 치과의 선택이 결정적으로 이중고 삼중고를 가져왔다. 기술 부족으로 헐고 다시 짓고, 짓고 다시 헐고를 몇 번씩 반복하여 입안 전체가 쑥대밭이 되고 말았다. 정말로 괜찮은 건강인데 다 무너지는 기분이다. 다시 한번 강조하지만 좋은 치과의 선택은 절반의 성공이나 다름없다.

갈 때마다 마취해야 했다. 몇 번의 발치와 그때마다 식사의 어려움과 임플란트 할 때까지 치아 없이 6개월 동안을 생활해야 하는 기다림과 한쪽으로만 씹는 불편함과 또 한쪽으로만 씹어 그쪽에 과부가 걸려 또 고장 나는 악순환이 이어진다. 생각하기도 싫은 치아 문제다. 치아가 필자의 인생 후반부 행복의 거의 다를 갉아 먹는 첫 번째다. 늦은 감은 있지만, 요즘은 333법칙을 잘 지키며 치간 칫솔질을 잘하며 잇몸 주무르기도 빼놓지 않는다. 잇몸은 치아가 심어진 밭이다. 씨를 뿌리고 농사를 잘 지으려면 밭이 좋아야 하듯 치아를 심는 밭두둑도 두툼해야 거름도 줄 수 있고 김도 맬 수 있다. 농사를 짓는 밭이나 치아가 심어진 밭이나 밭이 기름져야 풍년을 기약할 수 있다는 점에서 똑같다.

049
인간다운 체형 갖기

　모든 할머니와 할아버지들의 걸음걸이와 모습은 비슷하다. 마치 생산 공장에서 나온 제품처럼 말이다. 바른 자세를 취하고 있는 경우는 아주 드물다. 모두 등이 휘어 구부정하다. 다리는 벌어져 있으며 걸음걸이는 어기적대며 걷는다. 바지나 치마는 하나같이 펄럭댄다. 상의는 커서 반코트가 돼 있다. 가장 자연 상태에서 어떤 인위도 배제된 모습이다. 어찌 보면 당연할 수도 있겠지만 100세 시대엔 그걸 뛰어넘어야 한다. 또 자기 노력으로 얼마든지 뛰어넘을 수 있다. 이런 모습들은 근육이 빠져나가 생긴 현상들이다. 7~80대가 되면 젊은 시절의 근육량의 절반밖에 남지 않는다.
　고층 건물을 지을 때 철근을 넣지 않고 시멘트로만 지으면 어떻게 될까. 모래 위에 집을 지으면 어찌 될까. 개펄에 집을 지으면 어찌 될까. 자신의 몸을 개펄 위에 지은 집이라 가정해보라. 자신의 몸을 철근 없이 시멘트로만 지은 고층 건물이라 생각해보라. 어찌 되겠는가. 지탱할 수 없다는 것은 삼척동자도 안다. 그러니 걷지 못한다. 걸어도 제 모습이 나올 수 없다. 그렇다면 어찌해야 하는가. 빠져나간 근육을 채워 넣어야 한다. 시멘트 속에 철근을 박아 넣어야 한다. 그것은 바로 고단백질의 음식을 섭취하고 근육운동을 해주는 것이다. 그것을 해주지 않으면 인생 후반부의 삶의 질은 뚝 떨어진다. 걸을 수가 없다면 살아있어도 살아있다고 말할 수 없다.

그만큼 걷기는 중요하다. 다음은 걷기 자세다. 두 다리는 11자 모양을 해야 하고 가슴은 펴고 턱은 당기고 눈은 15m 전방을 향해야 한다. 말하자면 고개 바짝 쳐든 거만한 자세가 좋다. 동전 줍는 사람처럼 고개를 숙이거나 팔을 좌우로 흔들며 방자 걸음을 하면 안 된다. 모처럼 시간을 쪼개어 운동을 나와 잘못된 자세로 걷는다면 하지 않는 것이나 다름없다. 오히려 더 나빠질 수 있다. 나쁜 자세를 지속해서 취하게 되면 다리도 뒤틀리고 대뇌부와 척추에도 영향을 줄 수 있다. 노후에 척추와 허리에 통증의 문제가 생기는 것은 거의 나쁜 자세에서 기인한다. 우리는 인간이기에 나이가 들어 죽을 때까지 인간의 모습을 가져야 한다. 또 그렇게 되도록 노력해야 한다. 지금 노인들의 모습은 인간의 정상적인 모습이 아니다.

해결 방법은 분명 있다. 고단백질의 음식을 섭취해야 하고 골고루 먹어야 한다. 유산소 운동(1일 만 보 이상 걷기)을 해야 하고 벤치프레스, 아령, 팔굽혀펴기, 스쾃, 플랭크 같은 근력운동을 반드시 해야 한다. 그래야만 죽을 때까지 인간의 모습을 유지할 수 있다. 건강한 자신의 노후를 위해 하루 2시간 투자는 아끼지 말아야 한다. 요즘엔 건강정보가 넘쳐난다. 없어서 문제가 아니라 너무 많아 문제다.

    필자가 이곳에 소개하는 내용도 독자들이 모르는 것을 알려주는 것이 아니라 필자의 경험을 예로 들면서 꼭 실천해야 한다는 점을 강조하고 싶어서다. 알면서 실천하지 않는 것은 몰라서 하지 않는 것보다 더 비난받아야 마땅하다. 해결 방법은 오직 실천과 꾸준함이다. 다른 것은 없다. 믿을 구석은 병원이나 약이 아니라 오직 자신의 확고부동한 의지라는 사실이다.

050
행복 캐기

　행복을 캐면 행복하다. 행복은 누가 가져다주지 않는다. 행복은 택배로 오는 게 아니다. 오직 자신이 찾아내야 하고 만들어가야 한다. 물론 제3자에 의해 행복감을 느낄 수 있는 경우도 없는 것은 아니지만 거의 일회성이다. 행복은 곳곳에 널려있지만 보이지는 않는다. 행복의 조건이 넘쳐도 행복의 눈을 소유하지 않으면 행복은 저만큼 비껴간다. 신기하게도 행복이란 놈은 행복의 눈을 가진 자에게만 눈에 띈다. 설령 눈에 띄어도 행복을 캐는 노력을 하지 않으면 행복을 향유할 수 없다. 그게 행복의 속성이다. 행복엔 공짜가 없다. '이 세상 공짜는 쥐덫에 걸린 치즈밖에 없다'라는 러시아 속담만 있을 뿐이다. 어떤 것도 자기 노력이 있어야 하듯 행복 또한 그렇다.
　따라서 일회성이 아닌 지속적인 행복감에 젖을 수 있는 자신의 행복 루틴 만들기를 해야 한다. 박물관 나들이, 전시회, 영화, 공연 보러 가기, 음악 감상하기, 그림그리기, 글쓰기, 책 읽기, 음식 만들기, 오지 찾아다니기, 자전거로 전국 쏘다니기, 작은 마을 샅샅이 밟기, 손자와 시간 보내기, 안 가본 곳 가보기, 첫 경험하기, 맛집 찾아다니기, 블로그에 자신만의 취미 올리기, SNS 활동하기, 텃밭 가꾸기, 농사짓기, 자신만의 정원 만들기, 색소폰 기타 하모니카 배우기, 도자기 굽기, 한지공예 배우기, 대학 가서 공부하고 학우 사귀기 등 무궁무진한 행복자료들을 찾아내 자신만의 행복 루틴을 만든다. 그리고 실천한다. 필자는 말만 앞세우고 행동을 하지 않는 것을 별로 좋아하지 않는다. 그래서 늘 그 사람의 입을 보지 말고 발을 보라고 강조한다. 행복은 실천으로만 얻어진다.

051
노후의 돈이라는 것

　매스컴에서 다루는 정보에 겁먹지 말자. 삶은 돈이 아니라 가치다. 어떻게 살든 남의 눈을 의식하는 형식에서 벗어나야 한다. 나이 들면 많은 돈이 필요하지 않은 시기가 도래한다. 그게 바로 황금 시기다. 결혼식과 사망에 따른 축의금, 부의금이 어느 시점에 도달하면 사라진다. 남는 건 시간뿐이다. 이제 나의 시간을 나의 생활로 채울 수 있다. 주머니가 불룩하면 엉뚱한 생각 주머니가 커지고 주머니가 얇으면 생산성 주머니가 커진다. 주머니가 불룩하면 생각이 흩어지지만, 주머니가 얇으면 생각이 한곳으로 모인다. 마치 렌즈에 빛이 모여 불을 일으키는 것과 같다.
　몸이 아플 때 너무 가난하면 문제가 생길 수 있다. 아프지 않도록 몸을 잘 돌봐야 한다. 무리하지 말고 서둘지 말고 살살 다루어야 한다. 병원에 돈만 갖다주지 않으면 생활비는 많이 들지 않는다. 비교적 잘 갖춰진 사회보장제도와 건강보험 및 국민연금 등으로 얼마든지 행복한 삶을 살 수 있다. 불의의 사고는 어쩔 수 없지만 잘 관리하면 몸은 나이 들어도 잘 따라준다는 게 필자의 생각이다.

　필자는 몸일지를 쓰면서 그것을 강조하고 싶다. 몸을 사랑하면 몸은 잘 따라준다. 몸은 절대 배반하지 않음을 강조하고 싶다. 몸을 사랑하지 않고 툭하면 병원이나 약국으로 또 건강보조식품으로 눈을 돌린다든지 돈으로 해결하려는 마음을 버려야 한다. 마치 자녀교육을 사랑으로 하지 않고 물질로 해결하려는 졸부들 마음으로는 건강한 자녀의 성장을 기약할 수 없음과 같다.

052
명함 만들기

　직장이 없으면 정녕 명함이 없어야 하는가. 명함은 유독 직장인에게만 필요한 것인가. 따지고 보면 노인보다 더 좋은 직장이 또 어디 있는가. 명함은 자신의 명대변인이다. 나이 들면 사람 만나는 일이 줄어들기 마련이다. 모임도 줄어들고 행사 세미나 교육 같은 프로그램 참여도 팍 준다. 대화할 친구, 식사 함께할 친구, 함께 술 마실 친구, 여행할 친구가 없다면 외로움은 찾아오기 마련이다. 나이 들어 외로움과 고독은 치명적이다. 물론 김형석 연세대 명예교수의 말처럼 이런 친구 없이도 자신의 사명감으로 살아갈 수 있다면 그건 더 바랄 나위 없이 훌륭한 조건이 된다. 말하자면 자기의 취미나 창작활동을 하면서 지낼 수 있다면 바람직하다. 그러나 대부분 사람은 그렇지 못하다.
　작은 규모의 사회활동이라도 지속적으로 해야 한다. 그것이 건강에도 더없이 좋다. 외로움을 떨쳐내는 좋은 방법은 공부를 하는 것이다. 방송통신대학이나 스무 개도 넘는 디지털 대학에 가서 공부를 하는 것이다. 지적 갈증을 푸는 한편 학우들과 끊임없이 어울리며 대화하며 토론하게 된다. 외로움 따위는 그야말로 사치다.

　명함의 효용성은 다양하다. 자신을 이보다 얼마나 더 정확하게 표현할 수 있단 말인가. 명함은 한 푼의 보수도 지급하지 않고 고용하고 있는 자신의 명대변인이다. 나이 들면 요점 정리가 잘되지 않는다. 발음이 정확하지 않을 수도 있고 기억력은 한계가 있기 마련이다.

　이럴 때 명함만큼 똑똑한 대변인은 더는 없다. 나이가 들수록 하는 일이 없다 하더라도 반드시 지니고 다녀야 한다. 시간만 많은 사람, 여행에 미친 사람, 뒤늦게 철든 사람, 맛 기행에 빠진 사람, 색소폰에 빠진 사람, 공작에 빠진 사람, 감자 농사에 빠진 사람, 들꽃 찾아다니는 사람, 말동무가 그리운 사람 등 자신의 취미 같은 것을 적어 넣으면 훌륭한 자신의 현재가 된다. 명함이라는 게 직장이 적히고 직위가 적혀야 명함이 아니다. 그런 명함의 규정도 정의도 없다. 자신의 현재가 잘 표현되어 있으면 그것이 바로 최고의 명함이 되는 것이다.

053
만 원의 행복

 필자는 친구와 주 1회, 또는 한 달에 세 번 정도 맛집 여행을 떠난다. 우리가 다니는 곳은 오랜 노하우를 바탕으로 엄선한 음식점이다. 우리가 고르는 기준은 우선 맛이 좋아야 하고 두 번째는 가격이 싸야 한다. 세 번째는 주인 또는 종업원이 예쁘고 씩싹해야 한다. 부수적인 것으로는 조건이라기보다 분위기 좋은 곳을 찾는다. 그러려면 고색창연한 멋도 있어야 한다. 잘 정돈된 집이나 간판이 새것이거나 깨끗한 이미지의 현대식 집은 우리의 선택을 받지 못한다. 시골 오일장 분위기가 잘 맞는다. 맛도 있지만, 그곳을 찾는 사람들의 모습이 좋아서다. 흥정하느라 또는 한 잔 마신 불과한 술기운 오른 얼굴도 좋고 좀 커진 목소리도 정겹다. 수도권, 경기 일원 강원 일부까지 샅샅이 뒤져 찾아낸 곳이다. 주로 전철을 이용하기에 겨울엔 따뜻하고 여름엔 시원하고 그것도 공짜라 이만한 호사를 즐기기란 쉽지 않다. 출퇴근 시간을 피하여 움직이면 독서하기도 그만이다. 전철은 17평짜리 움직이는 도서관이다. 쾌적하고 한적하여 책 읽기에 그만이다. 보통 각 호선은 종점에서 종점까지 평균 2~3시간쯤 걸린다.

필자가 다니는 맛집 6곳의 프로필을 적는다.
1. 서울 충무로에 있는 '사랑방 칼국수'이다. 55년쯤 된 집이다. 이름은 칼국수지만 이 집의 명물은 닭백숙이다. 가격도 착하여 부담 없이 영양식 한 끼를 즐길 수 있다. 반세기가 넘은 집이라 잘 정돈된 집을 연상하면 가지 말아야 한다. 착한 가격과 맛으로만 승부하는 집이다. 4호선 충무로역에서 내려 6번 출구로 나와 을지로 방향으로 200m쯤 걸으면 된다.

2. 성수동 뚝도 시장 내에 있는 '서울맛집'이다. 주인 마(馬)사장은 음식에 관심이 많고 끊임없이 연구 개발하는 사람이다. 맛은 안주인이 낸다. 예쁜 딸 마리아는 가게 일을 돕는다. 전 메뉴가 뛰어난 맛을 자랑한다. 필자는 주로 양푼감자탕을 먹는다. 양에 놀라고 가격에 놀란다. 양푼국수도 맛있고 1인분씩 파는 돼지불고기도 일품이다. 어떤 메뉴를 선택해도 실망하지 않는다는 것만은 확실하다.

3. 의암댐에 있는 인어 매운탕집이다. 가까운 곳에 인어상이 있어 상호로 했음 직하다. 우리가 이곳에 도착하는 시간은 늘 2시쯤이다. 10시 반에 강동역에서 만나 상봉역으로 가 경춘선을 타고 50분쯤 간다. 난 막걸리를 준비하고 친구는 언제나 안주용으로 떡볶이 과자를 준비한다. 한때는 강촌역 부근 마트에서만 구할 수 있

어 재미 삼아 정한 것인데 습관이 되었다. 물론 지금은 조금 변형되어 모든 마트에서 파는 데 맛이 처음 것만 못하다. 강촌역에서부터 1시간 반쯤 걸어 의암댐까지 간다. 우리가 다니는 맛집 중에서 유일한 2층으로 된 현대식 건물이다. 의암호와 삼악산의 암봉들이 어깨동무를 하고 멋진 물그림자를 만들어 운치를 한껏 자아낸다. 메기매운탕, 쏘가리 매운탕도 훌륭하지만 우리는 닭갈비를 먹는다. 주인장에 따르면 와인에 숙성시킨다고 하는 닭갈비는 부드럽고 맛있다. 고기가 다 익을 때까지 자리를 뜨지 않고 요리하는 안주인의 정성은 감동이다.

그곳에 가면 으레 곰배령 막걸리다. 부드러우면서도 쫄깃한 고기와 우동 사리의 맛 좋은 식감은 언제나 우리를 감동시킨다. 나보다 훨씬 감동을 잘하는 친구의 리액션도 좋고 순간의 재치도 빛난다. 닭갈비에 취하고 곰배령에 취하고 의암호에 몸을 던진 삼악산에 취하고 주인의 미모와 정성에 취하는 기쁨을 누린다. 우리가 찾아다니는 모든 맛집의 음식 가격은 만 원 미만이지만 유일하게 이곳만 만원(1인분 1만2천 원)을 초과한다.

4. 춘천시 신북읍에 있는 '거두촌두부'이다. 우리는 그냥 상호보다는 두부짜박이 집으로 통한다. 상봉역에서 타면 종점인 춘천역까지 1시간 20분쯤 소요된다. 열차 안에서 우리는 움직이는 카페라며 내가 직접 내린 커피를 한 잔씩하며 주변 경관을 보며 분위기를 즐긴다. 춘천역에서 내려 소양2교 방향으로 걷는다. 20분쯤 가면 소양강 처녀상이 나타난다. 누가 말을 하지 않아도 그곳은 제

1의 쉼터다. 준비한 막걸리와 떡볶이 과자를 먹으며 소양강 처녀에게 수작을 걸며 깔깔댄다. 하얀 저고리와 검정 치마를 입은 소양강 처녀는 청순미가 돋보이는 미인이다.

　실제 인물을 모델로 하였단다. 여름 한 철은 시원하지만, 겨울엔 강바람에 얼마나 추울까 안쓰러울 정도로 얇게 입은 옷차림이다. 주름 잡힌 치마와 옷고름이 바람에 휘날리는 모습은 대단한 운치를 자아낸다. 우리가 그냥 지나칠 나그네가 아니지. 우리가 짓궂은 장난을 쳐도 언제나 잔잔한 미소를 보내며 한결같다. 짜증 한 번 내지 않으니 그냥 지나칠 수 없다. 참으로 순박하고 착한 여인이다. 매력이 넘친다. 발길이 떨어지지 않지만, 우리를 기다리는 두부짜박이를 만나러 가야 한다.

　소양2교를 지나면 버스정류장이 있고 13시 20분쯤에 신북행 버스가 온다. 10여 분쯤 가면 신북읍 행복복지센터 정류장을 알리는 멘트가 나온다. 그곳에 내리면 맞은편에 거두촌두부 간판이 보인다. 문을 열고 들어서면 장모님 사위 맞듯 안주인이 반긴다. 친절과 재치와 언어유희가 대단하다. 두뇌 회전도 빠르다. 주문을 별도로 하지 않아도 두부짜박이와 곰배령 막걸리를 내온다. 아무리 바빠도 그간의 있었던 궁금한 이야기를 묻고 답한다. 주방장 아줌마도 고개를 빠끔히 내민다. '맛있게 해주세요' 대신 두부짜박이가 눈에 어른거려 잠을 제대로 못 잤다고 엄살을 부린다. 어떻게 이야기하든 다 알아듣는다. 음식 맛도 좋고 맞장구도 잘 치는 두 여인이 맘에 들어 필자의 책을 선물로 주었을 정도다.

　친구는 두부짜박이를 특히 좋아한다. 이곳에 오는 횟수가 늘어나는 이유다.(1인분 9천 원) 큰 뚝배기에 집에서 직접 키운 뿌리가 가늘고 잔뿌리가 풍성한 콩나물을 깔고 맛 좋은 부위의 돼지고기를 잘고 길게 썰어 콩나물 위에 얹고 두부를 얇게 썰어 편 다음 그 위에 양념장을 뿌리고 중불에 끓인다. 국물이 적어 자박자박하다. 그래서 이름이 두부짜박이라 붙였을 게다. 뿌리가 굵은 콩나물은 수은으로 키운 콩나물이다. 누르면 물이 툭툭 튀어나온다. 그 콩나물과 집에서 직접 기른 콩나물과는 비교가 안 된다. 맛있는 돼지고기에 직접 만든 두부가 들어갔으니 맛이 없을 수가 없다. 집으로 돌아올 때는 3,500원짜리 두부 한 모를 사서 배낭에 지고 온다. 집에서 이 두부를 기다리는 아내가 있어서다.

5. 콜라겐 보충하는 집이다. 간판도 없다. 안산시장에 가서 돼지껍데기 파는 집을 물어보면 다 안다. 5일마다 장이 선다. 장날에 맞춰 4호선을 타고 움직인다. 안산역에서 내려도 되지만 우리는 늘 한 정거장 전인 초지역에서 내려 걷는다. 가는 길이 여유로워서다. 가다 보면 정자도 있다. 그곳은 사람들 왕래가 적다. 정자엔 먼지가 늘 쌓여 있지만 괘념치 않고 엉덩이를 내리고 막걸리 한잔을 마신다. 안주는 언제나 친구의 배낭에서 꺼낸 떡볶이 과자다. 두리번거리며 걸어도 10분 안에 닿는다. 주인장은 구레나룻이 잘 어울리는 호남형이다. 주방 일을 돕는 30대의 예쁜 딸이 안팎을 들락대며 분주하다. 이곳에 갈 때는 친구가 예쁜 딸에게 주려고 늘 초콜릿을 준비하는 센스를 발휘한다. 전달은 늘 내가 한다.
찌그러진 양은 막걸릿잔에 가득 담아 내온 한 잔이 단돈 천 원이다. 그 한 잔을 시키면 산더미처럼 쌓아놓은 돼지껍데기무침, 콩나물무침, 허파 볶음, 고추나물무침 등을 무한으로 즐길 수 있다. 고마운 마음과 미안한 마음이 동시에 든다. 어쨌든 우리는 배를 두들겨 가며 콜라겐 보충 잘했다며 파안대소한다. 딸에게 건네는 초콜릿도 미안한 마음에 대한 작은 위로다. 가게가 크게 팍팍 성장했으면 하는 마음이 간절하지만, 시장 사정은 그렇질 못하다. 시장의 폐쇄를 고민한다는 지자체와 시장 상인들과의 갈등으로 점점 더 힘들다는 하소연을 들을 땐 마음이 편치 않다. 천 원짜리 행복을 오래도록 즐기고 싶은데 말이다.

6. 오이도 관광단지 안에 있는 '소문난 바지락칼국수집'이다. 2층이라 전망이 좋다. 멀리 덕섬도 보이고 꼭대기 정자도 보인다. 바로 앞 개펄엔 갈매기가 주인인 무인도가 있다. 무인도라 해야 바윗덩어리다. 물이 들어오면 무인도는 발목까지 찬다. 그 뒤로는 송도의 높은 건물들이 눈에 들어온다. 때를 잘 맞춰 가면 일몰의 멋진 장관과도 마주 할 수 있다. 분위기가 이 정도면 바지락칼국수의 맛은 뛰어나지 않아도 된다. 그런데 맛까지 좋다면 큰 호사다. 껍질을 담은 그릇이 수북할 만큼 바지락도 듬뿍 담겼다. 여기에 더하여 미모의 종업원이 분주하게 왔다 갔다 한다. 오이도를 찾는 맛이 여럿이지만 그 중의 대표 격이다. 주변엔 빨간 등대와 옛 추억을 불러일으키는 풀 빵장수와 바다 냄새를 제대로 맡을 수 있는 작은 포구도 있다. 뚝방 벤치에 앉아 갈매기의 날갯짓과 그 녀석들의 끼룩대는 음악을 듣는 것도 이곳만의 재미다.

054
1억 보의 비밀

1억 보가 내게 안긴 선물은 위대함 그 자체다. 나의 삶은 도보로 전국을 일주한 환갑이 되던 해 이전과 이후로 크게 나눌 수 있다. 이전의 삶이 다분히 정적인 삶이었다면 그 이후는 매우 다이내믹한 동적인 삶이다. 이전의 삶은 다리가 온전하고 매우 튼튼하였지만, 역설적이게도 정적인 삶이었다. 60살 이후엔 다친 다리, 자를 뻔했던 다리를 끌고 1억 보를 걸었다. 17년간 매일 1만5천 보를 걸은 셈이다. 그사이 내 수술한 다리에 대한 의사의 경고는 수차례 이어졌다. 무릎 수술을 한 병원에서는 연골이 다 닳은 무릎 사진을 보여주며 금족령을 내리기를 반복하였다. 회복 불능 상태를 맞을 수 있다며 경고 또 경고하였다. 제부도를 눈앞에 둔 지점 궁평항 부근에서 다리 통증으로 더 이상 걸을 수 없어 전국 일주를 중단하고 병원에 들렀을 때 내린 경고다.

한 달간 재활과 통원 치료와 휴식을 하면서 다시 걸을 수 있게 되었다. 한 달 후 지난번 중단했던 궁평항에서부터 이어서 출발지이자 목적지인 서울 숲에 도착함으로 87일간 전국 일주의 대장정을 마무리 지었다. 나의 이 무모한 행동을 어찌 해석해야 하나. 나는 의사의 강권을 무시하고 무모한 행동에 나선 데는 믿는 구석이 하나 있었다. 예외는 언제 어디서나 존재한다는 가느다란 희망 같은 거다. 또 어떤 반발 심리를 즐기는 묘한 나의 성격도 한몫했다. 등산할 때 스틱을 사용하는 것은 하중을 분산시켜주기 때문이다. 걸을 때 무릎의 부담을 줄이려면 허벅지와 장딴지 근육을 늘려주면 상당 부분을 커버해 준다는 사실을 믿었고 또 시험해 보고 싶었다.

그래서 스쾃과 까치발 운동을 정말 열심히 하였다. 난 그 예외를 실현해보고 싶었다. 물론 언제 갑자기 주저앉을지 모른다는 불안심리가 있는 것 또한 사실이다. 그래서 조심조심 강가에 세워 놓은 아기 돌보듯 한다. 단 하루도 빼놓지 않고 하는 운동은 스쾃 300개와 까치발 100개다. 이 운동이 나를 살렸다는 강한 믿음이 있다. 내가 살아있는 가장 확실한 증거이기에 이 운동을 많은 사람에게 알려주고 싶다. '과연 노인은 무엇으로 인생 후반부를 사는가?'라고 묻는다면 스쾃과 까치발로 산다고 단정 지어 답할 수 있다. 노인은 걷지 못하면 모든 게 끝이다. 매일 스쾃 300~500회와 까치발 100~300회를 하루도 빼놓지 않고 한다면 당신의 노후 행복은 떼어 놓은 당상이다. 묻지도 따지지도 말고 무조건 믿고 행하면 된다.

*물론 처음부터 그렇게 많이 할 수 없다. 처음은 10~20회로 시작하여 근육이 생기고 힘이 붙으면 회수를 점차 늘려가기 바란다. 효과는 산 증인인 필자가 100% 보장한다.

055
무리하지 말자

건강한 삶의 요체는 무리하지 않는 것이다. 몸을 무리하지 않고 마음을 무리하지 않아야 건강한 삶을 살 수 있다. 몸을 무리하면 육체의 피로가 쌓이고 마음을 무리하면 스트레스가 쌓이고 화병이 도진다.

몇 년 전 한 인터뷰기사를 봤다. 60년 된 트럭을 운전하는 나이 든 기사는 기자의 '어떻게 하면 이렇게 차를 오래 탈 수 있는지'에 대한 질문을 받고 이렇게 답했다. '그건 말이야 언덕을 오르고 내릴 때 무리하지 않고 살살 가는 게 비결이야'라고 말이다. 그렇다. 50년대 말에 나온 GMC를 그것도 험준한 대관령 목장에서 목초를 실어 나르는 일을 하며 60년을 넘게 사용했다는 것은 그 늙은 기사의 말에 진리가 숨어 있다는 뜻이다. 물론 잔 고장은 손수 고치며 애지중지 닦고 조이고 기름칠한 결과이기도 하다.

우리 인간의 건강, 장수, 노화 지연은 '무리하지 않는 것' 일곱 자에 달렸다. 이토록 쉬운 이론도 사람에 따라서는 자기 멋대로 해석하거나 또 무시해 버리기 일쑤다. 이곳에서 여러 차례 강조하고 되풀이하는 것은 실천을 위한 간곡한 부탁을 위해서다. 구슬이 서 말이라도 꿰어야 보배다. 예술을 하는 사람이나 성직자는 비교적 장수하지만, 운동선수는 단명한다. 무리하지 않는 것에 대한 철학을 보여주는 것은 거의 모든 분야에 걸쳐서 공통이다. 특히 건강 측면에서 만용은 금물이다. '100세 역을 향한 느림보 노화 열차'에서 꼭 필요한 한 가지만을 꼽으라면 바로 '무리하지 않는 것' 이것이다.

056
자발적 외톨이

　가끔은 자발적 외톨이가 되자. 내가 누구인지를 가끔 돌아봐야 한다. 나는 무엇인가. 난 지금 어딜 가고 있는가. 잘 가고 있기나 한 건가. 방향이 제대로 되어 있는가. 내가 지금 하는 일이 과연 내가 좋아하는 일인가. 아니라면 왜 이 일을 하고 있는가. 생활인가. 취미인가. 이것이 이 사회에 괜찮은 일인가. 가족에게는 또 친구에게는 어떤가. 친구와의 관계는 잘하고 있는가. 친구는 몇 명이나 되는가. 지금 당장 밥 같이 먹자고 할 친구는 있는가. 술 한잔하며 파안대소할 친구는 있는가. 함께 여행할 친구는 있는가. 함께 영화 볼 친구, 미술관 갈 친구, 공연 보러 갈 친구, 뮤지컬 보러 갈 친구가 있는가.
　이성 친구는 있는가. 나의 진짜 취미를 알고는 있는가. 취미를 위해 무엇을 하고 있는가. 내가 온통 마음을 빼앗기고 있는 것은 무엇인가. 나의 하루를 적어본 적 있는가. 매일 개미 쳇바퀴 돌 듯 하는 삶은 아닌가. 아니면 신바람 나는 삶인가. 아니라면 대책을 세운 적 있는가. 이대로 죽음을 맞아도 좋다고 생각하는가 아니면 어떤 변화를 꿈꾸는가. '가치는? 의미는? 보람은?' 이런 것들을 생각해본 적 있는가. 여기에 대한 답을 얻기 위해선 자발적 외톨이가 되면 된다. 무리에 휩쓸리다 보면 자신의 존재는 흔적도 없다. 나의 맑고 고운 영혼은 오간 데 없고 잡신(雜神)들로 시끌벅적한 삶, 이건 자신의 삶이 아니고 빈껍데기 삶이다.

057
배우고 싶다

　공부를 많이 한 사람이나 적게 한 사람이나 이 너른 세계를 안다는 것은 극히 작은 일부분이다. 공부하면 할수록 모르는 게 더 많아진다는 것도 아이러니다. 그것도 이 세계의 무한성 때문이리라.
　요즘은 전철에서도 종이신문이나 책을 읽는 사람을 보기 힘들다. 모두 스마트폰 묵념에 빠져 있다. 그 속에 모든 정보와 뉴스가 있어서다. 거북목도 염려되지만 깊은 고뇌와 지적 갈증의 고민 없이 우선 목축임에만 매달리는 듯해 속상하다. 깊은 고뇌와 긴 글을 써보는 훈련은 뇌 건강에도 좋다. 단견과 얕은 지식은 임기응변이나 미봉책에는 어울리지만 깊은 사고를 요구하는 문제에 봉착하면 뇌는 하얘진다.
　배움의 기쁨은 일반 기쁨과는 매우 다르다. 자신이 모르는 걸 알아갈 때의 기쁨은 크다. 이 기쁨은 술 마시고 맛있는 거 먹고 게임 한 후의 기쁨하고는 다른 그 무엇이다. 뭔가 채워지는 느낌, 가뭄에 한 방울씩 떨어지는 물방울이 물통 목까지 차오르는 느낌,

해갈과 동시에 무지몽매에서 조금은 벗어난다는 이 묘한 기쁨. 무엇보다 나이 들면 시간이 넉넉하다. 창조주의 마지막 보너스가 아닌가 하여 기분 좋다. 젊었을 때 먹고 사느라 바빠 미뤘다면 지금이야말로 책 읽을 수 있는 절호의 찬스다. 필자는 강의도 하지만 강의 듣는 것도 좋아한다.

　괜찮은 강의가 있다 하면 비용을 따지지 않고 열 일 제쳐놓고 들으러 간다. 이번에도 강동문화대학 고급문화강좌에 등록했다. 14명의 저명인사로부터 9월 21일부터 12월 7일까지 이어지는 명강의를 들을 생각으로 벌써 흥분된다. 이 세상에서는 지나침을 경계하는 경구가 많다. 과유불급이 대표적이다. 그러나 단 하나의 예외는 배움에 대한 욕심이다. 배움에 대한 욕심은 아무리 부려도 부작용이 나지 않는다는 점이다. 맘껏 배움의 욕심을 부리고 치매 같은 칠칠치 못한 놈하고는 가까이 지내지 않기를 바란다. 요즘은 맘만 먹으면 배울 곳이 널려있다. 방송대를 비롯한 디지털대학이 수두룩하다. 인터넷으로 공부하기에 제 일을 하면서도 충분하다. 매사는 마음먹기에 달렸다. 핑계만 대지 않으면 된다.

058
노후에 필요한 5S

5S는 단순하게(simple), 천천히(slow), 운동(sports), 공부(study), 성(sexuality)이다. 반드시 이행하여야 할 것들이다. 젊은 시절엔 단순하기가 쉽지 않다. 단순은 어느 정도 고수가 돼야 가능하다. 젊은 시절엔 체력도 뒷받침되어 삶이나 배움이나 일이나 복잡해도 얼마든지 가능하다. 나이 들면 어림없다. 우선은 체력이 따라주지도 않지만 이젠 삶의 고수가 되어 매사를 단순화시킬 수 있는 능력이 있다.

다음은 매사를 천천히 해야 한다. 이것도 각 기관의 노화와 관계가 있다. 밥도 천천히 걸음도 천천히 계단 오르내릴 때도 천천히 움직여야 한다. 젊은 시절처럼 걸음도 빨리 밥도 빨리 먹으면 영락없이 체하거나 넘어지거나 한다. 자신의 현재를 잘 헤아려야 한다. 그다음은 운동이다. 운동을 제외한 나머지 4S는 물론 모든 것에서 이 운동을 빠트리면 안 된다. 운동은 노후에 생사가 달려있다고 생각하고 실천해야 한다. 물론 유산소 운동과 근력운동을 적정 비율로 골고루 섞어서 해야 한다. 인생 후반부 삶의 질을 위해 절대적이다. 공부는 노후에 넉넉한 시간을 무료하지 않고 보내기에는 최고다.

　책을 가까이하면 치매와는 멀어진다. 경륜과 지혜가 녹아내리기에는 공부보다 더 좋은 것은 없다. 자기가 정말 하고 싶었던 분야의 공부를 하는 것은 엄청난 성취감이다. 끝으로 노인의 성 문제다. 모두들 아직도 쉬쉬하고 드러내기를 꺼린다. 성은 젊은이들의 전유물이라 여기고 노인들과는 아무 상관 없는 걸로 착각들을 한다. 성은 누구에게는 있고 누구에게는 없고의 문제가 아니라 인류 공통의 본능이다. 성은 행복감의 으뜸이다. 소속감, 자신감, 자존감, 삶의 의미, 보람 등 삶에 절대적인 영향을 미친다. 성 문제가 원만하지 않으면 외로움과 우울감으로 자살이나 고독사의 주원인이 된다. 짝이 있다는 것은 인생 후반부에 보너스 중 보너스다. 야호를 외치고 또 외쳐도 된다.

059
사계의 시작은 겨울

 꽃 피는 봄이 지나면 성장기 여름이 오고 여름이 지나면 열매 맺는 가을이 온다. 겨울은 이 나머지 계절을 위해 침묵하며 숙성하는 계절이다. 노인은 겨울에 비교되곤 한다. 겨울은 곧 죽음을 연상하지만 잘 살펴보면 그렇지 않다. 벌거벗은 나목은 해탈한 고승을 연상시킨다. 죽은 것 같지만 살아있고 꽃이 없는 듯하지만 있다. 모두 내면화시켜 뭇사람들이 잘 보지 못할 뿐이다. 겨울이 나뭇잎을 훌훌 털어버리고 발가벗은 채로 나는 것은 나름대로 겨울을 나기 위한 생존전략이다. 불필요한 것을 없애 다음 해의 밑거름으로 사용한다.
 겨울은 내공을 쌓고 다가올 일 년을 준비하는 기간이다. 이 기간에 얼마나 잘 준비하느냐가 그 이듬해의 결과물이다. 겨울은 그렇다. 가장 위대한 계절이다. 봄 여름 가을은 누구나 할 수 있지만, 겨울은 누구나 할 수 없는 깊은 사색과 경륜과 응축을 담고 있다. 그래서 겨울은 노인이다. 아니 노인은 겨울이다. 겨울은 죽음이 아니라 다만 침묵일 뿐이다. 노인의 죽음은 날뜀의 동(動)에서 고요의 정(靜)으로의 전환이다. 그래서 죽음은 두려움의 대상이 아니라 위대한 침묵으로의 전환일 뿐이다. 죽음을 두려워 말자, 얼마나 멋진 침묵인가, 얼마나 멋진 침묵의 마침표인가.

060
두께 1mm의 피부

잘나고 못난 것은 두께 1mm도 안 되는 피부가 좌우한다. 몸매도 한몫한다. 가는 다리, 날씬한 다리는 젊은 시절 잠깐의 허영과 맞물려있다. 물론 20여 년 정도 으스대는 훌륭한 감이 된다. 대신 굵은 다리는 부모님 탓과 한숨으로 한 시절 보낸다. 그러다 반전이 일어나는 건 40대 중후반부터다. 기죽어 살던 굵은 다리는 튼튼한 다리로 탈바꿈하며 중년 이후 60여 년을 강고히 몸을 지탱하며 행복의 지렛대가 되어 젊은 시절의 낮기만 했던 자존감에 날개를 달아 준다. 날씬한 다리는 일반적으로 날렵한 작은 얼굴을 지닌다. 이런 유의 얼굴은 세월이 지나면 얼굴에 근육과 콜라겐이 빠지면 볼품없는 얼굴로 변하는 경우가 많다. 대신 튼튼한 다리의 주인은 두툼한 얼굴을 갖는다. 두툼한 얼굴은 볼품 있는 얼굴로 남을 확률이 높다. 젊은 시절엔 이런 외모 스트레스로 얼마나 많은 날밤을 지새우며 고민과 울분에 빠졌던가. 지구에 잠깐 왔다가 잠시 후면 태워져 재로 변한다. 그리고 허공에 먼지로 사라진다. 어깨 힘줄 이유, 또 기죽을 아무런 이유도 없는데 숨 쉬고 있을 땐 그걸 모른다. 하기야 그걸 모르니 살 수 있는 게 아닌지 모르겠다.

061
시간 사랑하기

　시간은 부지런하다. 시간은 꾸준하다. 시간은 변함이 없다. 시간은 일관성의 대가다. 시간은 로맨틱하고 정겹지만 사귀기는 쉽지 않다. 맺고 끊는 것이 확실하다. 쾌도난마다. 냉정하다. 시간은 좌고우면하지 않는다. 오직 직진이다. 게처럼 옆걸음도 하지 않고 뒷걸음도 하지 않는다. 친하게 굴면 너그럽고 따뜻하지만 게으른 자에게는 냉혹하리만큼 저주를 퍼붓는다. 시간은 부드럽지만 강하다. 이 세계에 존재하는 어느 것보다 강하다. 부수고 사라지고 하는 것은 모두 시간의 역할이다.
　이렇게 강한 시간을 친구로 삼아 가까이 지낸다는 것은 자신에게 엄청난 힘이 된다. 시간의 속성을 잘 알면 쉽게 친해질 수 있다. 시간은 약속을 잘 지키는 사람을 좋아한다. 약속을 생명처럼 여긴다. 시간과 친숙해지는 제1조건은 바로 약속 잘 지키기다. 시간을 사랑하면 시간도 자신의 몸을 무한대로 내준다. 나이 들어 시간과 사이좋게 지낸다는 것은 행복한 삶을 위한 가장 귀중한 삶의 보너스가 된다.

062
세월을 이기는 몸

몸이 나에게 말을 걸어오도록 몸을 건강하게 괴롭히면서, 세상의 골격을 이해하면서, 몰두하는 평온한 진심, 그 시간으로 나의 건강을 얻어 지켜가는 것이다. 단순, 지속, 반복적인 운동의 습관을 내 몸에 길들여야 한다. 세월에 붙잡히지 않고, 탄력성과 유연성을 갖게 하는 것이다. 몸의 빈틈이 생기지 않도록 근육과 콜라겐으로 꽉꽉 채운다. 세월 이기는 장사는 없어도 세월 이기는 몸은 얼마든지 만들 수 있다. 세월에 끌려가는 삶에서 벗어나 내가 세월을 끌고 가는 삶을 살기 바란다. 세월에 얹혀가는 삶이 아니라 세월을 얹고 가는 삶을 살아라.

063
스쾃과 까치발

 스쾃 한 번에 만 원의 현찰이 들어온다고 생각하라. 돈을 좋아하지 않는 사람에겐 좋지 않은 방법일 수도 있지만, 돈을 좋아하지 않는 사람이 과연 단 한 명이라도 있을까. 매일 300개씩 하면 300만 원이, 500개씩 하면 500만 원이 자신의 통장으로 입금된다. 이건 사실이다. 통장 확인을 하기 바란다. 통장 확인은 굳이 은행에 가지 않고 허벅지와 장딴지를 만져보면 확인이 된다. 그래도 모른다면 구제 불능이다. 스쾃과 까치발은 노인에게는 생명 줄이며 행복 줄이다. 이 줄만 단단히 붙잡고 있으면 인생 후반부의 삶은 행복 그 자체다.
 이 책을 읽는 독자에게 당부한다. 죽을 때까지 스쾃과 까치발의 줄을 꽉 붙잡으라고 말이다. 이 줄은 연금 줄이며 돈줄이며 행복 줄이다. 돌솥 건강법에서 소개한 여러 운동이 있지만, 이 두 가지는 특히 노인에게는 절대적이다. 단 하루도 빠트리면 안 된다. 돈이 통장에 차곡차곡 쌓이는데 게으른 자가 있을까 싶지만 그래도 게으른 자가 나온다면 그건 어쩔 수 없다. 스쾃과 까치발을 실천함으로 인생 후반부의 행복한 삶을 만끽하기를 바란다. 운동을 시작하게 되면 1, 3, 6개월 단위로 기록을 하면서 변화의 즐거움도 누리기를 바란다.

064
헬스클럽

'시간이 없다는 이유야말로 가장 비겁한 핑계'라고 링컨은 말했다. 땅에 닿는 면적이 적을 때가 몸에는 가장 좋은 조건이다. 말하자면 까치발 상태가 가장 좋고 누워있는 경우가 제일 해롭다는 얘기다. 시간이 없는 사람들을 위하여 세상에 있는 헬스클럽을 소개한다. 차는 주말에만 이용하고 대중교통을 이용하자. 나이 들면 차를 없애자. 꼭 필요할 땐 자녀들의 차를 이용하면 된다. 차를 없애면 건강이 획기적으로 좋아진다. 한번 결단해 보기 바란다. 대중교통은 한두 정거장 전이나 후에 내려 걷자. 늘 다니던 길에서 벗어나 색다른 길, 처음 가는 길을 이용해보자.

하루 7~10회 가는 화장실에선 반드시 까치발 상태에서 아랫배에 힘을 주고 볼일을 본다. 처음 가보는 길은 눈이 즐겁다. 눈이 즐거우면 뇌도 좋아한다. 전철 속에선 가능하면 서서 가자. 그럴 때도 까치발 상태로 선다. 앉을 자리가 있다면 앉아서 항문 조이기 운동을 한다. 전철을 기다릴 때도 벽을 잡고 가벼운 팔굽혀펴기를 한다. 주변의 시선을 의식하지 않고 스쾃을 한다. 기다리기 지루하지도 않고 덤으로 운동도 하고 이런 일석이조가 어디 있는가. 1~3분 사이에 스쾃 50~100회는 할 수 있다. 이 얼마나 알찬 시간의 활용인가.

　운동은 꼭 헬스클럽에 가야만 하는 게 아니다. 그곳엔 물론 좋은 운동기구가 있다. 그러나 어쩔 수 없이 실내이기에 공기가 탁하다는 것도 알아야 한다. 필자는 헬스클럽에 가지 않고도 인간다운 몸매와 적절한 근육과 몸무게를 유지하고 있다. 세상의 헬스클럽을 이용한 덕분이다. 시간을 덤으로 버는 셈이다. 계단을 오를 때는 에스컬레이터를 이용하지 않고 걸어서 오른다. 이때도 발의 2분의 1만 걸치면 운동 효과는 배가 되어 50계단을 올랐다면 100계단을 오르는 효과가 있다.

　내려갈 때도 까치발로 내려가는 훈련을 한다. 처음엔 조금은 어설프지만 곧 익숙해진다. 걷도록 만들어진 게 인간의 몸이다. 직립보행의 인간이 창조될 때 엘리베이터나 자동차 같은 걸 염두에 두고 만들지 않았다. 따라서 걷는 것만이 당신의 건강을 담보한다. 시간이 없다는 이유와 운동기구가 없어 운동을 못 한다는 핑계는 그야말로 핑계를 위한 핑계밖에 안 된다. 집 안에서도 집 밖에서처럼 따로 시간을 내지 않아도 TV 보며 아령 들기, 악력기 하기, 스쾃 하기 등을 얼마든지 할 수 있다.

065
초보자의 세계

일단 해보자. 아기들처럼 말이다. 초보자의 세계는 두렵다. 또 어렵지만 쉽다. 쉽지만 어렵다. 골프 황제 타이거 우즈도 골프가 잘 안 될 땐 부치 하먼 코치를 찾아가 초보 시절의 기본을 점검한다. 아기는 우렁차게 울며 이 세상에 온다. 배운 것 하나 없이 날 것 그대로다. 그러나 아기는 어떤 일이든 할 수 있는 능력을 갖고 태어난다. 만약 아기들이 할 수 있다면 나도 할 수 있다고 생각하자. 걸음마 세계, 누구나 초보자의 세계를 통과한다. 어린아이의 걸음마처럼 어떤 일이든 처음 배우는 초보자의 시절이 있다. 넘어지고 깨지고 또 넘어지고 깨지면서 조금씩 초보자의 세계를 벗어난다. 오늘도 마찬가지다. 무언가 새로운 것을 시작하려면 초보자 세계에 빠질 준비를 해야 한다. 어떤 것을 하든 초보 시절은 거쳐야 한다. 그럴 결심과 각오가 있다면 무슨 일이든, 언제든 바로 할 수 있다. 여기서 제시하는 '돌솥 건강법'(일명 '장동건 건강법')도 프로의 세계로 가기 위한 거창한 목표가 아니다. 자신의 행복한 노후를 위한 작은 몸짓, 삶의 소품일 뿐이다.

066
노인 해방구

　젊은이의 해방구는 홍대 주변 거리다. 가히 해방구답다. 벌써 신촌쯤만 가도 젊음의 냄새가 풀풀 난다. 그곳은 젊음의 향기와 땀 냄새가 공존한다. 그곳은 동글동글한 것은 없다. 각지고 뾰족뾰족하다. 그 모서리에서는 불빛이 튀어 오르고 광채가 난다. 그 모서리는 별의 모서리며 유니크한 모서리다. 그들은 구부러지고 접히고 구겨진 곳이 없다. 평평하고 반들반들하다. 그것은 힘이며 정열이다. 간섭과 구속을 배제하며 자유 의식과 창의와 상상이 꿈틀댄다. 노인은 우주 저 멀리서 온 별종이 아니라 젊음 후에 반드시 거쳐야 하는 정거장 이름이다. 이 정거장을 거치지 않고는 누구도 종착이라는 궁극에 이르지 못한다. 그럼에도 이상한 것은 젊은 시절에 들르는 역엔 각종 편의시설 유흥시설 역사 문화시설 등 놀거리, 즐길 거리, 볼거리가 수두룩하다.
　하지만 노인이라는 역엔 제대로 즐길만한 시설, 누릴만한 어떤 시설도 눈에 띄지 않는다. 노인인구 곧 천만이다. 이제는 노인에게 눈을 돌려야 한다. 국민소득 3만5천 달러 나라답게 노인의 복지,

놀이시설, 즐길 거리가 방방곡곡 처처마다 넘쳐나야 한다. 이토록 전무하다면 보통의 문제가 아니다. 눈 밝은 사람이 서둘러 대책을 내놔야 한다. 청량리에서 종로3가 탑골공원까지 5.4km를 우리는 노인들의 왕래가 많은 거리로 안다. 이 길을 현지르포 한 적이 있다. 제기역 주변에 겨우 콜라텍 서너 군데 있을 뿐이다. 다양화와 다변화가 필요하다. 노인은 생물학적으로 젊은이에 비해 체력만 조금 달릴 뿐이다. 이성과 함께 밥 먹고 차 마시고 춤추고 여행하고 데이트하고 싶어 한다.

노인은 별개의 존재가 아니라 젊음과의 시간차 호칭일 뿐이다. 그런데 일반인들의 노인에 대한 인식은 차갑고 무섭다. 아무 쓸모 없는 사람, 힘도 없고 욕심도 없고 이성도 모르는 인조인간쯤으로 안다. 천만의 말씀이다. 지난해 말로 노인인구는 894만 명이다. 2년 후에는 천만 명이 된다. 아픈 노인도 많지만 건강한 노인도 많다. 노인은 곧 버려질 휴지가 아니다. 지금의 노인은 가난한 시절과 풍요의 시절을 다 겪은 세대다. 지금의 노인들이 오늘의 발전을 닦은 장본인이다. 노인다움을 갖도록 모두 노력해야 한다. 그래야 긍지도 보람도 느낄 게 아닌가. 그렇지 않으면 토사구팽당한다는 찝찝한 기분에서 벗어나지 못한다.

이럴진대 개인이나 국가나 사회에 이로울 게 없다. 그들의 가치를 인정하고 존경의 마음을 갖도록 모두 노력해 서운한 마음을 가지지 않도록 해야 한다. 이제 모든 질곡에서 벗어나 자유의 몸이 되었다. 남은 생은 건강하고 행복한 삶을 살다가 아름다운 마무리를 지을 수 있도록 관심을 갖고 도와야 한다. 그 일환으로 젊은이의 해방구 홍대거리 같은 노인의 해방구를 많이 만들어 집안에서 칩거하며 감옥 같은 생활을 하지 않도록 배려해야 한다. 다양한 즐길 거리와 만남의 장소를 만들어 외롭지 않도록 해야 한다. 지금 탑골공원과 종묘 주변을 가보면 이게 과연 국민소득 3만5천 달러의 국가가 맞는가 하며 고개가 갸우뚱해진다. 노인의 해방구가 절실한 시점이 되었다. 방치하면 노인성과 관련한 많은 문제가 드러난다.

067
세월 이기는 장사 있다

모두들 세월 앞에 장사가 없다고 한다. 물론 맞는 말이다. 그런데 필자의 생각은 좀 다르다. 세월의 흐름에 몸을 맡기지 말고 그 세월에 올라타 내가 세월을 부리는 것이다. 마치 보드로 파도를 타듯, 거친 폭포와 계곡물을 연어가 올라가듯, 세월이라는 협곡을 이용하며 즐기자는 것이다. 흐르는 세월 앞에는 당할 자가 물론 없지만, 동급 최강을 위해 노력하자는 것이다. 수동적으로 세월을 접수하지 말고 적극적으로 바람 부는 방향으로 날아가는 새처럼 맞자는 것이다. 이것은 항거 아닌 순응이다. 세월 앞에 꼼짝 못 하는 나약함에서 벗어나 용골돌기의 힘을 길러 세월이라는 바람을 이용하자는 것이다.

동급 상위에 있는 강자들을 보면 매우 액티브하고 적극적이며 활력이 넘친다. 무엇이든 배우려 한다. 활력은 배움에서 온다. 취미를 찾고 배우고 공부하고 노력한다. 자신이 좋아하는 일을 찾아 끊임없이 노력하고 도전한다. 그런 사람들은 다른 사람의 시선을 의식하지 않는다. 그 속에서 자신만의 즐거움을 누리며 자족의 삶을 살아간다. 이런 부류의 사람들은 세월 앞에 장사 없다는 말에 동의하지 않는다. 물론 세월 앞에 백기 투항하는 날이 언젠가는 온다. 그 언젠가 오는 날 때문에 지금의 자신을 내동댕이칠 수는 없다. 그것은 그때 가서 생각할 일이다. 그러니 그런 날을 의식조차 하지 않는다. 그런 세월은 누구에게나 오지만 누구나 항복하지는 않는다. 그게 바로 세월에 대한 항거 아닌 적극적 순응이다.

068
시간이 없다

　나이 들면 신나는 게 하나 있다. 바로 시간이 많다는 점이다. 그런데 이 많은 시간을 조직적으로 쓰지 않으면 시간이 없는 것이나 다를 바 없다. 젊음의 시간은 힘이 넘치지만, 노인의 시간은 힘이 없다. 따라서 사라지는 것 또한 힘없이 사라진다. 그래서 시간이 많지만 없다. 많지만 적다. 시간표는 학생들만 짜는 게 아니다. 시간표를 만들지 않으면 빈둥빈둥 TV에 매달려 살기 십상이다. 특히 나이 들어서의 시간은 시간표 없이 움직이면 삼베 바지에 방귀 새듯 사라진다. 자신의 시간표를 만들어 자신을 제어하면서 살아야 한다. 그래야 많은 시간만큼 많은 것을 누릴 수 있다.

　혹자는 지금까지 시간의 굴레 속에서 살 만큼 살았는데 자유를 누려야지 무슨 시간표를 만들어 다시 구속된 삶을 사느냐고 반문할지 모른다. 시간표는 구속이 아니라 시간의 해방이다. 시간표를 짜지 않으면 자유롭지만, 절제 없는 자유가 되기 쉽다. 여기서 시간표는 자유를 만끽하면서도 절제 있는 자유 리버티를 구가하자는 말이다. 물론 학생 때처럼 세세하게 짤 필요는 없다. 두부 썰 듯 크게 뭉툭하게 쪼개도 된다. 빈둥빈둥 시간을 보내는 자신을 고삐 풀어진 망아지처럼 내버려 두지 말자는 것이다. 나이 들어 시간이 많다는 것은 하는 일이 사라져서다. 60대 중후반을 넘기면 공식적으로 하는 일이 누구에게서나 사라진다. 그때를 철저하게 대비해야 한다. 그것이 바로 자신을 위한 시간표 짜기다. 시간표를 짜면 시간 없음에서 있음으로 돌아온다.

069
운동과 BDNF

　필자는 도보 여행가로 걷는 게 일이다. 일 년의 반은 길 위에 있고 그 절반의 반은 책상 앞에 절반의 반은 흙에 묻혀 산다. 운동을 하면 좋다는 걸 모르는 사람은 없다. 운동을 하면 건강한 육체를 가질 수 있다. 운동을 하면 치매와 멀어진다. 나이가 들면 기억을 담당하는 뇌 속 해마 부위가 위축되거나 축소되어 치매 환자처럼 잘 까먹거나 인지 기능이 떨어지는 증상을 보인다. 해마 축소 이유는 뇌유래신경성장인자(BDNF)와 그 수용체가 줄어들기 때문이다. 그런데 그 둘을 증가시켜 해마를 재생하고 기억과 인지 능력을 증진시킬 수 있는 손쉬운 방법이 바로 운동이다. 더구나 최근에 운동 후에 뇌가 아닌 골격근에서도 뇌유래신경성장인자가 나온다는 연구결과가 나와서 운동생리학자들을 흥분시킨다.
　운동을 하면 혈관내피세포 성장인자도 늘어난다. 이는 혈관을 생성하고 이완을 도와 혈류를 증가시킨다. 특히 기억을 관장하는 해마에서 이 성장인자의 증가가 두드러진다. 쓰고 보고 듣기 등을 통해 기억이 강화되는데 운동은 이 과정에 관여하는 시냅스 단백질도 늘린다. 구애작전에서 빠지지 않는 말이 있다. '나한테 시집 오면 손에 물 한 방울 묻히지 않고 손 하나 까딱하지 않게 해 주겠다'라는 것이다. 이 말은 치매에 빨리 걸리게 해주겠다는 섬뜩한 말이 될 수 있음을 인지했으면 좋겠다.

070
문화적 삶 살기

'최고의 장수법은 독서… 인생 후반전 책과 함께 보내길'은 조선일보(2022.9.28.) A23면 기사 제목이다. 김형국(80) 서울대 명예교수의 '박경리 이야기'를 펴내며 인터뷰한 내용을 다룬 기사다. 내용 중에 눈길 가는 대목은 2007년 퇴임 후 10여 권의 책을 냈다는 점과 매일 밤 1~2시에 취침하여 오전 6시에 일어난다는 점이다. 또 조간신문 4개를 읽고 고전음악 감상과 하루 7~8천 보 걷기로 건강을 다진다고 했다. 골프는 평생 한 적이 없고 60대 중반까지 등산을 즐겼다고 한다. 뭔가 남다른 사람은 뭔가 남다르다는 점이 있다는 것이다.

2018년 10월 방영된 일본 NHK 프로그램은 건강수명에 좋은 최상책은 운동이나 음식이 아니라 독서라고 결론을 내렸다. '글을 쓰는 사람이 치매에 걸릴 확률은 그러지 않는 사람보다 훨씬 낮다. '글'이야 말로 사람의 정체성을 드러내는 금강석 같은 장치이고 좋은 글은 일생을 통해 구사할 수 있는 식자의 힘이라며 좋은 필자가 되려면 반드시 좋은 독자가 되어야 한다. 국민이 인생 후반전을 독서와 더불어 책을 쓰면서 보내면 좋겠다. 자기가 살아온 이야기나 부모님 이야기, 자신이 잘하거나 하고 싶은 취미를 책으로 펴내는 문화적 삶을 살기를 권한다.'라고 이야기한다. 이렇듯 건강한 삶, 행복한 인생 후반부를 보내는 사람들은 남과는 다른 그 무엇인가를 엿볼 수 있다는 점이다.

  필자의 이야기를 살짝 덧붙이면 필자는 지금까지 10권의 책을 펴냈으며 15권 분량의 원고가 탈고된 상태다. 필자의 목표는 책 30권 출판이다. 또 100살까지 하루 만 보 걷는 것과 30번째 책은 100살 되는 해에 출판기념회 겸 백수연을 하는 것이다. 필자는 저녁 9시에 잠자리에 들어 새벽 3~4시 사이에 일어난다. 하루 1만~1만5천 보를 반드시 걷는다. 새벽엔 기상과 함께 돌솥 건강법을 1시간쯤 한다. 1시간 속에는 스쾃 300회도 들어있다. 시골에 30년 계획으로 정원을 만들어가고 있으며 노동 사이사이 작은 사각 라디오로 KBS클래식을 듣는다. 정원 만들기 30년 계획은 일거리를 조금씩 나누어 끊임없이 몸을 움직이겠다는 필자의 생각이 깔려있다. 요즘은 바빠서 한 달에 책 한 권 읽기도 어렵지만 그래도 기회만 있으면 교보문고 천호점을 들락댄다. 미술관과 박물관, 고궁도 심심찮게 간다.

071
첫 경험 하기

하루 한 번 첫 경험을 하자. 첫 경험은 다다익선이다. 첫 경험은 삶의 활력소다. 첫 경험은 뇌를 활발하게 움직인다. 첫 경험은 화젯거리를 풍성하게 한다. 첫 경험엔 작은 것도 있고 큰 것도 있다. 쉬운 것도 있고 어려운 것도 있다. 노력해야 하는 것도 있고 그렇지 않은 것도 있다. 어느 것이든 첫 경험은 흥미롭고 재미있다. 안 다니던 골목길을 가보는 것도 첫 경험이다. 전철 안에서 처음 보는 사람과 말을 거는 것도 첫 경험이다. 서울은 넓고 사람도 많다. 그만큼 볼 것이 많다. 익숙한 곳을 갈 땐 뇌는 거의 작동하지 않는다. 새로운 것, 처음 보는 것, 처음 가는 곳에서는 뇌가 바쁘다.

서울만 해도 안 가본 곳이 거의 다다. 전국의 산, 강, 도시, 관광지, 문화유적지, 사찰, 자연휴양림, 포구, 항구, 섬, 영화, 연극, 뮤지컬, 재래시장, 백화점 등 모두가 대상이며 너무 많아 이곳에 나열할 수도 없다. 그런데 우리는 아무 생각 없이 그냥 살아간다. 조금만 생각하면 삶의 내용이 달라진다. 돈이 들어가기도 하지만 안 들어가는 첫 경험도 부지기수다. 첫 경험이 좋은 것은 아무리 사소하더라도 삶의 내용이 풍성해지고 알차고 재미있고 가치 있다는 점이다. 시쳇말로 가성비가 좋다.

첫 경험을 하면 생기가 돈다. 눈이 반짝거린다. 첫 경험은 탈것을 이용할 때보다 주로 걸을 때 많이 만난다. 그러니 다리가 튼튼해지다. 걸어야 작동을 시작하는 BDNF(뇌유래신경성장인자)의 활성화로 기억을 관장하는 해마에 좋은 영향을 끼쳐 치매 예방은 물론 뇌가 좋아진다. 뇌가 좋아지니 공부가 잘된다. 이런 일석이조는 흔치 않다. 첫 경험은 여행에서 가장 많이 일어난다. 작가들이 방랑하고 소재가 달각거릴 때 여행길에 나서는 것도 첫 경험을 위해서다. 특히 필자의 경우는 1년의 반 이상을 길 위에서 헤맨다. 바로 그 첫 경험 때문이다.

072
부자의 공간

부자는 집이 크다. 마당이 넓다. 차도 크다. 수영장도 있고 엘리베이터도 있다. 모든 게 크고 넓어 거기에 따른 물리적 시각적 공간이 크고 넓다. 대신 가난한 사람은 집도 좁고 마당도 없고 차도 작다. 큰 집에는 작은 것이 들어가면 자리도 나지 않는다. 작은 집에 큰 물건이 들어가려면 공간이 작아 들어가지 않는다. 문제는 큰 공간을 가지고 있는 부자가 마음속에도 큰 공간이 있느냐 하는 문제다. 그렇다면 작은 공간에 사는 가난한 사람은 마음의 공간조차도 협소할까. 아니라는 얘기다. 아이러니하게도 주머니가 얇으면 생각의 크기는 커지게 마련이고 주머니가 두꺼우면 생각의 크기는 작아진다는 사실이다. 공간 역시 크면 아무 생각도 일어나지 않지만, 공간이 작으면 생각이 커진다.

월트디즈니의 디즈니랜드, 정주영의 현대, 김우중의 대우는 모두 지하 아니면 다락방 아니면 작은 쪽방에서 사업을 시작했다. 이렇게 작은 공간은 큰 생각을 잉태한다. 생각뿐 아니라 자유라는 가치 측면을 보면 부자 아니길 다행이라는 생각이 들 정도다. 얼굴이 알려진 탤런트나 미인들은 밖으로 나올 때 얼굴을 선글라스와 마스크와 모자로 온통 가리고 나온다. 부자들이 외출 한 번 하려면 앞뒤로 보디가드와 비서진들이 따른다. 내 마음대로 할 수 있는 게 별로 없다. 모든 걸 주변 사람이 해준다. 유리창은 온통 짙은 필름을 붙여 밖에서 볼 수 없도록 해 놓았다. 맘 놓고 외출 한 번 할 수 없고 백화점이나 음식점도 편하게 갈 수 없다.

   자유라는 공간이 숨 막힐 만큼 좁은 것이다. 이것저것 구속받는 곳이 많다. 대신 서민들은 아무 제한 없이 자유를 만끽한다. 물론 돈이 없으면 불편한 것이 있긴 하다. 제일 문제 되는 것은 자신의 목표를 달성하는데, 어려움을 겪는다. 돕고 싶어도 돕지 못하는 안타까운 일도 있다. 베풀고 싶어도 못 하는 경우가 있다. 물론 돈이 아닌 다른 것으로 대체할 수 있는 경우는 예외지만 말이다. 부자는 물질의 풍요 속에서 자유의 빈곤을 느끼며 살아간다. 빈자는 물질의 부족함 속에서 자유를 만끽한다. 어떤 가치가 우선할지는 독자의 판단에 맡기기로 한다.

073
행복의 가면을 쓴 바이러스

편리한 삶은 목숨 갉아 먹는 좀 벌레나 다름없다. 편리한 삶이 똑똑한 삶이며 지혜로운 삶이라고 생각하는 것은 착각이다. 편리한 삶은 보이지 않는 독이다. 마약이다. 빠지면 헤어나기 힘들다. 제아무리 의지가 강해도 빠지지 않을 수 없도록 만든다. 만드는 사람은 먹고 그것만 연구한다. 그게 먹고 사는 길이다. 거기서 탈락하면 모두가 죽는다. 그러니 목숨 걸고 연구하며 만든다. 경찰 열 명이 도둑 한 명을 못 잡는 것은 도둑은 밤이나 낮이나 그것 하나만 연구하고 또 연구하기 때문이다. 그렇다면 경찰은 왜 연구하지 않을까. 연구하지만 도둑만큼 절실하지 않아서다. 절실한 사람을 이기긴 쉽지 않다. 모두 성공을 위하여 노력하라고 하지만 절실함이 더 중요하다.

죽음은 차에 치여 죽을 수도 있지만, 눈에 보이지도 않는 바이러스에 의해 죽을 수도 있다. 죽음의 크기를 사망원인의 크기로 동일시할 수는 없다. 어느 것으로 죽든 죽음은 마찬가지다. 그중에서도 편리라는 괴물은 행복의 가면을 쓴 바이러스라는 점이다. 이 바이러스의 전파력은 타의 추종을 불허한다. 일단 감염되면 박멸이 쉽지 않다. 예방도 쉽지 않다. 오직 박멸 방법은 의지라는 약밖에 없다. 병원이나 약국에서도 팔지 않는 이 약은 약효가 대단하지만 구입이 쉽지 않다. 어렵사리 구입을 해도 워낙 쓴 약이라 복용을 꺼려 박멸에 실패한다.

현대인은 땀을 싫어한다. 노동으로 흘리는 땀이 얼마나 향기롭고 소중한지를 잘 모른다. 그러나 사우나에서 빼는 값싼 땀은 좋아한다. 땀이라고 다 같은 땀이 아니다. 노동의 땀이 금이라면 사우나에서 흘리는 땀은 사금파리다. 그러니 걷지 않고 탈것에 매달린다. 현재의 탈것은 몸을 어떻게 하면 덜 쓰게 할지로 모인다. 그걸로 경쟁한다. 이용자는 그 편리성에 야호를 외친다. 몸은 단 몇 번의 사용으로 안 망가진다. 오랜 세월 반복하여 묵혀져야 망가진다. 그때 가서야 아프다고 아우성친다. 그걸 알았을 때는 이미 늦었다는 데 문제가 있다. 망가지는 데 오래 걸린 만큼 회복하는데도 오랜 세월이 걸리거나 불가능한 상태가 된다.

074
용불용설론의 신봉자

라마르크의 용불용설론은 당시엔 다윈의 자연선택이론과 스펜서의 적자생존에는 다소 밀리는 이론이었다. 그러나 지금 이 시점에서의 용불용설론은 다각적인 면에서 그 효용성을 입증한다. 직립보행 인간에게 꼬리가 무슨 필요가 있을까. 무용지물의 꼬리는 결국 없어졌다. 걷지 않고 차만 타면 우리의 다리는 어떻게 될까. 아마도 새 다리처럼 되겠지. 생각은 하지 않고 컴퓨터와 씨름하고 인터넷 검색만 한다면 우리의 뇌는 어찌 될까. 아마도 쥐 대가리만 해지겠지. 뇌가 위축되고 찌그러지면 어찌 될까. 기계의 지배를 받는 바보가 되겠지. 불 보듯 빤한 이 엄연한 사실을 두고 어찌해야 하나.

철저하게 문명에 저항하고 아날로그를 추구해야 한다. 물론 어쩔 수 없이 따라야 하는 부분도 있다. 수용할 것은 수용하되 거부할 것은 거부해야 한다. 무조건 맹종하면 안 된다. 그렇지 않으면 우리와 우리의 미래는 암담하다. 우리는 문명의 이기로 흥하고 문명의 이기로 망한다. 문명의 발전과 발달은 반드시 끝이 있다는 점에서 그렇다. 언제냐 하는 문제만 남는다. 이미 그 조짐은 여러 곳에서 나타난다. 대표적인 게 기후와 환경문제다. 이미 지구는 정상이 아니다. 치매로 비유하면 중증 상태다. 가끔씩 나타나는 건망증 단계를 훨씬 벗어나 있다.

지남력이 떨어져 시간과 공간개념이 없어지고 급기야 사람까지 몰라보는 상황이 오면 치매 말기이다. 이렇게 되면 가출이 잦아지고 집을 찾아오지 못하는 상황이 언제 닥칠지 모른다. 이런 문제의식을 갖느냐 갖지 않느냐의 문제는 개인을 떠나 우리 모두의 문제가 되었다. 지구의 괴성과 고통스러운 절규를 들어야 한다. 그건 오직 문명의 이기에 지배당하지 않는 것이다. 편리를 쫓지 않는 것이다. 편리는 단꿀, 곧 문명이다. 인간은 꿀을 탐하는 파리다. 언젠가는 그 꿀단지에 빠져 허우적거리는 상황이 되고 만다.

그런 미래가 얼마 남지 않았다. 용불용설에 충실하자. 사용하지 않으면 퇴화하고 사용하면 발달하기 마련이다. 새가 바람 부는 방향으로 앉는 것은 도전이 아니라 순응이다. 문명에 항거하는 것은 문명에 대한 차원 높은 순응이라는 점이다. 걷고 달리고 점프하자. 손에 무거운 짐을 들고 걷고 달리고 점프하자. 그것은 곧 지구를 가장 사랑하는 행위가 된다. 용불용설에 빠지면 그 매력에서 헤어나지 못한다. 단 꿀하고는 비교 자체를 거부하는 매력이다.

075
건강 지킴이

　사랑만큼 훌륭한 에너지 동력은 없다. 특히 건강 측면에 있어 그렇다. 사랑을 하면 상대에게 잘 보이고 싶어 한다. 그래서 화장은 잘 됐는지 거울을 한 번 더 본다. 옷매무새도 힐끗힐끗 보고 또 본다. 멋있게 보이려고 다이어트도 하고 아령을 들고 역기를 들어 올린다. 사랑을 하면 사랑 호르몬 도파민 분비가 활발하여 화색이 돈다. 세로토닌이 분비되어 기분이 좋아진다. 생기가 있고 발걸음이 용수철 매단 것처럼 경쾌하다. 밥도 꼭꼭 챙겨 먹고 운동도 빠트리지 않는다. 왜 어디 아파? 혈색이 영 아니네. 이런 얘기를 애인에게서 듣고 싶지 않아서다. 상대에게 건강이 안 좋아 보인다면 치명적이다.

　필자의 조카는 중학생 시절 165cm 키에 몸무게 90kg을 넘나들었다. 걱정스러운 맘으로 부모는 물론 보는 사람마다 지나친 몸무게를 두고 한마디씩 했다. 그래도 요지부동이었다. 고등학교에 들어가 여자 친구가 생겼다. '너 살 안 빼면 안 만날 거야' 한마디에 5개월 만에 70kg으로 줄였다. 이게 어디 이 조카만의 얘기인

가. 사랑의 힘은 원래 자기가 가지고 있는 힘 이상을 아무렇지 않게 발휘한다. 이성 친구를 사귀어라. 지상명령이다. 이성 친구가 생기면 더 살고 싶어진다. 삶의 애착이 생긴다. 살아 있는 내가 그냥 고맙다. 어떤 일을 해도 힘이 들지 않는다. 괜히 싱글벙글한다. 야박하던 사람이 너그러워진다. 더위도 추위도 모른다. 그냥 밥맛이 좋고 밥을 먹지 않아도 시장기가 들지 않는다. 자신감이 생기며 삶의 의미가 새록새록 떠오른다. 사랑을 하면 몸을 챙길 수밖에 없다. 사랑은 강력한 건강 지킴이다.

076
삶은 허무다

　니체의 허무주의는 이렇게 정의 내린다. '삶은 덧없음이요 의미 없음이다'라고. 엊그제까지만 해도 바다에서 방금 건져 올린 활어처럼 팔딱팔딱 뛰던 젊음은 잠깐의 세월이 흘러 쭈그러지고 이지러져 밤나무에 매달린 빈 밤송이처럼 되어 버린다. 그나마 자존심은 있어 가시는 버리지 못하고 끝까지 매달고 버틴다. 혹시나 하는 바람이 있는지 알 수 없으나 그건 번지수가 한참 잘못되었다. 조금 전까지만 해도 대통령으로 위풍당당했으니 범인이 쏜 총을 맞고 쓰러져 저세상으로 간다. 존 F. 케네디나 링컨, 박정희 전 대통령의 경우다. 그나마 대통령은 장례를 크게 치른다. 묘지의 봉분도 크게 한다. 법으로 정하여 놓았기에 할 말은 없다.

　다만 그게 무슨 의미가 있는지 묻고 싶고 고개가 갸우뚱해질 뿐이다. 산자를 위한 것인지 죽은 자를 위한 것인지 애매하다. 따지고 보면 아무 의미 없는데도 열을 올린다. 죽은 자는 알 리 없고, 산 자는 알아도 살아있는 동안일 뿐이다. 몸은 이미 썩어 먼지가 되었는데 그걸 안들 무슨 소용이 있는가. 반면에 장삼이사는 풀잎에 맺힌 이슬처럼, 또 미물처럼, 또 바람처럼 사라진다. 양반은 무엇이며 금수저는 무엇인가. 그 금(線)은 도대체 누가 그었는가. 가진 자들이 숨 쉬고 있는 동안 목에 힘주려는 하나의 수단에 불과하다. 지구의 생물 종 중 유일하게 죽음을 인지하는 것은 인간밖에 없다. 살아있는 동안 발버둥을 치는 것도 그 죽음을 인지하기 때문이다. 허무를 인지한다면 그 경쟁에서 빠져나와야 한다. 모든 것은 허무이기 때문이다.

077
노인의 성(性)

'노인은 성 문제에 관심도 없고 더구나 성생활은 언감생심 불가능한 일일 거야.' 이는 서울을 가보지 않은 사람이 동대문 문지방이 닳아서 반들반들하더라고 얘기하는 것과 무엇이 다른가. 필자는 80살을 눈앞에 두고 있다. 23년간 쓴 몸일지에서 몸의 변화(성 문제도 물론 기록)와 일어나는 현상들을 생생하면서도 상세하게 적어가고 있다. 결론적으로 건강한 노인의 성 문제는 젊은이와 전혀 다를 바 없다는 사실이다. 노인들의 성욕이나 성에 관한 관심, 성생활 등에 관한 대화를 해보면 젊은 시절과 크게 다르지 않다. 물론 건강 상태, 경제적 여건, 개인의 호불호 등 개인차가 얼마든지 생길 수 있다.

노인의 성 문제는 행복의 문제다. 건강의 문제다. 삶의 의미 문제다. 감추고 경멸하고 쉬쉬하는 그런 문제는 더욱 아니다. 다만 아직도 봉건적, 유교적 사상이 잠재적으로 남아 본 마음과는 다르게 행동한다는 점이다. 호랑이 담배 피우던 시절의 유물이라 하지 않을 수 없다. 진짜 문제는 이런 본원적, 본능적인 문제임에도 그

꼴 난 체면 때문에 무시하고 아닌 척하고 안 그런 척하고 안팎이 다른 수박처럼 행동하는 사람이 또 그런 시선이 아직도 주변엔 너무 많다는 사실이다. 사실은 이런 사고와 시선이 가장 큰 걸림돌이다. 그걸 깨야 한다. 그 두꺼운 껍질을 뚫고 나와야 한다.

이젠 노인 성 문제를 세상 밖으로 드러내 놓고 공론화할 때이다. 아니 어쩌면 많이 늦었다. 노인인구 2년 후면 천만 명이다. 아픈 노인도 많지만, 청년 같은 노인도 수두룩하다. 모두 성 결핍, 성 갈증에 목말라한다. 현재로서는 뚜렷한 해결 방법도 없고 곱지 않은 시선도 함께 존재한다. 특히 문제 되는 것은 곱지 않은 시선이다. 하루빨리 거둬들여야 한다. 그건 어쩌면 무지와 선입견과 편견에서 비롯된다는 점이다. 이런 유머가 있다. '인간이 키워서 안 될 개가 두 마리 있는데 그 하나는 편견이라는 개이고 다음은 선입견이라는 개'라고 말이다. 대신 꼭 키워야 하는 개는 '백문이 불여일견'이라는 유머다.

필자는 이런 삐뚤어진 성 의식을 바로잡고 노인성 문제를 어떻게 하면 해결할 수 있을까 고민하며 각종 노인 성교육에도 참여하고 성 상담을 하는 일도 해보았지만 아직은 요원하다. 해일처럼 밀려오는 노인 성 문제를 작은 둑으로는 해결할 수 없다. 정부에서 나서야 한다. 지방자치단체에서 앞장서야 한다. 우린 국민소득 3만 5천 달러 시대에 산다. 제 일이라 생각하고 적극성을 띄어야 한다. 머지않아 자신도 곧 그 대열에 합류한다는 것을 알아야 한다.

지금은 예전과 달리 경제력 있는 건강한 노인이 많다. 홀로 사는 노인이 많다. 나이 들어 짝은 매우 중요하다. 서로의 말벗이 되며 함께한다는 것은 정서적으로나 삶의 의미로나 힘이 되고 의지가 되며 자신감과 자존감의 원천이 된다. 왜 자살률이 OECD 38개국 중 10년째 1위를 달리고 있을까. 짝이 없는 노인들의 삶이 어떨지를 생각해봐야 한다. 장수에만 매달릴 때가 아니다. 이젠 삶의 질을 얘기할 때다. 전분세락(田糞世樂), 개똥밭에 굴러도 이승이 낫다는 얘기다. 오죽하면 죽음을 택할까.

이런 방법들은 어떨까. 한때 종묘 부근, 종로3가역 부근에선 박카스 아줌마란 애칭으로 노인을 대상으로 공공연하게 호객행위를 한 적이 있다. 지금은 종묘가 정비되어 그 실태를 알 수 없다. 차제에 사창을 뛰어넘어 아예 공창제도를 만들면 어떨까. 또는 남녀미팅을 주선하는 공적인 장소를 만들면 어떨까. 모든 사람은 짝을 원한다. 경제적으로 부담 없이 짝을 찾을 수 있는 장소나 어떤 계기가 만들어져야 한다. 경제적 부담이 따르면 돈 있는 일부 노인들만의 잔치가 되기 쉽다. 어떤 식으로든 탈출구를 만들어 줘야 한다.

지금의 콜라텍같이 먹고 마시고 춤추는 곳도 필요하다. 이곳을 많은 노인이 접할 수 있도록 다양하게 운영하는 것도 한 방법이 될 수 있다. 아니면 여행이나 취미가 같은 사람들이 자연스럽게 만날 수 있도록 만남을 주선한다. 이런 것은 정부 차원에서 제도화하면 된다. 단순한 장수에 연연해서는 안 된다. 건강한 장수가 이뤄져야 한다. 기능식품이나 건강식품이 넘쳐난다. 몸은 건강해졌는데 짝이 없다면 비익조나 다름없다. 또 하나의 날개를 달아야만 구만리 장천을 훨훨 날 수 있다.

단순한 장수만큼 무의미한 게 또 있을까. 홀로 오래 사는 노인 대다수는 '빨리 죽고 싶다'라고 한다. '왜 이렇게 안 데려가는지 모르겠다.'라며 한숨짓는다. 이건 '죽어야지, 죽어야지'하는 노인들의 삼대 거짓말이 아닌 진심이 담긴 넋두리다. 이런 노인들의 장수가 진정 우리가 원하는 장수인가. 아프면서 장수하는 것, 가난하면서 장수하는 것은 재앙 중의 재앙이다. 돈도 없고 짝도 없고 힘도 없고 친구도 없고 할 일도 없는데 무슨 낙으로 살고 싶겠는가. 냉정해야 한다. 그냥 장수 장수만 되뇌지 말자. 건강하고 행복한 장수가 돼야 한다. 노인들의 삶의 질을 높여야 한다. 그 첫 번째가 짝이 있어야 한다는 점이다. 말동무도 하고 함께 여행할 수 있으면 최고의 짝이다. 짝이 있으면 외롭지 않다. 짝이 있는데 고독사가 생기겠는가. 짝이 없는 행복, 짝이 없는 삶의 질 개선은 허공의 메아리다.

본능은 규제나 법규로 막을 수도 없고 막히지도 않는다. 노인의 성에 대한 욕구는 충족되어야 할 기본욕구 중 하나로서 노인이 되어서도 소실되지 않는 욕구다. 물이 흐르듯 자연스럽게 제도를 만들어야 한다. 물흐름을 막는 제도는 부작용만 생긴다. 지금의 어르신들은 낯가림을 많이 한다. 아주 자연스러운 만남이 될 수 있도록 해야지 인위적이거나 작위적인 만남은 자칫 예산만 낭비하고 외면받기 쉽다. 으뜸은 여행일 듯싶다. 여행은 건강도 챙기고 기분 전환도 하며 견문도 넓힌다. 마음의 문을 여는 데는 여행만 한 것이 없다. 짝이 마음에 들면 만남 횟수는 늘어날 것이며 좋은 짝으로 발전할 수 있다는 점이다.

정부에서 노인복지의 하나로 짝을 주선하는 것은 장기적인 측면에서 건강보험공단과 국민연금공단의 기금 고갈을 막는데도 기여하게 된다. 짝이 있으면 당연히 건강을 챙기고 관리한다. 누가 시키는 것이 아니라 스스로 알아서 관리한다. 이것은 동서고금 남녀노소를 가리지 않는다. 짝을 만나는데 꾀죄죄하고 병약한 몸으로 나갈 사람이 누가 있겠는가. 이런 흐름에 눈떠야 한다. 모두 한 치 앞에만 신경을 쓰느라 눈이 벌겋다. 모두 하수의 방법이다. 건강하면 병원이나 약국 가는 횟수는 자연히 줄어든다. 따라서 기금은 덜 축나게 돼 있고 기금은 살찔 수밖에 없다. 그래서 장기적인 안목이 필요한 것이다. 눈을 들어 울타리 없는 푸른 하늘을 보고 눈을 크게 떠야 한다. 그래야 뇌가 열리고 마음이 열린다.

078
좋은 차, 좋은 몸

좋은 차는 일단 비싼 차다. 좋은 몸 또한 몸값이 일단 비싼 몸이다. 흔히들 이것에 동의하고 갈망하고 소유를 원한다. 부가티 베이런은 30억 원을 훨씬 넘는다. 사람의 몸값 또한 연봉이 몇천만 원부터 몇백억 원짜리도 있다. 온갖 편의시설과 사양으로 호화의 극치를 달린다. 대저택과 고급 차와 요트와 수영장을 갖추고 엘리베이터와 수십 개의 침실과 화장실과 하인을 거느리며 산다. 아무리 부자도 아침밥을 두 번 먹을 수 없고 좋은 차 두 대를 동시에 끌 수 없다. 아무리 좋은 차도 사고 나지 않는 차는 없으며 사고가 났을 때 인명피해를 100% 막아주는 차는 세상에는 없다. 무슨 얘기를 하고 싶으냐 하면 비싸다고 좋은 차가 아니고 비싼 몸이라고 좋은 몸이 아니라는 얘기다.

좋은 차란 잘 모셔 둔 차가 아니라 잘 관리된 차다. 차 주인의 사랑을 듬뿍 받는 차다. 닦고 조이고 기름 쳐 항상 최적의 컨디션을 유지하며 주인의 부름에 충직한 차다. 몸 또한 그렇다. 몸값이 몇백억 원인 사람은 아프지 않아야 하며 장수해야 맞지만 현실은 그 반대다. 주변을 돌아보면 답이 금방 나온다. 정답은 너무나 빤하다. 차나 몸은 무리하지 않고 잘 관리하여야지 돈으로 되는 게 아니다. 아이러니하게도 좋은 차는 돈 많은 사람이 타고 돈 많은 사람은 좋은 차를 탄다.

돈 많은 사람 자신이 차를 애지중지하며 관리하는 걸 볼 수 없으며 돈 많은 사람은 자신의 몸을 애지중지 돌볼 여지를 잘 갖질 못한다. 여기에서 큰 틀에서의 공평을 본다. 돈을 많이 갖기 위해선 무리를 하게 되고 욕심을 갖게 되며 마음에 파도가 일어나며 건강에 이롭지 못한 상황에 노출이 쉽고 잦다. 예술가나 성직자들은 돈은 비록 적을지 모르지만 장수한다. 물론 삶엔 정답이 없다. 어떤 가치가 우선인지는 각자 알아서 해야 한다. 차나 사람이나 좋은 장수 유전자는 부모로부터 물려받기도 하지만 스스로 좋은 차, 좋은 몸을 얼마든지 만들어 갈 수 있음을 인지할 필요가 있다.

079
삶이라는 직장

　벌을 생각해본다. 벌은 돌 틈바귀나 오래된 나무의 뚫린 구멍이나 땅속에 집을 짓고 공동생활을 한다. 물론 양봉의 경우는 다르지만 말이다, 식구들이 살 수 있는 집을 밀로 짓고 알을 낳고 새끼를 기른다. 생활하고 자식을 키우려면 꿀이라는 식량이 있어야 한다. 벌통 하나엔 약 2만5천 마리의 벌이 산다. 꿀을 따려면 매일 4km쯤 날아다니며 노동을 해야 한다. 꿀 1kg을 얻으려면 꽃 560만 송이를 방문해야 한다. 한 마리당 약 200회 출격을 해야 가능하다.
　여왕벌을 중심으로 왕국을 건설하고 국방을 담당하는 병졸 벌과 꿀을 따는 일꾼 벌로 구성되어 자기의 소임을 철저히 이행한다. 벌들도 꿀이 많은 장소를 서로 소통하며 정보를 주고받는다. 소통 도구는 문자나 언어가 없으므로 주로 보디랭귀지로 한다. 엉덩이를 원으로 그리면 꿀이 많은 장소를, 8자로 그리면 그 거리를 나타낸다. 벌은 점호 형식도 취하여 탈영병 또는 미귀병을 체크한다. 탈영병은 있을 수 없으나 미귀병은 발생한다. 책임량을 채우느라 늦게까지 일하다 미처 돌아오지 못하는 경우다. 벌은 풍찬노숙을 막으려 긴 풀잎을 돌돌 말아 그 속에서 잠을 자고 이튿날 귀가한다.

이렇듯 지구에서 우리와 함께 살아가는 생명체들은 나름대로 삶을 계획하고 번식하고 생명을 이어간다. 칼 세이건은 말했다. 인간의 세포를 잘게 쪼개고 쪼개면 상수리나무와 같다고 말이다. 어쩌다 인간이 되었고 어쩌다 벌이 되었을 뿐이라는 얘기다.

인간은 벌보다 더욱 복잡다단하다. 뇌가 있기 때문이다. 어쨌든 자신의 의사라고는 1%의 개입도 없이 이 지구라는 별에 떨어졌다. 누구의 자식이라고 하는 것도 아주 잠깐의 구획 속에서만 가능한 분류다. 자기 것이라고는 단 하나도 없는 무소유 상태에서 던져졌다. 그리고 땅을 만나고 나무를 만나고 물을 만나고 하늘을 만나고 부모도 만나고 이웃도 만난다. 그런데 진화과정에 문제가 있는지 이놈의 뇌는 가만있질 못한다. 발광해대고 욕심을 부리고 제멋대로 벌거숭이처럼 날뛴다.

법과 교육으로도 근본을 바꾸지는 못한다. 살다 보니 먹고 마시고 생식하는 본능은 어쩌지 못한다. 그 과정에서 온갖 문제가 발생한다. 따지고 보면 인간에게 뇌를 갖게 한 것이 원죄다. 그냥 벌처럼 개미처럼 지렁이처럼 살다 가면 되는데 요놈의 뇌가 가만있질 못한다. 그래서 경쟁하게 되고 짓밟고 누르고 치고받고 죽이고 상처 낸다. 이런 웃을 수만은 없는 삶이라는 직장에서 누구나 살아간다. 척박한 곳에 내동댕이쳐진 놈들은 어려움을 겪고 평야 지대에 내동댕이쳐진 놈들은 조금 편한 삶을 살아가는 차이를 만들어 냈다. 처음 떨어질 때 어느 나라 어느 곳에 어느 집에 떨어졌느냐가 좋은 직장, 나쁜 직장을 갈라버린다. 마치 씨앗이 옥토에 떨어지는 놈이 있고 아스팔트 위에 떨어지는 놈이 있는 거나 마찬가지다. 나뭇잎도 나올 때는 같이 나왔지만 갈 때는 서로의 갈 길을 모른다.

  다행히 바람이라도 불어 아스팔트 위에 있는 놈을 비옥한 땅으로 옮겨 주면 그것도 그 씨앗의 운명이다. 인간에게도 가끔 때맞춰 바람이 불어 옥토로 옮겨지기도 하지만 그것 또한 내 마음대로 되는 영역이 아니다. 그래서 벌처럼 살아있을 때는 560만 송이의 꽃을 방문하여 꿀을 따듯 치열하게 살고 죽을 땐 처음 올 때처럼 무소유로 돌아가면 된다. 그러니 너무 애면글면 들볶지 말고 물 흐르듯 살아가라. 그게 가장 훌륭하게 멋지게 삶이라는 직장에서 잘 살아가는 법이다. 왜냐하면 죽으면 그냥 무이기 때문이다. 죽음 후에 장례를 치르고 부의금, 화환을 주고받는 어떤 요식행위를 하는 것도 인간의 뇌가 저지르는 중대한 잘못이다. 그냥 없음에서 없음으로 귀환하는 것일 뿐이다. 더 무엇을 원한다면 그 이상은 없다는 점을 알지 못한다는 것이다.

080
3대 금기어

 흔히들 3대 금기어로 (1)자식, 마누라 자랑하기 (2)무사고 자랑하기 (3)건강 자랑하기를 꼽는다. 언제 어떻게 될지 모른다는 공통점이 있다. 그러나 필자의 생각은 다르다. 자식, 아내 자랑 맘껏 하기, 무사고 맘껏 자랑하기, 건강 맘껏 자랑하기를 강조한다. 자랑한 후 곧바로 사고가 났다고 치자, 건강이 나빠졌다고 치자, 아내 자식이 달라졌다고 치자. 그건 그 시점에 그렇게 되도록 시공간과 그 시추에이션이 시, 분, 초까지 딱 들어맞아 일어난 일이지 자랑이 원인이 아니다. 따지고 보면 이런 자랑거리가 또 어디 있는가. 자랑거리가 없는 게 문제지 있는 게 어떻게 문제가 되는가.
 이런 자랑거리가 많이 있는 것만큼 멋진 삶이 또 어디 있는가. 자랑거리 없는 사람들의 잘못된 마음보가 터져 나온 게 아닐까. 3가지 중에서 두 가지는 제3자에 의해 자랑거리가 만들어지지만, 건강은 온전히 자신의 노력 여하에 따라 생긴다는 점이다. 두 가지는 나의 의지로 되지 않지만, 자신의 건강은 자신의 노력으로 얼마든지 자랑거리를 만들어 낼 수 있다. 자랑을 할 수 있는 몸이 되려면 많은 노력을 해야 한다. 그리고 자랑 이후에도 자랑했기에 더욱 노력한다는 점이다. 몸이 건강하다는 것은 얼마나 자랑스러운 일인가. 건강 자랑이 부담스럽다면 현재까지라는 전제를 달면 된다.

나만 건강하면 뭐 해, 함께 건강하고 함께 행복하자는 게 필자의 한결같은 주장이다. 몸은 거짓말하지 않는다. 부린 대로 부려지고 안 부린 대로 안 부려진다. 몸만큼 정직한 건 없다. 곧이곧대로다. 융통성 제로다. 말하자면 외통수다. 몸은 오케스트라의 지휘자인 주인의 명령을 충직하게 따를 뿐이다. 만약 단원 중에서 삑사리가 나온다면 그런 낭패는 없을 것이다. 몸 또한 마찬가지다. 어떤 한 곳에서 비명을 질러대면 낭패 중 낭패다. 때문에 낭패가 생기지 않도록 주의를 기울이고 최선을 다해 관리해야 한다. 최선의 관리는 몸에 대한 사랑이다.

081
허벅지를 위해 차를 버리다

　허벅지와 장딴지를 위해 애지중지하던 애마를 버렸다. 작가들 모임이 매월 마지막 주 토요일에 있다. 주로 인사동에서 만나지만 그때마다 다르다. 남한산성에서 모일 때는 5호선을 이용 거여역까지 가서 그곳부터는 산행하여 정상의 모임 장소로 가고 인사동 모임 할 때는 성동교에서부터 청계천을 따라 1시간 반을 걸어서 참석한다. 경기도 가평 방하리 ㅇㅇ호텔 세미나에는 1박 2일로 걸어간다. 차를 버린 지 14년이 되었다. 삶에도 많은 변화가 찾아왔다. 작은 배낭은 필수품이 되었고 상황에 따라 다소 차이가 있긴 하지만 스틱과 생수와 약간의 간식과 비상약 또한 필수품이다. 5km 미만은 거의 걸어 다니거나 대중교통을 이용한다. 걸으면 많은 사람과 간판과 사물뿐 아니라 생각과도 만날 수 있다. 습관 들이기까지 다소의 불편을 느끼지만 그 고비만 넘기면 야호 소리가 절로 나온다. 탱탱해진 하체를 만져보면 순두부를 만드는 차와는 자연히 멀어지고 걷기 매력에 흠뻑 빠진다. 걸음걸이는 힘이 있고 활기차며 건강한 노후를 즐길 수 있다.

082
행복 습관 길들이기

하루 세끼 밥을 먹는다. 맛있는 밥을 먹으면 행복하다. 그 행복의 시간을 억지로 줄이지 말자. 인체는 밥을 세끼 먹도록 만들어졌다. 일찍 자고 일찍 일어나자. 자신의 시간을 많이 확보할 수 있다. 새벽 1시간은 낮 5시간보다 더 효율적이다.

차를 버리고 많이 걷자. 거리의 새로운 간판과 오가는 많은 사람과 만날 수 있다. 세상 돌아가는 재미를 만끽한다. 단골 서점을 정해 놓고 심심하면 걸어서 놀러 가자. 날짜를 정해 놓고 고궁, 미술관, 박물관, 영화관 나들이를 하자. 그리고 싸면서도 맛있는 주전부리도 하자. 동네 재래시장이나 광장시장, 동대문시장, 남대문시장엘 놀러 가자.

비싸고 큰 것에서 행복을 찾으려면 힘들기도 하지만 그런 것은 흔치 않다. 행복거리를 흔하고 소소한 것에서 찾지 않고 왜 어렵고 힘든 것에서 찾으려 하는가. 의외로 작고 소소한 것에서 우린 깜짝 놀랄 일들과 많이 만난다. 이와 같은 모든 행위는 걸어서 한다. 그러면 재미와 행복감은 두 배가 된다.

083
싸구려 행복

큰 차, 큰 집, 비싼 물건, 비싼 음식은 행복을 줄 것이다. 우리가 막연하지만, 일반적으로 믿고 있는 상식들이다. 그런데 이 상식은 실제로는 많이 빗나간다. 예외는 언제나 있기 마련이지만 실제는 그 반대인 경우가 대부분이다. 큰 차에는 주로 혼자 아니면 둘이 타고 다닌다. 큰 집에도 식솔이 없다. 도우미 포함 2~3명에 불과하다. 소형차에서는 할아버지 할머니 아들 며느리 손자 등 우르르 타고 내린다. 호텔에서의 비싼 음식은 부담스럽다. 분위기도 그렇고 포크와 나이프 사용도 어색하다. 촌놈으로 보지 않을까 하는 시선도 신경 쓰인다. 자주 접한 곳이 아니니 당연히 부자연스럽다. 보글보글 끓는 시장 안 단골집 된장찌개가 눈앞에 아른댄다. 가격은 얼마나 비쌀까 조마조마하다. 왜 이런 밥을 먹어야 하나. 편하게 마음 놓고 주머니 부담도 없는 곳에서 먹을 걸 하면서 후회막급이다. 주변엔 남의 눈 의식하는 사람 정말 많다. 옷을 사든 가방을 사든 음식을 먹든 남의 눈에서 자유롭지 못하다. 어찌 되었든 싸구려 행복과는 멀어지는 게 좋다.

084
멋진 삶을 사는 사람들

　멋진 사람이란 화려한 조명을 받으며 살아가는 사람들일까 아니면 자신의 내면을 갈고 닦으며 이웃을 위해 헌신하며 보람된 일을 묵묵히 하며 사는 사람들일까. 자신만의 색깔로 자신의 세계를 만들며 자족하는 삶일까. 도대체 어떻게 살아야 멋진 삶이라 할 수 있는가. 모델처럼 또 탤런트처럼 살아야 멋진 삶인가. 거죽보단 안이 중요하지 않겠는가. 돈만 있다고 되는 것도 아니요. 생각만 있다고 되는 것도 아니다. 행동도 함께 따라줘야 한다. 누군가는 돈을 버는 것은 기술이고 돈을 쓰는 것은 예술이라 했다. 멋지게 예술을 창조하는 사람들, 이 세 가지가 조화롭게 이루어질 때 멋진 삶이 이루어진다. 멋진 삶을 사는 사람들의 이야기를 들어본다. 이들의 멋진 삶의 증거를 나의 스크랩 자료 중, 신문 기사를 통해 공인된 내용으로 정리해 보았다. 참 멋있다.

#1. 대구 키다리 아저씨, 박무근 씨

대구 키다리 아저씨-10년 만에 얼굴 드러내다
"돈 많이 번다해도 죽을 때 못 가져가"
73세 박무근 씨 지금껏 20억 기부 중학 중퇴 후 고난 끝에 자수성가 "가난 탓에 못 배우는 설움 없길"

대구사회복지 공동모금회엔 2012년부터 매년 겨울만 되면 경상도 사투리를 쓰는 남성이 사무실로 전화를 걸어 왔다. 그가 "주말에 시간 됩니까"라고 물으면 모금회 직원들은 밖에서 그를 만났다. 그때마다 이 남성은 '어려운 이웃을 위해 써 달라'는 메모와 1억 원이 넘는 수표를 건네고 떠났다. 직원들이 이름과 직업을 물을 때마다 그는 "묻지 말아 달라"고 손사래를 쳤다. '대구 키다리 아저씨(이름도 모르는 후원자)'라는 별명이 붙은 이 남성은 익명으로 2020년 12월까지 총 10억3,500만 원을 기부했다.

10년 동안 신분을 숨겼던 '대구 키다리 아저씨'가 2022년 4월 7일 본지와 만났다. 그는 대구에서 전기 관련 중소기업 대표로 일하는 박무근(73) 씨다. 박 씨는 이날 인터뷰에서 "죽으면서 돈 가져가는 거 아니더라"며 "돈이 많고 적음이 아니라 남과 함께 나누고자 하는 마음이 중요하다"고 말했다. 그는 "내 기부가 기부 문화 확산에 조금이라도 도움이 됐으면 한다"라고 했다. 박 씨는 2020년 12월 기부 당시 '이번으로 익명 기부는 그만두기로 했다'는 메모를 남겼다. '10년간 10억 원을 기부하겠다'는 스스로와의 약속을 지켰다는 이유에서였다. 익명 기부를 끝낸 지 약 1년이 지난 올해 2월 22일 박 씨는 아내 김수금(70) 씨와 함께 2억222만2,220원을 기부하면서 각각 대구 지역 200호, 202호 '아너소사이어티' 회원이 됐다. 아너소사이어티는 사회복지공동모금회가 운영하는 1억 원 이상 고액 기부자 모임이다. 박 씨 부부가 지금까지 기부한 금액은 모두 합쳐 20억 원이 넘는다.

'우리 회사 홍보한다고 오해할까봐 익명기부'

2012년 박 씨의 첫 기부 당시부터 모금회 측에선 아너소사이어티 가입을 권유했지만 박 씨는 거절했다. 기부의 의도가 왜곡될까 걱정했기 때문이다. 박 씨는 "회사 이미지를 위해 기부를 한다고 오해할까 걱정됐다"면서 "나보다 더 귀한 나눔을 하는 분들도 계시는데 과시하고 싶지 않았다"고 말했다. 하지만 박 씨는 은퇴를 앞두고 기부 문화를 좀 더 확산시키고 싶다는 생각에 자신을 드러내기로 했다. 그는 "나처럼 부족한 사람도 기부를 해왔다는 걸 알게 되면 더 많은 분들이 동참해줄 것 같았다"면서 "키다리 아저씨는 사라졌지만, 기부는 이어진다는 걸 알려주고 싶었다"고 말했다.

박 씨는 1949년 경북 군위의 한 농가에서 태어났다. 집안이 가난해 초등학교를 간신히 졸업하고 중학교를 잠시 다니다 중퇴했다. 초등학교 4학년 시절 박 씨는 돈이 없어 학교를 나오지 못하고 굶고 있다는 친구의 소식을 듣자 급우들과 십시일반으로 쌀을 모아 보냈다. "더 어려운 이웃을 돌보라"는 부친의 가르침 때문이었다고 한다. 박씨는 중학교 중퇴 후 대구에서 전기 기계회사에 취업했다. 숙식은 회사 사장의 집에서 했다. 얼마 되지 않는 월급을 꼬박꼬박 집에 부치고 일부는 모았다. 박 씨는 "가끔 사장님 자녀들의 도시락을 배달하러 학교에 갈 때 마다 배우지 못한 설움을 느꼈다"면서 "더는 나와 같은 이들이 없어야 된다고 생각했다"고 말했다.

박 씨는 전기 관련 분야에서만 10여 년을 일한 뒤 1976년 아내 김 씨와 결혼했다. 부부는 3평이 되지 않는 단칸방에서 시작해 알뜰살뜰 돈을 모았다. 결혼 후 3년이 지난 뒤 박 씨는 비로소 본인 명의의 회사를 차려 지금까지 운영 중이다. 박 씨는 사업이 어느 정도 안정되자 고향인 군위에서 처음으로 기부를 시작했다. 그는 2000년부터 올해까지 매달 300만 원으로 어려운 어린이들을 후원했다. 지금까지 후원한 아이가 100여 명에 달한다. 지난 2015년에는 정신질환을 앓는 것으로 알려진 한 남성이 대구 도심 횡단보도에 800만 원을 뿌려 그중 500만 원을 못 찾게 되자 박 씨가 그 남성의 가족에게 500만 원을 익명으로 기부하기도 했다. 그는 당시 '돌아오지 못한 돈도 사정이 있겠지요'라는 메모를 남겼다.

박 씨는 "사업이 번창하면서 고급 승용차를 구매한 적이 있었는데 "이런 차를 살 돈으로 남을 도와보자라는 생각이 어느 순간 들었다"며 "이게 2012년 대구사회복지 공동모금회에 익명 기부를 시작한 계기가 됐다"고 말했다. 그는 "앞으로도 여건이 되는대로 기부를 계속해 나갈 것"이라고 했다..

- 이승규 기자, 조선일보 2022.4.8일 자 기사

#2. 오황택 두양문화재단 이사장

"단추 팔아 평생 모은 돈 인문. 예술에 바쳤습니다."

인문학교 '건명원'에 이어 미술관 여는 오황택 두양 문화재단 이사장은 7년 전 각계 유명 학자들이 의기투합해 인문학을 가르치겠다고 팔 걷어붙여 화제가 됐다. 최진석(철학) 배철현(종교학) 김대식(뇌과학) 김개천(건축학) 등이 참여한 서울 가회동의 건명원(建明苑)이라는 학교였다. 사재 100억 원을 쾌척해 이 학교를 세운 사람은 오황택(74) 두양문화재단 이사장, 1978년 단추회사 '두양'을 설립한 사업가였다. 대기업도 선뜻하기 힘든 일을 중소기업이 해 조명받았지만, 개교 날 그는 카메라 앞에 서지 않았다. "주인공은 내가 아니다"라는 이유였다.

'괴짜' 단추회사 회장님이 이번엔 미술관을 연다. 7월 중순 개관 예정인 경기도 양평 '이함캠퍼스', 남한강 주변 1만 평에 전시장, 강연장 등 건물 8동으로 구성된 대형 문화시설이다. "나는 거룩한 말, 경건한 말 할 줄 모릅니다. 그저 평범한 단추 파는 상인일 뿐이에요. 인터뷰? '쫄아서' 여태 않았지요. 허허." 6월 8일 이함 캠퍼스에서 만난 오 이사장은 '인생 첫 인터뷰'라며 너털웃음 지었다. 장신의 노신사는 계절을 새치기한 땡볕에도 아랑곳 않고 까만 운동화를 신고 미술관을 누비고 있었다. 범상치 않다. 이 미술관, 새로 문 여는데 노출콘크리트로 된 건물엔 세월의 흔적이 짙게 배어 있다. 땅을 사서 건물을 지은 건 20여 년 전, 1999년 완공 이후 텅 비워 놨다. "뭔가 다른 미술관을 구상했는데 딱 떠오르지 않더군요. 답을 찾는 데 20년 걸렸죠."3,000평에서 시작해 조금씩 사들인 땅이 1만 평으로 늘었다. 초창기 심은 메타세쿼이아 묘목이 어느새 아름드리나무가 됐다. 미술관 설계자로 그 세월을 지켜본 건축가 김개천은 "지어놓고 어떻게라도 빨리 보여주려는 게 사람 심리인데 이런 분은 처음 봤다. 결코 시간에 쫓기는 법이 없다."고 했다. 마흔이던 건축가는 그새 예순을 훌쩍 넘긴 중진이 됐다.

20년 고민 끝에 얻은 답은 "일반인의 문화 안목을 '업'시키는 미술관"이었다. "프랜시스 베이컨이다, 피카소다, 비싸고 유명한 작품은 이미 우리 사회 다른 분들이 보여주고 있어요. 우리는 예술 피라미드의 중하층 안목도 틔울 수 있는 예술, 덜 알려지고 실험적인 작품을 보여주려 합니다." 개관 전 초대 작가는 젊은 미디어 작가 '사일로 랩'이다. 그는 "유명하다고 해서 다 좋은 예술은 아니다. 선입견

없이 맨눈으로 봐서 좋은 작품이 내게 좋은 작품"이라는 지론을 갖고 있다. 유럽 공장에서 쓰던 인더스트리얼 디자인제품, 폴란드포스터를 수만 점 보유한 소장가이기도 하다. "기능에 충실한 이들 제품이야말로 일상의 무명 디자이너들이 만든 위대한 작품"이라고 믿는다.

평범한 사람의 안목에 관심 둔 계기가 있다. "1980년대 일본 출장 가서 호텔 방에서 모찌를 먹는데 포장을 어찌나 정성스럽게 했던지요. 우리는 그 포장 값이면 양을 더 넣는다고 생각하던 시절이었죠. 생각해보니 소비지가 원해서 그런 포장이 나온 거였어요. 그때 깨달았습니다. 그 나라 소비자들의 미감이 높아야 그 나라 상품 수준이 높아진다는 걸." 미술은 소도(稭塗) 같은 존재였다. "회사가 종로에 있는데 골치 아프면 근처 인사동 화랑에 갔어요. 거기만 들어가면 근심이 싹 날아갔습니다. 이 좋은 걸 알려야겠다고 생각했죠."

이함캠퍼스란 이름엔 그의 미술관 철학이 투영돼 있다. '빈 상자로써'라는 의미의 '이함(以函)'과 구글. 애플 같은 IT 회사의 사옥에 주로 붙는 명칭 '캠퍼스'를 조합해 "문화를 담는 상자로써 일반인들이 예술과 교육을 경험할 수 있는 캠퍼스가 되겠다"는 뜻을 담았다. 오 이사장은 황해도 사리원 출신 실향민. "낳아주고 키워주신 부모님께 미안하기 때문에 자수성가란 말은 싫다"면서도 "학창 시절 늘 경제적 긴장 속에 살았다"고 했다. 지독한 책벌레로 국문학과(중앙대)에 진학했지만 "장사해서 돈 벌어야겠다는 일념이 앞서" 관뒀다. 친구 아버지가 하던 단추 공장과 연이 닿아 그길로 44년간 단추만으로 한 우물을 팠다.

그렇게 악착같이 모은 돈 600억 원을 인문학, 예술에 바쳤다. "내가 돈 대는 건 김밥 장수 할머니가 어렵게 번 돈으로 장학금 내는 것과 비슷해요. 나 같은 하찮은 소상인도 하는데 진짜 돈 많은 사람, 대기업은 더 인문학, 문화에 관심 두라고 메시지 주는 겁니다." 말은 쉬워도 실천은 어렵지 않은가. "애들한테 물어보세요. 99%는 '훌륭한 사람 돼서 남 돕겠다'고 해요. 그런데 어른 되면 다 잊어버려요. 나는 잊지 않았습니다. 공부를 많이 못 해서인지 남보다 나은 게 있단 생각을 해본 적 없습니다. 그저 상식을 실천하자고 생각했어요. 그런데 남들이 다행스럽게도 이놈의 상식을 실천 안 해요. 그 틈새를 내가 차지했다고 해야 하나. 허허."

인터뷰를 마치고 서울로 돌아오는 길, 그에게서 문자 한 통이 왔다. "무지렁이 백성이 원님과 독상 받으면 이런 느낌일까요. 평범한 얘기 경청해 주셔서 감사합니다." 평생 단추 만들어 모은 돈을 인문과 예술에 바친 삶. '평범' 두 글자에 가둘 수 없는 인생 아닌가.
　　　　- 김미리 기자, 조선일보 2022.6.15.일 자 기사

#3. 이본 쉬나드 파타고니아 회장

파타고니아(美 아웃도어 브랜드) 창업주, 회사 소유권 통째로 환경단체 기부
이본 쉬나드 파타고니아 회장 4조 원 규모 회사 지분 전액 넘겨 아내와 두 자녀도 뜻 함께해
"내 삶 올바르게 정리하게 돼 안도" 1960년대 주한미군으로 근무, 북한산에 그의 이름 딴 암벽코스도

　미국 아웃도어 브랜드 파타고니아의 창업주 이본 쉬나드(84) 회장이 회사 소유권을 통째로 환경단체와 관련 비영리 재단에 기부했다. 쉬나드 회장은 9월 14일(현지 시각) 뉴욕타임스(NYT) 인터뷰에서 아내와 두 자녀의 뜻을

모아 기후변화 대응과 환경 보호를 위해 이런 결정을 내렸으며 이미 지난 8월 지분 이전을 완료했다고 밝혔다. 파타고니아는 비상장 기업으로 쉬나드 일가의 지분 가치는 30억 달러(약 4조1,800억 원)에 이른다. 1,750만 달러(약 240억 원)에 이르는 증여세도 쉬나드 측이 납부했다. 앞으로 연수익 1억 달러(약 1,390억 원)도 전액 환경 보호 활동에 쓸 예정이다. 쉬나드 회장은 경영 일선에서 물러났고 파타고니아에서 일하는 40대 아들딸은 향후 봉급은 받되 회사에서 어떠한 수익 배분도 받지 않게 된다고 한다.

미국에서 '기빙 플레지' 등을 통해 기업인과 억만장자들의 통 큰 기부가 잇따르지만 이처럼 회사 지분과 미래 수익까지 100% 공익 단체에 기부하는 것은 전례를 찾기 어렵다. 쉬나드 회장은 NYT에 "내 기부가 몇몇 부자와 많은 빈자로 귀결되는 자본주의가 아닌 새로운 형태의 자본주의를 만드는 데 도움 되길 바란다"고 말했다. 쉬나드 회장은 전설적 암벽 등반가다. 1938년 미국 메인주에서 배관공의 아들로 태어난 그는 요세미티 국립공원 암벽 등반의 1세대 소리를 들었다. 대장간에서 손수 만들어 쓰던 등반 장비가 소문나자 조금씩 만들어 팔았다. 1960년대 초반엔 주한 미군으로 한국에서 근무했는데 당시 북한산 인수봉에 자주 올랐다고 한다. 그가 개발한 북한산의 암벽 등반 두 코스엔 지금도 '쉬나드 A길' '쉬나드 B길'이란 이름이 붙어 있다. 그는 귀국 뒤 등산 장비회사 '쉬나드 장비'를 차린 데 이어, 1973년 등산 장비와 의류, 서핑. 스키용품 등 아웃도어용품 전체를 아우르는 기업 파타고니아를 설립했다. 파타고니아 제품은 유기농 면을 쓰고 직원 복지에 막대한 투자를 하며 친환경 원칙을 지키는 협력사와만 거래해 상당한 고가(高價)다. 미 진보 엘리트층이 가장 선호하는 브랜드 중 하나로 '아웃도어계의 구찌'라 부른다. 동시에 "자원을 아끼게 새 옷 사지 마라. 수선하거나 물려받아 입으라"고 광고하는 의류업계의 이단아이기도 하다.

쉬나드 회장은 포브스에 '억만장자'로 등재되면서 화가 났다고 NYT에 말했다. "기업을 소유하는 것이 인생 목표가 아니었다"는 것이다. 그는 저렴한 자동차를 타고 낡은 셔츠와 바지를 입고 다니며 컴퓨터, 휴대폰도 갖고 있지 않다고 한다. 두 자녀 역시 '억만장자란 있어서는 안 되는 정책 실패물'이란 신념을 갖고 있다고 한다. 쉬나드는 "내 삶을 올바르게 정리할 수 있게 돼 안도감이 든다"며 "우리에겐 이것(기부)이 이상적 해결책이었다."고 말했다.

- 뉴욕 정시행 특파원, 조선일보 2022.9.16.일 자 기사

제 2 부 멋진 늙음

괜찮게 늙는다는 것

085
어떤 노후를 맞고 싶은가

너른 대지, 그림 같은 집.

인간의 후반부는 무엇으로 사는가? 답은 '허벅지와 장딴지 굵기로 산다.'다. 이외의 어떤 이론도 이론을 위한 레토릭에 불과하다. 평균수명 83세 운운하지만 기뻐할 일만은 아니다. 건강수명 66세는 그래서 중요하다. 이 17년의 격차를 어떻게 하면 줄일 수 있을까. 병마에 시달리며 100살을 산들 무슨 의미가 있겠는가. 이곳에선 건강한 노후를 어떻게 살 수 있을까에 대한 이야기를 해보고 싶다.

두 다리는 곧 자유다. 자유는 행복과 동의어다. 자유의 으뜸은 두 다리다. 두 다리를 능가하는 자유는 찾기 힘들다. 자유를 말할 때 입이 있지만 입은 제한된 자유다. 설화를 입는 자유는 자유롭지 못한 자유다. 그에 반해 다리의 자유는 무한이다. 어떤 구속이나 제약이 없다. 필자는 다리에 대한 애정이 남다르다. 사고로 오른쪽 무릎이 부서졌을 때 나는 많이 울었다. 네 번에 걸친 대수술과 자칫 다리를 자를 뻔했던 충격은 컸다. 온 정성을 다해 재활에 매달렸고 눈물겨운 애정을 쏟아부어 지금의 다리를 만들었다.

1999년 4월 25일 사고 후 2005년 전국 일주, 2012년 6대 강 자전거길, 국내에 있는 거의 모든 길, 유인도 400여 개 답사, 마라톤 완주 11회 등 17년간 1억 보를 걸었다. 나와 함께한 두 다리에 모든 공을 돌리고 싶다. 미안하고 안쓰럽고 너무 심한 고생을 시킨 것 같아 몸 둘 바를 모르는 나에게 두 다리는 오히려 '주인님 덕분에 다른 사람이 보지 못한 그 수많은 곳을 보게 해 줘 너무 감사하다'고 화답한다.

2005년 11월 5일, 강동성심병원 정형외과 과장께서 연골이 다 닳은 무릎 사진을 보여주며 금족령을 내렸음에도 다리와 나는 의기투합하여 그 많은 걸음을 행동으로 옮겼다. 고맙고 짠한 마음으로 늘 가슴이 서늘하다. 그 후 둘의 관계는 더욱 돈독해졌다. 난 다리와 함께 살며 다리 덕으로 산다. 그 녀석도 나를 위해 몸 받칠 각오로 어떤 희생도 감수하며 잘 따른다. 그러기에 난 무한사랑으로 보답한다. 무한사랑은 다름 아닌 일거리를 주는 것이다. 살아온 세월이 있기에 서로를 잘 헤아릴 줄 안다.

다리의 수고를 덜어준다며 또 아낀다며 사랑한다며 온갖 핑계를 대며 다리에게 일거리를 주지 않거나 무관심하면 나이 들어 다리에게 구박받는다. 그 즉시 다리는 배반의 길을 걷는다. 다리에 대한 애정은 단순하다. 다리에게 일거리를 많이 주는 것이다. 다리는 속이 깊어 웬만한 괴롭힘에는 끄떡도 하지 않는다. 침묵으로 주인에 순종한다. 다리의 삶은 지고지순하다. 다리의 다리에 의한 다리를 위한 삶 외에는 한눈팔지 않는 충직함으로 무장 돼 있다.

다리는 늘 애정 어린 눈으로 돌봐야 한다. 강하지만 여리고 여리지만 강하다. 작은 관심도 기울이지 않으면 이내 파업에 들어간다. 천성인 것 같다. 다리는 아이들과 흡사하다. 함께 놀아주면 최고의 아빠 대접받듯 이 녀석 또한 지칠 때까지 놀아주면 최고의 주인이라며 엄지를 치켜세운다. 다리가 싫어하는 것은 주인이 무관심할 때다. 이를테면 시간만 나면 잠을 자거나 책상에 눌어붙어 앉아 컴퓨터나 만지작거린다면 다리와 주인의 사이는 멀어질 수밖에 없다.

다리의 성격은 분명하다. 기면 기고 아니면 아니다. 말하자면 호불호가 분명하다. 관심을 갖고 귀찮을 정도로 일거리를 주면 야호로 화답하지만, 일거리를 주지 않으면 팽하고 돌아선다. 어찌 보면 까다로운 성미 같지만, 뒤끝 없는 순진무구한 맑은 동심을 가졌다. 잘 놀아주는 아버지가 아이들에게 최고의 아버지이듯 다리에도 함께 놀아주고 적당한 일거리를 제공하는 것을 최고로 친다. 허벅지는 많은 곡식을 넣어둘 수 있는 큰 창고다. 또 그 창고를 지을 수 있는 너른 대지다.

다리에 일거리를 주면 아름다운 전원주택을 짓고 너른 정원을 가질 수 있도록 대지를 넓혀준다. 너른 마당에 잔디를 깔고 정원수를 심고 바비큐 장소를 만들고 연못도 만들 수 있다. 작은 폭포와 분수대와 그네와 벤치를 만들고 독서하는 곳도 만들 수 있다. 그 녀석에게 일거리를 주면 삽으로 괭이로 넓은 대지를 신나게 넓혀 나가지만, 일거리를 주지 않으면 그나마 손바닥 만 한 대지도 팔아 날려버린다. 두꺼비집은커녕 개미귀신 집지을 터도 사라진다.

그 녀석 보복심리는 무섭다. 주인에 순종하고 착하기 한이 없다가도 토라지면 다시는 보지 않을 사람처럼 행동한다. 무섭고 야멸차다. 몇 번의 경고에도 주인의 개과천선이 없으면 전태일처럼 행동할 수도 있다. 맺고 끊음이 분명하고 열사의 성정을 지녔다. 다리는 단순하다. 성격 또한 깔끔하다. 뒤끝 작렬이 아니며 지저분하지 않다. 배곯지 않게 제때 땟거리만 주면 된다. 좁쌀영감처럼 굴지 말고 잘 먹이고 잘 부리면 된다.

다리를 아끼면 아낌을 받는 것이 아니라 버림을 받는다. 이 녀석은 의리의 왕이다. 일거리 준 만큼 반드시 결초보은한다. 이토록 단순한 다리와 등지고 산다면 전적으로 주인의 변변찮은 성격 문제 아니면 지적인 소양 문제라 할 수밖에 없다. 그게 아니면 세상에서 제일 게으르거나 둘 중의 하나다. 저 넓고 푸른 초원 위에 그림 같은 집을 짓고 살고 싶지 않은가!

086
경험론자

경험만큼 좋은 지혜가 있을까. 경험보다 더 확실한 이론이 있을까. 필자는 단순한 이론가는 천성적으로 싫어한다. 언행일치를 좋아하며 경험을 동반하지 않은 이론은 공허한 이론이라 폄하한다. 필자는 명강사는 아니어도 노인대학과 복지관 지자체에 곧잘 불려 다닌다. 주로 경험을 바탕으로 한 여행, 건강이 주 내용이고 가끔 인문학을 곁들인다. 이 세상엔 명강사, 명 이론가는 많다. 그러나 경험을 동반한 사람은 많지 않다. 필자는 이름난 강사도 아니고 말 잘하는 사람도 아니다. 단 그들과 확실히 구별되는 점 하나는 나의 모든 이야기와 글은 경험을 바탕으로 하고 있다는 점이다. 10권의 책, 560편의 시, 1,300여 개의 아포리즘 등 모두가 걸으면서 경험 속에서 건져 올린 것들이다. 농사지으며 쓴 것들이다. 풀 베고 묘목 심고 모종 심으며 얻은 것들이다.

나는 2005년에 87일간 320만 보, 2,700km를 걸어 우리나라를 일주하였다. 2012년에 44일간 220만 보를 걸어 6대 강 자전거길 1,392km를 답사하였다. 모두 우리나라 최초로 이루어 낸 기록들이다. 17년간 1억 보를 걸었다. 2006~2007년 2년간 MBC와 함께 '그 섬이 가고 싶다'는 프로그램의 총괄 기획자로 참여하여 400여 개 섬을 돌았다. 또 23년간 몸일지를 쓰며 인간은 어떻게 늙으며 또 어떤 변화를 맞으며 어떻게 죽음에 이르는지를 기록해 왔다. 요즘엔 고향의 거친 땅에 정원을 만든다며 요란을 떤다. 격물치지와 실사구시를 중시하며 철저한 경험론자의 길을 걷고 있다. 지금은 도보 여행가 겸 작가로 활동하며 돌솥 걷기 문화연구소를 운영한다. 걷기는 노인에게 있어 더 큰 효자는 없으며 인생 후반부 백만 불짜리 특급도우미라는 것을 꼭 알려주고 싶다. 학교에 다니고 전공을 공부하면 누구나 이론가는 될 수 있다. 입으로만 하는 이론가와 필자가 다른 것은 이론과 경험을 함께 가지고 있다는 사실이다.

087
건강한 노인이 되려면

#1. 노인의 중요성

우리는 안 늙을 수는 없지만, 천천히 늙을 수는 있다. 여러분은 빨리 늙고 싶은가 천천히 늙고 싶은가. 이 두 명제는 노인에겐 절대적이다. 노인이란 도대체 어떤 사람인가? 노인은 몸과 마음, 그 둘의 기능과 능력이 감퇴하여 가는 시기에 도달한 사람으로서 생활기능을 정상적으로 발휘할 수 없는 노쇠에 이른 사람을 말한다. 그리스에서는 집안에 노인이 없으면 빌려서라도 갖다 놓아라'고 한다. 아프리카 탄자니아에서는 '노인 한 사람이 죽으면 도서관 하나가 불타는 것과 같다'고 한다. 노마지지, 노인의 경력과 지혜를 어떻게 사용할 것인가.

인구 동향을 보면 1960년엔 2.9%이던 노인 비율(이때까지만 해도 환갑잔치를 하였다)이 2000년 7.2%(고령화 사회), 2018년 15%(고령사회), 2025년엔 20%(초고령사회)가 된다. 지난해 말 노인인구는 854만 명, 2025년엔 1천만 명, 국민의 20%인 초고령

시대를 맞는다. 2035년엔 1,750만 명(35%)으로 최고조에 이른다. 베이비부머 세대(1955~1963)가 715만 명이다. 한해 90만 명씩 노인에 편입된다. 2차 베이비부머(1968~1974) 세대가 660만 명으로 1년에 110만 명씩 늘어난다. 출산율 0.83%로 마침내 올해 3월부터 사망자 수가 출생자 수를 추월하였다. 인구의 역전 현상, 마침내 감소가 시작된 것이다. 유엔의 인구통계국에 따르면 200년 후에 지도에서 사라지는 나라가 대한민국이라고 발표한 바 있다. 노인현실을 들여다보면 더 슬프다. OECD 38개 국가 중 노인 빈곤율, 자살률이 8년째 1위라는 불명예를 안고 있다.

인체의 신비와 그 구조는 뼈 216개, 힘살 800여 개, 뇌세포 320억 개, 1억 개의 뉴런과 축삭돌기, 4억2천 개의 허파꽈리(폐포), 10만km에 이르는 혈관, 60조 개의 세포, 100조 개의 유익(해)균, 등 엄청나게 복잡하다. 자동차의 부품 수는 3만여 개, 여객기는 80만여 개다. 비교 자체를 거부하는 숫자다. 그중 다리에 27%인 58개의 뼈가 있다. 3분의 1에 가까운 뼈가 몰려있는 셈이다. 다리의 중요성이 느껴지는 대목이다.

#2. 노인 걸음 하지 않기

세 끼 식사는 기본 중의 기본이다. 노인의 행복과 수명과 건강은 허벅지 크기에 달려 있다. 나이 든 노인들을 보면 걷는 품이 거의 비슷하다. 구부정하고 오다리에다 팔자걸음이다. 요즘 젊은이들은 스몸비(스마트폰+좀비)로 등을 굽히고 머리는 땅을 향해있다.

스쾃과 까치발의 생활화(정숙 보행, 층간소음도 사라져 이웃과의 충돌 방지)로 장딴지와 허벅지 두께를 키워야 한다. 걸을 때의 자세가 매우 중요하다. 가슴을 펴고 턱은 당기고 눈은 15m 전방을 본다. 다리는 일자로 하고 양팔은 정면으로 흔들며 활기차게 걷는다. 오다리, 팔자걸음은 고관절을 비뚤어지게 해 척추에도 문제가 생긴다. 바른 자세로의 걷기가 이 모든 걸 해결해 준다. 걷지 못하면 삶은 끝이다. 참고로 이승엽의 허벅지는 68cm, 손흥민은 64cm, 최경주 등은 웬만한 여자 허리둘레보다 클 정도로 엄청나다. 이들의 모든 힘은 허벅지 두께에서 나온다는 것을 입증한다.

#3. 건강한 호흡하기

호흡을 어떻게 할 것인가. 호흡법은 바로 '심장세균(深長細均)' 법이다. 이를테면 깊고 길게 조용하게 고르게 호흡하라는 얘기다. 숨소리가 옆 사람에게 들리지 않아야 한다. 이런 호흡을 하려면 맥박수를 60 이하로 떨어트려야 한다. 이봉주, 황영조는 선수 시절 맥박수는 1분에 45~6회였다. 그래야 105리를 지치지 않고 달릴 수 있다. 수명 200년인 거북이는 1분에 2회, 수명 1년 정도인 쥐는 1분에 600회나 뛴다. 1분에 2회의 심장 펌프질, 45회의 펌프질, 600회의 펌프질에서 어느 심장이 가장 힘들겠는가. 불문가지 아닌가. 수명이 명쾌하게 증명하고 있지 않은가. 달리기나 걷기 같은 유산소운동으로 혈관을 넓혀 맥박 수를 떨어뜨린다. 우리가 일상생활에서 산소는 마시고 일산화탄소는 내뱉는다. 100% 다 내보내면 좋으련만 2~3%가 몸속에 남는다. 이것이 활성산소다. 이 활성산소가 녹을 쓸게 하고 기계를 고장 낸다. 이 활성산소를 줄여야 한다. 방법은 호흡법이다. 또 혈관을 튼튼히 하는 것이다. 또 항산화 식품을 섭취함으로써 해결하려 노력하는 것이다.

#4. 안경 안 쓰기

돌솔 체조로 눈알 굴리기를 열심히 하자. 시력과 비문증을 사라지게 하자. 젊은 시절의 시력을 유지하자. 신문을 돋보기 없이 보자. 움직이는 차 속에서 신문이나 어둠 속에서 스마트폰 보지 말자. '돌솔 건강법'이 답이다. 눈의 초점은 수정체가 두꺼워졌다 얇아졌다 하며 맞춰진다. 기계나 근육은 오래 쓰면 기능이 떨어지기 마련이다. 그래서 운동을 해야 한다. 그래서 퇴화를 늦추자는 것이다. 수정체조절 근육의 퇴화를 막기 위해 안구운동을 함으로써 근육이 쳐지지 않도록 한다는 것이다. 눈의 황반변성은 카메라의 필름이다. 루테인과 지아잔틴으로 눈의 혈액 순환을 돕고 피로를 개선해 주어 시력을 보존하자. 새우, 게 같은 갑각류, 비타민 A가 담뿍 든 식품을 섭취하여 해결하자.

#5. 보청기 안 끼기

돌솔 체조로 귀의 기능을 유지시킨다. 이명 소리가 나지 않게 한다. 보청기는 돈도 많이 들어가지만 귀찮고 성가시다. 대화가 안 되므로 본인도 상대방도 답답하고 큰소리로 해야 하고 고립되기 쉽다. 고승들의 귀를 보면 귀가 크고 거의 어깨에 닿을 정도다. 귓불을 당겨 일어난 일이다.

#6. TV 보며 운동하기

TV 보면서 아령 하기, 악력기 하기, 스쾃 하기, 플랭크 하기가 다 된다. 별도로 시간 낼 필요 없다. 시간 없다고 핑계 대면 정말 믿음이 가지 않는다. 우리나라 사람들 TV 시청 시간, 스마트폰 보는 시간이 너무 길다. 평일엔 1~2시간, 주말엔 3~4시간이다. 줄일 수 없다면 동시 운용법을 시행하면 된다. 한 개만 하기에는 시간이 아깝다. TV도 보고 운동도 하고 꿩 먹고 알 먹고, 도랑 치고 가재 잡자. 이런 일석이조 보았는가. 바쁜 현대인을 위하여 시간을 활용한다.

#7. 걸어서 친구 만나기

대중교통 이용하기를 생활화하자. 걷지 못하는 순간 모든 행복은 끝이다. 따라서 삶의 질은 급격히 떨어질 수밖에 없다. 걷기가 얼마나 중요한지는 아무리 강조해도 지나침이 없다. 모임 또는 친구 만날 때 차 버리고 대중교통 이용하기, 걸어서 손자 보러 가기, 맛있는 거 먹으러 가기, 계단 걷기, 차와 스마트폰 없던 시절을 생각하며 즐겁게 걷자.

#8. 기초대사량 늘리기

근육량을 늘려야 기초대사량이 늘어난다. 몸에 들어온 음식물을 태우고 열량을 만들어 내는 것은 근육이 하는 일이다. 젊은이는 1,500cal 이상을 태우지만 노인은 670~800cal 정도로 반으로 줄어든다. 그러니 먹는 양은 똑같고 배불뚝이가 될 수밖에 없다. 근육운동과 유산소운동을 해야 거미체형, 거북이 체형에서 벗어날 수 있다. 걷고 달리고 벤치프레스하고 아령 들고 악력기하고 스쾃하고 팔굽혀펴기를 지속적으로 해야 한다.

#9. 치매 걸리지 않기

1. 걷지 않으면 꼼짝도 하지 않다가 걸어야 비로서 꿈틀대는 BDNF(뇌유래신경성장인자)는 뇌 발달에 유익하다. 치매 예방은 물론 공부하는 사람들에게도 더없이 좋다. 수렵인을 상상하자. 인간이 창조될 때 자동차나 엘리베이터를 염두에 두고 만들지 않았다. 라마르크의 용불용설론이 힘을 받는 이유다. 세계 장수촌의 공통점 1위는 소식과 많은 활동이다.
2. 치매 예방 체조, 주먹 부딪치고 박수 치기, 손가락 부딪치고 박수 치기, 손바닥 아랫부분 부딪치고 박수 치기, 팔뚝 부딪치고 박수 치기를 각 4번씩 한다. 이때 순서가 중요하다.
3. 고전을 읽는다. 젊은 시절 바빠서 미처 보지 못했던 명작들을 읽을 절호의 기회다.
4. 전날 먹은 반찬 세 가지 적어보기, 전날 일 세 가지 적어보

기 등 세줄 일기를 쓴다.

5. 스펜서의 적자생존론이 아니라 현대적 의미의 적자생존, 적는 자만이 살아남는다는 이론을 철저히 실천한다.

6. 제아무리 좋은 기억도 기록을 따를 수는 없다. 열심히 메모하는 습관을 기른다.

7. 뇌에 베타아밀로이드(혈액 속에 중성지방이 생기게 하는 물질)가 생기지 않도록 유산소운동과 걷기를 꾸준히 한다. 눈이 오나 비가 오나 1일 만 보 이상을 반드시 실천한다. 지난 5월 배우 강수연은 56세라는 젊은 나이에 뇌혈관 동맥류로 안타깝게 사망하였다.

#10. 나눔, 봉사, 재능기부

봉사단체나 교회의 구성원이 되어 봉사활동 한다. 땅이 있다면 좋지만 없어도 시에서 운영하는 텃밭에서 채소를 가꾸는 것도 좋은 방법이다. 마음이 평화로워지고 뿌듯하다. 행복 호르몬이 퐁퐁 솟는다.

#11. 말 어눌하게 하지 않기

혀 운동(돌솔 건강법)을 꾸준히 한다. 작년 솥 장사 헛솥장사, 중앙청 창살 쌍 창살, 대우 로이얄 뉴 로이얄, 아이우에오, 파타카라, 저건너말맬말뚝 흰말맬말뚝인가 검정말맬말뚝인가. 들에 콩깍지 깐 콩깍진가 안 깐 콩깍진가 등을 세 번씩 반복한다. 말을 잘 알아듣지 못한다. 발음 때문이다. 청력도 점점 떨어진다. 그러니 노인들의 목소리는 커질 수밖에 없다. 보청기는 가격이 비싸다. 싼 것은 기능도 떨어지고 커서 불편을 느낀다. 이래저래 혀 운동, 귀 운동만 한 보청기는 존재하지 않는다. 자신의 꾸준한 노력으로 돈도 아끼고 불편으로부터 해방되자.

#12. 밥맛 잃지 않기

나이 들면 무얼 먹어도 맛이 없다고들 한다. 왜 그럴까. 미뢰(혀 맛봉오리)의 감각 기능이 떨어져 일어나는 현상이다. 입에 들어가면 꿀이어야 한다. 맛있는 걸 맛있게 먹는 것만큼 행복한 게 또 있을까. 이 안타까움을 해결하는 방법은 돌솔 건강법이다. 혀 운동, 혀 길게 내밀기, 좌우로 내밀기, 양 볼 밀어내기, 입천장 훑기, 잇몸 훑기 훈련을 매일 아침 한다. 칫솔질로 혀 닦기는 기본이다. 감기 걸리거나 피로하면 입맛이 없다. 일시적으로 설태(舌苔)가 끼어 그럴 수 있다. 그런 일을 만들지 않는 게 중요하다. 운동하고 식사 제대로 하고 햇빛 쐬면서 면역력을 기르자. 우둔하지 말자. 게으르지 말자. 그 많은 시간을 아파서 누워 지낸다면 이 얼마나 참담한가.

#13. 전립선 비대와 요실금 막기

케겔 운동과 괄약근 마사지로 빈뇨, 잔뇨, 절박뇨, 요실금 등을 해결한다. 비뇨기과에서 눈금이 있는 흰 플라스틱 소변 컵을 구해

소변 습관을 바꿈으로써 해결한다. 비슷한 또래끼리는 그래도 낫다. 젊은이와 함께 여행할 땐 아주 불편하다. 공중화장실에서 긴 줄을 보면 더욱 위축된다. 젊은이들은 도대체 화장실을 가지 않는다. 운동으로 자연 해결을 시도해야 하는데 자꾸 손쉬운 약물에만 의존한다. 약물은 일시적일 수밖에 없다. 그러니 돈 낭비, 시간 낭비, 행복 낭비가 찾아온다.

#14. 평균수명과 건강수명 17년 격차 줄이기

아프면서 100살을 살 것인가. 건강하게 85살까지 살다가 갈 것인가. 잘 인지해야 한다. 지난 3월 24일 가까운 친구가 죽었다. 설암과 당뇨로 오래 고생하였다. 걷고 운동하고 여행하면서 70대 중반까지 살았다. 그래도 평균수명에는 한참 못 미치는 나이 아닌가. 상실감이 컸다. 그의 인간 됨됨이와 두뇌가 매우 아깝다. 미리 준비하지 않으면 어떤 재앙이 닥칠지 아무도 모른다. 재앙은 레커차처럼 사고다발지역에 숨어서 사고 날 때를 기다린다.

#15. 돌솔 건강법, 일명 장동건(長壽 童顔 健康) 건강법

허준의 건강 체조는 눈, 코, 귀, 입, 치아, 배, 머리 등의 7가지의 기본 운동으로 매우 중요하다. 15분 정도면 끝난다. 여기에 40여 년을 행하면서 필요한 것을 덧붙여 1시간짜리로 구성하였다.

매일 아침 잠자리에서 일어나면 우리가 막걸리 마실 때 흔들어 마시듯 몸을 '돌솔 건강법'으로 흔들어준다. 주름은 20만 번의 수축으로 이루어진다. 얼굴은 혼을 담는 그릇이다. 아이오페로 펼 것이 아니라 손으로 또 마사지로 다리미질하여 편다. 하루 24시간 중에서 1시간만 투자하면 평생이 행복하다. 배는 한의학에서 찬 우물에 비유한다. 배는 늘 따뜻해야 한다. 250여 년 전 조선의 21대 왕 영조는 82살까지 살았다. 영조는 배의 쑥 찜질로 유명하다.

#16. 인간다운 몸매 유지

기본은 자신의 적정 체중을 유지하는 것이다. 체중계를 비치하고 매일 몸무게를 체크한다. BMI(체질량지수=몸무게를 키의 제곱으로 나눈 수치) 지수가 18~24 안에 들도록 한다.

#17. 자신의 몸 건강 숫자 알기

혈압, 당뇨, 맥박수, 콜레스테롤 수치(총콜레스테롤, LDL과 HDL, 키, 몸무게, 허리둘레, 장딴지 둘레, 허벅지 둘레 등)를 알고 있어야 한다. 참고로 이승엽은 68cm, 손흥민은 64cm다. 최경주, 박세리도 쇼트트랙선수도 모두 허벅지가 우람하다. 모든 힘은 허벅지와 장딴지에서 나온다.

*스쾃과 까치발이 답이다.

#18. 늙은이 목소리 내지 않기

노인이 되면 은쟁반의 옥구슬 구르던 소리는 오간데 없고 찢어지는 소리, 쉰 소리, 탁한 소리가 난다. 혀와 목젖 관리를 해야 한다. 혀 운동을 해야 한다. 아침에 신문 사설 큰소리로 읽기(10분), 가곡 또는 찬송가 2곡 이상 부르기 등으로 목젖과 혀가 녹슬지 않도록 꾸준히 훈련해야 한다.

#19. 잠을 잘 자려면

매일 30분 이상 햇빛을 쐰다. 그래야 수면을 유도하는 비타민 D와 세로토닌과 멜라닌 색소가 흡수된다. 적당한 피로를 느낄 만큼 노동을 한다. 농부는 불면증이 없다. 전국 일주 시 아침엔 휘파람 불고 출발하며 5만 보를 걸은 저녁엔 파김치가 된다. 머리가 바닥에 닿으면 이내 코 골고 깊은 잠을 잔다. 또다시 아침엔 휘파람 불고 길을 나설 만큼 몸은 새 깃털처럼 가볍다. 숙면을 했기 때문이다.

#20. 감기에 걸리지 않으려면

코로나19 덕분에 감기 환자가 팍 줄었다. 그것은 무엇을 의미하는가. 한마디로 마스크 덕분이다. 감기에 걸리면 일단 고통스럽다. 머리 아프고 온몸이 쑤시고 밥맛없고 잠을 못 잔다. 삶의 질은 떨어질 수밖에 없다. 참고로 필자는 69살 되던 해에 처음으로 약한 감기가 살짝 왔다 갔다. 특별한 체질이 아니라 미연의 대비를 잘한 덕일 게다. 1년에 2번 걸린다고 계산하면 평균수명 80년으로 할 때 그 고통의 시간은 6.7년이 된다. 감기 걸리지 않는 방법을 적는다.

1. 기본 중의 기본은 밥 세 끼 잘 먹어야 한다는 점이다. 그래야 면역력이 생겨 침투하는 적과 싸울 수 있다.
2. 햇빛을 쐰다.
3. 집안에서 밖으로 나갈 땐 손수건이나 마스크로 코를 막고 외부 공기에 적응할 수 있도록 1~2분 코를 막고 걷는다. 코는 일종의 예열기관이다.
4. 재채기가 나올 것 같으면 코를 꼭 잡고 재채기를 하지 않도록 한다.
5. 그래도 으슬으슬 춥고 재채기 나오면서 콧물이 나면 감기 초기 약(판콜A, 판토, 판피린 등)을 먹는다.
6. 몸이 춥거나 덥지 않도록 보온에 잘 대처한다.

#21. 습관 기르기

작심삼일이라도 좋다. 120회만 결심하면 1년이 된다. 그러나 모든 행동은 17일간 계속하면 습관이 된다. 아무리 늦어도 65일이면 습관이 된다는 전문가의 의견이다. 가까운 곳 걸어가기. 아파트와 전철 계단 오르기, 엘리베이터, 에스컬레이터 타지 않기, 전철이니 버스 등 한 정거장 전, 후에 내려 걸어가기. 안 가본 골목길 가보기 등의 습관을 들인다.

#22. 방에 지도, 줄자, 체중계 비치하기

방에 지도를 걸고 내 나라 여행계획을 세우고 실천한다. 세계지도를 걸고 '세계테마여행, 걸어서 세계로'를 시청한다. 모든 여행자는 터미널에 있고 모든 터미널엔 여행자가 있다. 터미널로 가라. 계획을 세워 내가 태어나고 자란 내 나라의 문화와 역사를 탐방하고 답사하며 기록한다. 줄자로 열흘 또는 한 달에 한 번씩 자신의 몸(가슴둘레, 허리, 허벅지, 장딴지 등)을 재어 기록하며 변화를 알아본다. 인간다운 몸매 유지하기가 기본이다. 그래야 모든 성인병에서 자유롭다.

#23. 방에 체크리스트 걸어두자

3개월에 한 번 자신의 몸을 체크하면서 적어보자. 자신의 몸의 변화를 느끼자. 몸무게, 허리, 허벅지, 장딴지를 재는 체크리스트를 걸어두고 3개월에 한 번씩 체크한다.

#24. 자신의 역사관을 만들자

호사유피다. 우리는 호랑이처럼 가죽이 없다. 몸일지 쓰기, 일기 쓰기, 체험, 경험을 기록한 자서전 쓰기 등 자신의 아카이브(archive)를 만든다. 역사적 가치나 장기 보관 가치가 있는 것들을 기록하며 보존, 보관한다.

#25. 노후 어떤 삶을 살 것인가

　노후엔 돈보다 몸이다. 88세 김장환 목사 CBS 진행자, 103세 김형석 연세대 명예 철학 교수는 지금도 동아일보 원고를 쓰고 책을 출간한다. 친구인 김태길 서울대 철학 교수, 안병욱 숭실대 철학 교수가 떠나고 외롭지 않으냐는 기자의 질문에 사명감으로 살면 외롭지 않다고 잘라 말한다. 95세의 송해는 KBS 전국노래자랑 MC다.(2022년 7월에 95세로 작고) 이 사람들의 공통점은 일이 있다는 점이다. 내가 하고 싶은 일, 잘하는 일을 평생 같이하면서 산다. 좋아하는 일을 어떻게 찾는가. 그 일을 찾는 건 쉽다. 3일 밤낮을 되풀이해도 피곤하거나 지루하지 않으면 그 일이 바로 자신이 좋아하는 일이다. 보험이나 연금 가입도 좋지만 건강 테크를 당할 수 없다. 행복에서도 큰 차이가 난다. 노후의 무한 시간은 축복일 수도 재앙일 수도 있다. 축복으로 만들려면 건강해야 한다.

088
운동하면 오래 산다

반은 맞고 반은 틀리다. 운동을 하면 건강해지고 각종 위험 요인에게서 멀어진다. 따라서 장수로 이어질 확률이 그만큼 높아진다. 그렇다고 해서 운동이 곧 장수와 직결되는 것은 아니다. 좀 더 가까운 해답은 운동하면 건강해지고 건강하면 오래 살고 오래 살면 쉽게 죽을 수 있다는 점이다. 90살을 넘긴 사람들의 죽음은 오래 끌지 않는다. 모든 기능이 다 하여 오래 버틸만한 힘이 없다. 따라서 아주 짧은 시간 내에 숨을 거둔다. 고통스러운 기간이 그만큼 짧아진다는 얘기다. 모든 사람의 바람은 '자다가 죽게 해주세요'다. 그런 죽음을 원하면 지금 당장 운동하여 몸을 건강하게 유지하라. 그러면 자연스럽게 장수로 이어지고 장수한 자는 쉽게 죽음을 맞을 수 있다는 것이다. 물론 예외는 항상 존재하지만, 확률은 언제나 운동하는 사람의 편에 선다.

089
노인 선진국 일본

　노인 선진국 일본을 잘 들여다볼 필요가 있다. 일본은 65세 이상의 고령자가 전체 인구에서 열 명 중 셋(29.1%. 2021년 기준)이다. 75세 이상의 고령자는 우리나라 인구의 3분의 1수준인 1,641만 명이다. 고령자가 누워 지내면 의료비, 간병비 등으로 한 달 평균 500만 원을 쓴다. 이들 중 상당수가 노쇠해 누워 지내게 되면 그 비용을 감당할 수 없다. 이런 일본이 지금 근육과 전쟁 중이다. 근육의 유무와 다소가 노인 건강에 절대적이라는 연구가 계속 나오기 때문이다. 노쇠의 정도와 노화의 빠르고 늦음에도 근육이 절대적으로 관여한다는 사실을 건강장수연구소(1972년 설립)에서 계속 밝혀내기 때문이다. 연구소에서 만든 근육 개선 프로그램이 전국으로 퍼져나갔다. 그 결과 현재 75~79세의 근력과 보행속도가 10년 전인 65~69세와 거의 비슷해졌다고 한다. 70대 후반이 십 년 젊어진 것이다.
　또 이곳에선 구강기능저하증이라는 새로운 개념을 만들어 보급했다. 단순히 치아 관리 차원을 넘어 씹고 삼키고 말하기 등 구강

기능 전체를 보는 것이다. 구강 기능 감소 고령자는 일찍 노쇠하고 인지 기능도 줄어 치매에 많이 걸린다는 연구들이 줄줄이 나왔다. 기존 장수지침이 신체 건강 위주인 것과 달리 이곳의 장수 수칙은 어울리기를 강조한다. 이에 비해 우리나라는 연구소다운 노화연구소가 한 곳도 없다는 것은 3년 후 노인인구 1,000만 명의 초고령 사회가 맞는 나라인지 의심이 들 정도다.

일본인의 新건강장수수칙 12

1. 하루에 먹는 음식 종류, 10가지로 늘리자
2. 구강 관리 철저히 해 씹는 힘을 지키자.
3. 일상생활 운동으로 근력과 보행력 키우자.
4. 하루 한 번 이상 외출, 사람들과 어울리자.
5. 호기심을 키우고 낙천적 100세인 마음을 따라 하자.
6. 집 안에서 넘어지지 않는 환경 만들고 사레들지 않도록 주의하자.
7. 건강식품과 보조제 제대로 알고 먹자.
8. 시간, 공간, 사람을 아는 지남력은 물론 동네 사람과 거리를 많이 아는 '지역력'을 키우자.
9. 노쇠는 영양 관리, 체력 증진, 사회참여로 줄이자.
10. 잘 먹고 잘 걷고 잘 말해서 치매를 낮추자.
11. 고혈압. 당뇨병 등 만성질환 관리하는 지식을 갖자.
12. 인생 말기 어떻게 마무리할지 미리 계획 세우자.

091
멋진 나이 듦의 예

외모가 곱게 잘 늙어가는 것을 모두는 바란다. 그런데 잘 늙는다는 것은 비단 외모뿐만 아니라 그 사람의 내면의 충실성, 그 사람의 익어가는 상태가 어떤지가 더 중요하지 않을까. 잘 숙성된 포도주처럼 향기롭고 빛깔 고운 그런 사람은 몸에서 광채가 난다. 눈빛은 형형하고 몸은 대쪽처럼 곧다. 아래 세 사람을 예로 든다. 이들의 멋진 나이 듦의 증거를 나의 스크랩 자료 중, 신문 기사를 통해 공인된 내용으로 정리해 보았다.

권원강 교촌치킨 창업주

"3,300만원 창업… 31년 만에 330억 사재 출연합니다"
권원강 교촌치킨 창업주. 가맹점 협력사 상생기금 마련. 노점, 택시 기사 하다 40세 시작 "함께 만든 결실, 나눠야 마땅"

교촌치킨 창업주 권원강(71) 전 교촌에프앤비 회장이 사재 330억 원을 출연해 상생 기금을 조성한다. 교촌에프앤비는 15일 "권 창업주가 가맹점, 협력 업체와의 동반 성장을 위한 기금 330억 원을 출연하기로 했다"며 "가맹점주와 협력사에 실질적인 도움을 줄 수 있는 방향으로 사용하겠다"고 밝혔다. 권 전 회장은 1991년 3,300만 원으로 교촌치킨 1호점을 시작한 때의 마음을 담아 액수를 330억 원으로 정했다고 한다. 그는 "지금의 교촌은 전국 가맹점과 협력 업체가 함께 만들어 낸 결과이니 성과의 결실도 당연히 함께 나누어야 한다"고 말했다.

권 전 회장은 트럭 채소 장사, 노점상, 해외 건설 현장 근로자, 개인택시 기사로 일하다가 마흔 살이던 1991년 3월 경북 구미시에서 작은 통닭 가게를 열었다. 택시 면허를 팔아 번 3,300만 원이 종잣돈이었다. 보증금 1,500만 원, 월세 40만 원짜리 매장을 얻고 남은 돈으로는 배달용 중고차를 한 대 샀다. 33m2(10평) 남짓한 매장 바깥엔 '교촌통닭' 간판을 써 붙였다. 교촌(校村)은 '향교가 있는 마을'이라는 뜻으로 교촌치킨이 배움터이자 커뮤니티 역할을 하던 향교와 같은 공간이 되길 바라며 지었다고 한다. 가게는 인기를 끌었고 교촌치킨은 작년 말 기준 1,337개

가맹점을 둔 대형 프랜차이즈로 성장했다. 2020년엔 치킨 프랜차이즈 업계 최초로 코스피에 상장까지 했다.

권 전 회장은 평소 "교촌이란 이름을 달면 무조건 돈을 벌게 해줘야 한다"는 말을 자주 했다고 한다. 어렵게 돈을 마련해 치킨집을 하겠다며 찾아온 사람들인 만큼 책임을 져야 한다는 것이다. 작년 교촌에프앤비 매출은 5,000억 원을 넘었고 점포당 평균 매출액도 업계 최고 수준을 유지하고 있다. 권 전 회장은 작년 7월 가맹점주들에게 100억 원어치 회사 주식을 나눠주기도 했다. 매장 운영 기간에 따라 주식을 나눠줬는데 당시 주가로 환산하면 가맹점당 400여만 원에서 1,200여만 원 상당의 금액이었다. 작년 6월 기준으로 점포 운영은 하지 않더라도 계약 상태인 가맹점주에게는 130여 주가 지급된다. 주식은 7월 초 일괄적으로 지급될 예정이다. 당시에도 상생 기금 조성을 검토했지만, 코로나로 어려움을 겪는 가맹점주에게 직접적으로 도움을 주기 위해 주식증여를 택했다고 한다.

권 전 회장은 "가맹점주가 진정한 동반자로서 본사와 함께 성장하기를 바라는 마음에 증여를 결정했다"고 말했다. 지난 2009년에는 재단법인 교촌장학회를 설립, 학생들에게 매년 장학금도 지급하고 있다. 회사 차원에서도 치킨

한 마리가 팔릴 때마다 본사가 20원씩 적립한 기금으로 형편이 어려운 학생들을 돕고 있다. 권 전 회장은 2019년 3월 회장직과 대표이사직을 내려놓고 경영에서 손을 뗐으며 교촌에프앤비는 전문경영진 체제로 전환됐다. 이달 말 주주총회를 거쳐 3년 만에 사내이사로 복귀한다.
- 성유진 기자, 조선일보 2022.3.16.일 자 기사

조창걸 명예회장 (한샘 창업주)

한국의 미네르바 대학인 '태재대학' 설립
50년 일군 기업 팔고 '한국의 미네르바大' 세운다
한샘 창업주 조창걸 명예회장 사재 3,000억 쏟아 '태재대학' 설립
2023년 개교… 동북아 리더 양성
"하버드 못지않은 학교 만들 것"

-조창걸은 누구인가
1939년 평양에서 태어나 서울 대광고, 서울대 건축학

과를 졸업했다. 1970년 200만 원으로 창업한 한샘을 굴지의 인테리어 기업으로 키워냈다. 2015년 3월엔 '태재재단(옛 한샘드뷰 연구재단)'을 설립했다. 매일 새벽 2시쯤 깨서 4시 40분에 출근하고 오후 8시면 잠자리에 든다. 5대째 기독교 집안에서 태어났으나 다른 종교에도 조예가 깊은 편이다. 유일한 취미는 독서다.

가구업체 한샘 창업주인 조창걸(82) 명예회장이 한샘을 매각한 자금의 일부를 출연해 미국의 '미네르바 대학' 같은 혁신적 대학교를 설립한다. 미네르바 대학은 미국의 유명 벤처사업가 벤 넬슨이 2014년 만든 종합대학으로 캠퍼스 없이 온라인으로 수업하는 대신 학생들은 4년간 전 세계 7개 도시를 머무르며 다양한 사회를 경험할 수 있도록 하고 있다. 태재(泰齋)학원은 15일 창립총회를 열고 '태재대학 설립 준비위원회'를 출범시킨다고 밝혔다. 조 회장이 학원 이사장을, 염재호 전 고려대 총장이 태재대학 설립 준비위 위원장을 맡기로 했다. 김용학 전 연세대 총장, 김도연 전 포스텍 총장, 구자문 전 선문대 부총장 등 대표적인 교육자들이 이사로 참여한다.

조회장은 이 대학을 만들기 위해 3000억 원 가까운 사재를 출연할 것으로 알려졌다. 그는 지난 7월 자신의 한샘 지분 15.45%를 포함한 특수 관계인 지분 등 약 20%를 사모펀드 운용사인 IMM PE에 매각하기 위한 양해각서를 체결했다. 매각 대금은 1조~1조3,000억 원 정도로 추산된다. 이 매각 대금의 일정 부분이 태재대학 설립. 운영에 쓰일 것으로 전망된다. 조 회장은 2012년 장학 사업과 국내 학술 지원 사업을 하는 공익법인인 태재재단(옛 한샘드뷰연구재단)을 설립해 운영하고 있는데 이번에는 이와 별도로 대학 설립을 위한 태재학원을 만든 것이다.

1970년 한샘을 창업한 조 명예회장은 1994년 경영 일선에서 물러난 이후 30년 가까이 한샘을 전문경영인 체제로 운영해 '은둔의 가구왕'이라고도 불렸다. 한 재계 관계자는 "조 회장은 평소 기업을 자녀에게 물려주지 않고 새로운 교육에 투자해 대한민국과 세계를 이끌어갈 리더를 키우겠다는 꿈이 있다고 말했는데 태재대학 설립을 통해 그 꿈을 실현하고자 하는 것"이라고 말했다. 2023년 3월 개교가 목표인 태재대학은 매년 국내 학생 100명, 해외 학생 100명을 신입생으로 선발할 계획이다. 절반 이상의 학생이 학비 걱정 없이 장학금을 받으며 대학을 마칠 수 있도록 한다는 목표다. 염재호 위원장은 "능력이 있는 학생은 학비 걱정 없이 공부할 수 있는 환경을 만들 것"이라고 말했다. 수업은 영어로 진행하고 해외 석학을 교수나 자문위원으로 초빙할 계획이다. 교수진은 40명 채용할 예정이다.

태재대학 학생들은 4년 동안 한국을 비롯한 5개 나라를 돌며 온라인으로 공부하게 된다. 미. 중 갈등이 점점 첨예해지는 상황에서 동북아에 정통한 세계 리더를 키우기 위해 미국. 중국. 일본. 러시아에서 각각 6개월씩 지내며 각 교육. 정부 기관들과 연계해 문제 해결 방법을 키울 수 있도록 한다는 목표다. 이런 대학교육의 틀을 확립시키기 위해 일주일에 한 번씩 미네르바 대학과도 협의하고 있다. 염 위원장은 "하버드, MIT 대신 태재대학을 가겠다는 이야기를 들을 수 있도록 전 세계 우수 인재들을 뽑아 세계적인 리더로 성장시키겠다"고 말했다.

- 신은진 기자, 조선일보 2021.9.16.일 자 기사

"한반도는 유리그릇보다 취약, 지금 대학은 인재 못 키워,
미. 중. 일. 러 현장서 배우는 글로벌 리더 키울 것"

여러 사람을 인터뷰했지만, 오전 6시에 사무실에서 만

난 사람은 조창걸(82) 한샘 명예회장이 처음이었다. 그 시각 서울 원서동 태재재단 사무실을 갔더니 그는 동터오는 창을 마주 보고 앉아 책을 읽고 있었다. 매일 새벽 2시에 일어나 새벽 4시 40분쯤 이곳에 출근한다고 했다. 군더더기 없는 사무실엔 이탈리아 유명 산업 디자이너 에토레 소트사스가 만든 알록달록한 가구 몇 점이 놓여 있었다. 1970년 한샘을 설립해 국내 1위 가구 기업으로 키운 그에 대해 세상은 아는 게 별로 없다. '은둔의 경영자'라고 불릴 정도로 대외 활동이 드물었고 사생활도 외부에 알려지지 않았다. 2020년 9월에 나온 '한샘 50년' 사사(社史)에도 조 회장의 개인사를 알 수 있는 에피소드 한 줄, 사진 한 장 없다. "내 얘기가 들어갈 필요가 뭐가 있느냐. 아무것도 넣지 말라"는 그의 지시 때문이었다.

그런 조 명예회장이 지난달 사재 3,000억 원가량을 출연해 '태재 미네르바 대학'을 설립하겠다고 발표했다. 지난 7월 자신의 한샘 지분(15.45%)과 특수 관계인 지분을 사모펀드 운용사에 매각하는 양해각서를 체결하고 9월 사모펀드 운용사가 롯데쇼핑을 전략투자자로 선정한 직후다. 매각 대금은 1조~1조3,000억 원으로 알려졌다. 대학 설립 자금은 그중 일부다. 평생 일군 회사를 매각해 혁신 대학을 만들겠다고 나선 조 회장을 6~7일 만났다. 그가 언론과 인터뷰하는 건 이번이 처음이다. 조 명예회장은 "태재 미네르바 대학을 알리기 위한 일이라고 주변 사람들이 설득했다"고 했다. 태재(泰齋)는 주역에서 따온 말로 인류 공영의 기초를 뜻한다.

위기가 온다
-왜 지금 다시 대학을 만들려고 하나

조 명예회장은 이 첫 질문에 대답 대신 "닥쳐올 한반도의 위기에 대해 얼마나 알고 있느냐"는 질문을 던졌다. 기자가 머뭇하자 그의 얼굴이 화난 듯 살짝 붉어졌다. "닥쳐올 한반도의 위기를 넘으려면 리더의 역할이 절실하다. 우리는 리더가 미래를 제대로 보지 못해 여러 차례 재난을 맞았다. 임진왜란과 병자호란, 6.25와 남북분단을 안긴 미.중 갈등은 70년이 지난 지금 더 아슬아슬하고 첨예하다. G2 반열에 오른 중국이 미국과 맞붙으면 엄청난 재앙이 일어날 수 있고 지정학상 가장 큰 피해는 우리나라가 입게 된다. 한국이 국민소득 3만 달러에 진입했다지만 국제 정세 틀 안에서 유리그릇보다 약하다. 이 위기를 제대로 진단하고 예방할 수 있는 리더를 키워야 한다."

-기존 학교에선 그런 인재를 못 키우나

"디지털이 가져올 사회 변혁을 읽어내고 위기 상황에서 전략적 사고를 하도록 가르쳐야 하는데 기존대학은 교수가 일방적으로 지식을 공급하는 방식에 머무르고 있다. 하버드. 스탠퍼드 같은 명문대도 건물과 캠퍼스, 스포츠팀 운영에 막대한 돈을 쏟아붓다 보니 등록금은 계속 오르고 학생 맞춤교육은 요원하다. 대안 혁신 모델을 찾다 미국 '미네르바 대학'을 발견했다. 미네르바 대학은 유명 벤처기업가 벤 넬슨이 2014년 세운 학교다. 학생들은 캠퍼스 없이 인터넷 화상 교육으로 수업하는 대신 재학 기간 중 6개월씩 세계 7개 도시에 머물며 기숙사 생활을 한다. 매년 150명 남짓한 신입생 모집에 각국에서 2만 명 넘게 지원한다.

조 명예회장은 이런 모델을 국내에 도입하는 '태재 미네르바 대학'을 설립하기로 하고 준비위원회를 출범시켰다. 그가 이사장을 맡고 염재호 전 고려대 총장이 준비위원장을 맡았다. 김용학 전 연세대 총장, 김도연 전 포스텍 총장, 구자문 전 선문대 부총장 등이 이사로 참여한다. 2023년 3월 개교가 목표다. 태재 미네르바 대학의 학생 선발 방식은 아직 정해지지 않았다. 조 명예회장은 "태재 미네르바 대학에선 학생들이 미국. 중국. 일본. 러시아와 우리나라를 돌며 기숙사 생활을 하게 된다"고 했다.

-왜 4개 나라인가
"한반도와 지정학적, 외교적으로 가장 치열하게 부대끼는 나라들 아닌가. 이 나라들에서 살고 겪으며 생기는 각종 문제를 해결해 본 인재만이 향후 그들과 얽힌 문제도 풀 수 있다. 이 네 나라를 잘 알고 이해해야 닥쳐올 위기를 기회로 바꿀 수 있다."

-5년 후 한국만의 커리큘럼을 운영할 계획이라 들었다
"개교 후 첫 5년간 미네르바 대학의 노하우와 시스템을 철저하게 배우고 5년 후엔 미네르바 대학이 놓쳤던 부분을 보완하는 시스템을 완성할 것이다. 서양의 선진 시스템도 동양의 통합적 사고를 만나아 온전해진다."

- 200만 원의 힘
조 명예회장은 1970년 서른 할 살 때 다니던 설계사무소를 나와 누이에게 빌린 200만 원으로 '부엌 가구 전문회사' 한샘을 설립했다. 서울 은평구 대조동에 23m2(7평) 매장을 불광동에 비닐하우스로 된 330m2(100평) 공장을 차렸다. 대부분 가정이 연탄 아궁이에 밥을 하고 난방하던 시절이다. 조 명예회장은 "'다들 '부엌 가구를 만든다니 미쳤다'고 비웃었다."고 했다.

-왜 하필 부엌 가구였나

"건축가에게 가장 골치 아픈 건물은 주택이고 그 중 부엌 설계가 제일 까다롭다. 물과 불, 전기가 오가다 보니 집안 사고의 40%는 부엌에서 발생한다. 낙후된 한국의 주거환경을 혁신하려면 부엌이 바뀌어야 했다. 다른 회사들이 스테인리스 스틸 싱크대 정도만 만들어 팔 때 부엌 공간과 동선을 설계해 아궁이 연탄 갈던 주부들이 허리 펴고 안전하게 일할 수 있는 구조를 만들고자 했다."

-단돈 200만 원으로 출발했다.

"200만 원밖에 없어서 성장이 빨랐다. (웃음). 한샘의 경쟁력은 자본이 없는 데서 나왔다. 남들보다 가진 게 없어서 몇 배 열심히 머리를 굴렸다. 1971년 여의도 시범 아파트가 처음 분양될 때 다른 회사들은 큰 대리점을 만들고 홍보했지만 우린 돈이 없었다. 아파트 설계도에 맞춘 모델 몇 개를 만들고 사진 찍어 입주민들에게 '당신네 부억을 이렇게 만들려면 예산이 이만큼 필요하다'는 구체적인 견적을 우편으로 보냈다. 그걸 보고 사람들이 새까맣게 몰려들었다. 사업은 자본과 조직이 있어야 성공한다지만 사람들이 무엇을 원하는지 알면 성공한다."

-매일 새벽에 출근했다고 들었다. 직원들은 새벽 5시 회의에 익숙하다고 하더라

"리더가 늦게 나와 일하면서 어떻게 구성원을 이끌겠나. 새벽 일찍 일어나 어떻게 일을 분배할지 명확하게 계획을 수립해 놓아야 현장에서 우왕좌왕하지 않고 일을 마칠 수 있다." 한샘은 창업15년 만에 부엌 가구 부문 1위, 30년 만에 인테리어 가구 부문 1위를 달성했다. 한샘의 지난해 매출은 2조 675억 원이다.

상상력이 없으면 끝
-'상상력을 발휘하라'고 자주 말한다더라

"남을 앞서려면 상상력 외엔 답이 없으니까. 인테리어 가구 사업에 진출하면서 쇼룸 전체를 거실과 침실, 공부방과 서재까지 집 안 공간처럼 꾸며서 보여줬다. 방배동 구석에 있는 쇼룸이었지만 지방에서도 사람들이 보려고 몰려

왔다. 한샘은 번듯한 곳에서 시작한 적은 없지만, 사람들이 찾아오게 만들 줄 알았다."

-그렇게 일군 한샘을 1994년 전문경영인에게 맡기고 일선에서 물러났다.

"남들은 회사가 일직선으로 치고 올라가는 것을 보며 대단하다고 했지만 빨리 성장한 만큼 사고도 많았다. 전문경영인이 안정적으로 운영하는 것이 필요하다고 봤다. 부엌을 넘어 시스템 가구를 만드는 다음 단계도 준비하고 싶었다. 2012년 한샘드뷰 연구재단을 설립해 디자인 연구를 시작했다."

-주택과 도시 패러다임을 바꿀 연구를 하고 있다던데

"스마트 홈과 스마트시티를 설계하는 연구소 설립을 계획하고 있다. 사물인터넷의 발달로 침대. 의자. 화장실을 오가는 사람이 뭘 먹고 무엇을 마시고 어떻게 움직이는지를 추적할 수 있게 됐다. 사람이 언제 어떤 병에 걸릴지를 측정하고 알려주는 집을 만들고자 한다. 침대나 의자가 '당신 이렇게밖에 안 움직이면 언제 아플 것이다'를 말해주는 것이다. 종국엔 시민의 질병, 사고를 예방하는 스마트 도시를 설계하는 것이 목표다."

돈 쓰는 이유, 돈 버는 이유

-아들에게 경영 승계를 할 수 없게 돼서 한샘을 매각했다는 얘기도 나왔다

"자녀 누구에게도 적성에 맞지 않는 경영을 강요할 생각은 없었다. 나 또한 한샘 경영보다 시급한 태재 미네르바 대학 운영을 하고 싶어 회사 지분을 정리한 것뿐이다." 조 명예회장의 장남 원찬 씨는 2002년 사망했다. 세 딸은 한샘과 계열사 일부 지분을 소유하고 있을 뿐 경영활동에는 나서지 않고 있다. 장녀는 미국 의학대학 교수이고 다른 두 딸은 가정주부다. 조 명예회장은 "아이를 온전히 키우는 일보다 중요한 일이 어딨겠느냐"고 했다. 회사를 정리하는 게 정말 아쉽지 않았을까. 조 명예회장은 "꿈을 실현하기 위해 돈을 벌었고 이젠 그곳에 쓸 뿐"이라고 했다. 태재 미네르바 대하 학생의 절반가량은 학비 걱정 없이 장학금을 받으며 대학을 마칠 수 있도록 하는 것이 목표다. 그는 준비위원회 이사진에게 '돈 아낄 생각하지 말고 최고로 투자하자'고 했다. "여력이 닿는 한 지원 하겠다"고 말했다.

- 송혜진 산업부 차장 대우, 조선일보 2021.10.11.일자 일요인터뷰)

카터 전 미대통령 부부

"누구에게 든 로망 "75년 해로 비결? 우린 싸운 채로 잠들지 않아"

지미 카터(97) 전 미국 대통령과 부인 로절린(94) 여사가 결혼 75주년을 맞아 결혼기념식을 가질 예정이다. 7월 4일(현지 시각) 워싱턴 포스트 등에 따르면 카터 전 대통령과 로절린 여사는 7일 고향인 조지아주 플레인스에서 75년 해로(偕老)를 조촐하게 기념하기로 했다. 이들은 미 역사상 가장 오래 결혼 생활을 한 대통령 부부다. 두 사람은 1946년 7월 7일 플레인스의 작은 교회에서 결혼식을 올렸다. 당시 스물두 살이던 카터 전 대통령은 해군사관학교를 막 졸업한 초급 장교였다. 로절린 여사는 언론 인터뷰에서 "친구인 루스(카터 전 대통령의 여동생)의 집에 갔다가 남편 사진을 보고 한눈에 반했다"고 했다. 카터 전 대통령은 "첫 데이트 다음 날 어머니에게 로절린과 결혼하고 싶다고 말했다"고 했다.

첫 만남은 이보다 더 앞선다. 1927년 8월 세 살이던 카터 전 대통령이 간호사였던 어머니를 따라 이웃집에서 태어난 지 하루 된 로절린 여사를 처음 만났다. 카터 전 대통령은 결혼 75주년을 앞두고 가진 언론 공동 인터뷰에서 "오랫동안 결혼 생활을 지속하고 싶다면 딱 맞는 사람과 결혼해야 한다"며 "이것이 나의 최고 비결"이라고 했다. 또 "우리는 불화가 남아있을 땐 잠을 자지 않는다"며 "매일 두 사람 사이에 화해와 소통이 이뤄져야 한다"고 했다. 로절린 여사는 공통의 관심사를 찾는 것이 중요하다고 강조했다. 7일이면 두 사람은 2만7,395일을 해로하는 것이다. 이전까지 결혼 생활 최장 기록을 가진 미 대통령 부부는 조지 HW 부시 전 대통령과 바버라 여사(73년 102일)였다. 두 사람이 2018년 별세하면서 카터 전 대통령 부부가 1위로 올라섰다. 카터 전 대통령은 역대 미 대통령 중 가장 장수한 인물이기도 하다.

- 최연진 기자, 조선일보 2021.7.6.일 자 기사

카터 부부 결혼 75주년 기념식에 모인 클린턴과 롤링 스톤스 인구 700명 美 소도시 고교에 유명인 총출동… 주민들 "축복"

지난 7월 10일(현지 시각)) 미국 조지아주 소도시 플레인스(Plains)의 옛 플레인스 고교 건물에 먼 데서 온 손님들이 도착했다. CNN 창업자인 테드 터너, '롤링 스톤스'의 키보디스트였던 척 리벨, 유명 컨트리 뮤직 가수인 가스

브룩스와 트리샤 이어우드, 앤드루 영 전 유엔 주재 미국 대사, 미 하원의장인 낸시 펠로시 등 지난 7일 결혼 75주년을 맞은 지미 카터(96) 전 미 대통령과 로절린(93) 여사를 축하하기 위해 모인 이들이었다.

지미와 로절린 카터 부부는 둘 다 플레인스에서 태어나 자랐다. 각각 1941년과 1944년 7월 7일 이곳의 작은 교회에서 결혼했다. 당시 1,000명을 넘지 않았던 플레인스 인구는 지금 700명 수준이다. 두 사람이 졸업한 고등학교는 카터 전 대통령 기념관으로 바뀌었다. 워싱턴포스트(WP)는 억만장자, 미 의회에서 가장 유력한 여성 등이 참석했지만 "가장 깜짝 놀랄 일은 빌과 힐러리 클린턴이 왔다는 점"이라고 했다. 대통령이 되기 전 조지아 주지사를 지낸 카터와 아칸소 주지사였던 클린턴 전 대통령은 '남부 주지사'였다는 공통점이 있다.

그럼에도 카터는 1992년 대선 때 "사람들은 정직한 사람을 찾고 있다"며 민주당 후보인 클린턴을 지지하지 않았다. 2008년 대선 때도 힐러리가 "포기해야 할 때"라며 민주당 후보로 버락 오바마 전 대통령을 지지했다. 2016년 대선 때 카터는 힐러리 지지 성명을 냈지만 사실 민주당 경선 땐 버니 샌더스에게 표를 던졌다고 훗날 얘기했다. 이런 과거의 정치적 긴장은 이날 결혼기념일 축하 행사에 남아있지 않았다. 미 역사상 가장 오래 결혼 생활을 한 부부가 된 카터 부부는 손님 350명을 따뜻하게 맞았다. AP통신은 카터가 기념식에서 "내 아내가 되기에 꼭 맞는 여성 이어줘서 특히 고맙다"고 로절린에게 감사했다고 전했다.

로절린 여사는 "어렸을 때 나는 남자애들한테 관심이 없었고 결혼할 것이란 생각도 안 했다"고 말해 손님들 웃음을 끌어냈다. 로절린은 "그때 지미 카터가 내게 왔고 이후 내 삶은 언제나 모험이었다"고 회상했다고 한다. 이들 부부의 3남 1녀도 이날 행사에 참석했다. 교통신호등도 없는 작은 도시 플레인스도 모처럼 북적였다. 카페 종업원인 에릭 휘틀리는 유명인들이 이곳으로 모여든 데 대해 "그저 축복이라고 생각한다"고 말했다고 WP는 전했다.

- 워싱턴 김진명 특파원, 조선일보 2022.7.13.일 자 기사

제 3 부 멋진 마무리

괜찮게 죽는다는 것

092
3월에 맞는 어떤 죽음

"삶은 죽음을 배경으로 할 때 가장 잘 보인다."(권석만 서울대 심리학과 교수) "태양과 죽음은 똑바로 바라볼 수 없다"(로슈푸코, 17세기 프랑스 작가로서 우여곡절과 파란만장의 삶을 겪으며 인간과 인생에 대한 성찰과 풍자를 담은 많은 잠언을 남겼다) 인간의 삶은 죽음을 회피하기 위한, 적어도 죽음 불안을 회피하기 위한 몸부림이자 발버둥이다. 우리가 두려워하는 모든 것은 궁극적으로 죽음과 연결되어 있기 때문이다. 인간은 자신의 삶이 유한하다는 것을 인식하는 지구 생명체의 유일한 종이다. 우리의 삶은 죽음으로 향하는 과정이다. 우리의 죽음은 확실하지만, 그 시간이 불확실할 뿐이다.

친구의 죽음은 내게 충격적이다. 몸의 모든 기능이 한순간 정지되는 기분이다. 친구여, 우린 이런 약속을 했지. 둘 중에서 누가 먼저 떠나면 남는 사람이 조사를 읽기로. 그 약속을 하필이면 내가 지키게 되었다. 그러나 조건이 여의치 않아 지면으로 약속을 이행하게 되었다. 그래도 그렇지. 아무리 도전을 좋아하고 새 삶을 시도한다고 하지만 그래도 이건 아니잖은가. 너무 서두른 감이 있어. 느긋하고 유유자적하던 친구가 웬일인가.

내게 있어 3월은 잔인하고 슬프다. 사랑하는 사람이 모두 3월에 떠났다. 2000년 3월 23일엔 어머니가, 2001년 3월 21일엔 아산이, 2022년 3월 24일엔 가까운 친구가 내 곁을 떠났다. 부모님이 돌아가셨을 때와는 또 다른 슬픔이다. 그 멋진 상상과 아이디어와 의협심이 남달랐던 친구여, 우린 만나면 화제가 무궁무진했으며 막힌 곳이 없었지. 동서를 횡단하고 고금을 넘나들었지. 친구여, 우린 격물과 치지를 알뜰하게 궁구하며 인간과 자연에 심취하곤 했었지. 자연과 사물을 워낙 좋아했던 친구, 자연을 닮은 작은 거인 친구는 세상의 물욕과는 거리가 멀었지. 참 맑고 고왔지.

친구와 친구가 된 것은 내가 2006년 도보로 전국 일주를 한 조선일보 기사를 보고 '은행에도 이런 친구가 있구나' 하며 만나고 싶어 했던 차에 우연히 건대역 뒤편 삼계탕집에서 처음 상견례를 하면서 우린 서로 사랑에 빠졌다. 고향이 같은 강원도라는 점과 무엇보다도 사고, 의식구조, 취미, 이야기하는 것, 먹는 것, 여행하는 것 등 공통점이 많았다. 하루도 안 보면 안달이 나 못 견뎌 했다. 초창기에는 일주일에 5일 정도 만나고 그 이후엔 1~2회는 반드시 만났으니 어떤 친인척 동기간보다도 더 자주 만난 셈이다. 우리는 서로를 사랑했고 서로에게 필요한 친구가 되었으며 인생 후반부에 하나님이 어쩌면 이렇게 좋은 친구를 보내 주셨을까 하며 늘 감사하며 지냈다.

우리는 지음지교의 표상이었다. 친구는 종자기로 나는 백아로 불리면서 서로의 필요성을 절감했다. 이제 종자기는 떠나고 백아만 남게 되었으니 백아절현을 할 거문고도 내겐 없고 이 허전함과 공허함을 어찌 메울까. 둘의 지성과 두뇌가 합쳐지면 지구도 움직일 수 있다면서 자신만만해했고 이 사회를 위해 뭔가 큰일을 해보자며 의지를 불태웠다. 우리는 큰일을 하려면 종잣돈이 필요하다며 5년 전엔 연리지 달력 제작이라는 신사업 아이템을 이루기 위해 전국을 돌며 연리지 촬영을 한 적도 있다. 그럴 때마다 늘 발목을 잡는 것은 친구의 체력이었다. 조금만 더 젊을 때 만나지 못한 걸 수도 없이 아쉬워했다.

 시간이 흐르면서 친구의 체력이 점점 떨어진다는 것을 느꼈다. 우리의 관계를 오래 이어준다는 명분으로 난 이런 운동을 이렇게 하라며 잔소리를 많이 늘어놓았다. 지금 생각하니 그 잔소리 한 것마저도 많이 걸린다. 친구는 날 알고 나서 새로운 세계를 만나게 해주었다며 고마워했고 어린이처럼 즐거워했다. 근래에 들어선 몇 십 미터도 걷기 힘들어했다. 작은 계단도 오르내리기 힘들어 자신의 손을 붙들어 달라며 서슴없이 손을 내밀었다. 우린 토끼와 거북이 같은 입장이었지만 나무늘보의 속도로 친구와 보조를 맞춰가며 그렇게 십수 년을 오만 군데를 주유천하 하며 함께했다. 난 술을 좋아하고 친구는 한 잔밖에 못 하지만 분위기를 이끌 줄 알았고 맞장구 잘 치며 칭찬 잘하며 잘 경청하며 기쁠 때는 어린아이처럼 박수를 치며 파안대소했다. 검도를 했던 작지만 암팡진 손은 힘이 느껴지는 손이다. 그 마른 가지 같은 손도 잡으면 언제나 따뜻했다.

나와의 나들이를 좋아했던 친구는 늘 어린아이와 같이 순수했다. 집을 벗어나 나를 만나는 것을 무척이나 좋아했다. 나 역시 그 친구를 만나면 그냥 좋았다. 우린 성격상 잔머리 굴리지 않으니 서로가 마음의 부담이 없었다. 해맑은 미소와 고운 눈동자 때문에 난 아름다운 늪에 빠지는 즐거움을 누렸다. 우리가 늘 만났던 강동역 플랫폼 4-1, 전철이 들어오면 언제나 창밖을 응시하며 나 여기 있다는 몸짓을 보이며 환하게 미소 지었다.

그리고는 주먹 인사 나누던 그 맑디맑은 표정과 정겹고 익숙한 서툰 걸음걸이를 이제 어디서 또 볼 수 있단 말인가. 수도권 일대 맛집 8곳을 이제 누구와 함께하란 말인가. 주인 아낙네의 '친구는 어디 가고 혼자 왔느냐'고 물으면 난 어찌 답하란 말인가. 우리는 서로를 아끼며 얼마나 좋아했던가. 상대에 대한 존경과 믿음으로 서로를 얼마나 필요해 했었던가. 우리는 의기투합하여 강원도의 힘을 보여주자며 얼마나 호기를 부렸던가. 태어난 서로의 고향 강릉, 영월을 오가며 얼마나 많은 꿈을 이야기했던가. 고향의 땅과 산과 개울물을 보면서 얼마나 많은 상상을 했던가. 내가 빨리 고향에 집을 지어 친구를 요양하며 건강을 회복시켜준다고 약속했는데 그만 헛말이 되고 말았다. 난 끝까지 100살까지 함께하자며 건강관리를 위해 온갖 건강법을 얘기해 주며 애쓸 것을 정말 많이 주문하고 잔소리를 늘어놓았다.

친구는 심지가 굳고 잔일에 요동치지 않으며 솔직담백하다. 잔머리 굴리지 않는 뚝심 있고 영민한 친구다. 친구는 어려서부터 워낙 똘똘하여 6살에 초등학교에 입학해 동창생보다 두 살이 적다.

sky대 상대를 수석으로 입학하고 졸업한 재원이다. 대화를 나눠보면 총기가 뚝뚝 떨어진다. 두뇌 회전이 빠르고 아이디어가 풍부하다. 임기응변이 능수능란하다. 친구는 감성이 풍부하다. 지나가다 아름다운 꽃을 보거나 새소리를 들으면 감동한다. 불쌍한 사람과 마주치면 그냥 지나치지 못한다. 친구는 작은 거인이다. 마음이 크고 넓고 깊다. 지금까지 십수 년을 붙어 다녔지만 화내는 법이 없다. 언제나 다정다감하며 언제나 얼굴에 미소 짓는다. 물처럼 부드럽다. 노자의 상선약수는 바로 이 친구를 두고 한 말일 것이다.

　도전을 좋아하는 친구는 이승에서 75년을 보냈으니 가보지 않은 길을 또 걸어보는 도전장을 냈다고 생각한다. 죽음은 낮이 밤이 되듯 생명체에겐 너무나 자연스러운 것이다. 다만 조금 일찍 가고 늦게 가는 차이만 존재한다. 친구여, 먼저가 이곳저곳 좋은 곳 많이 만들어 놓게나. 나도 그 길을 곧 따라갈 걸세. 그때 멋있는 만남 이어가세. 이곳서 못다 한 이야기, 못다 이룬 일들, 하고 싶은 것 그곳에서 이루세. 그때 만날 때는 아픈 곳 없이 건강한 몸으로 만나 멋진 설계를 이어가세. 먼 길 조심해서 잘 가게나. 친구여 안녕! 2022년 3월 26일 친구 돌솔

　　　*친구 빈돌(필자가 만들어준 호로 매우 좋아하였음) 김영훈을 보내고 쓸쓸하고 안타까운 마음을 가눌 길 없어 카톡을 통하여 친구를 아는 모든 분, 또 모르는 분과 함께 죽음에 대하여 잠시 생각해보며 마음을 달래봅니다. 친구는 나의 강권(强勸)으로 두 권의 저서를 남겼고 그 책의 추천사를 필자가 직접 썼답니다. (1. 칭찬은 큰 리더십이다 2. 고뇌의 승화)

093
죽음을 잘 준비하자

　죽음 준비의 첫 번째는 죽음에 대한 이해다. 그래야 두려움이 사라진다. 탄생은 우주와 맺은 일방적 계약이다. 탄생은 자신의 의지는 0.1%도 개입되지 않는다. 죽음은 그 일방의 계약을 파기하는 것이다. 죽음은 낮이 밤이 되듯 생명체에겐 매우 자연스러운 것이다. 웰다잉을 위해선 웰리빙을 통한 웰빙을 해야 한다. 죽음을 준비하는 것은 형식에서 벗어나는 것이다. 즉 장례의 간소화다. 돈을 많이 들이거나 화려하면 정신 나간 짓이 된다. 슬픈 장례도 그리 좋아 보이지 않는다. 영원한 안락의 길이다. 검소와 경건과 기쁨이 공존하는 장례문화가 되도록 우리의 의식구조를 바꿀 때가 되었다. 허례허식에서 벗어나 관혼상제가 간소화되어야 한다. 가까운 친인척만 잔디밭에 모여 올리는 결혼식은 참 보기 좋다. 장례식도 화환, 부의금 같은 거 받지 말고 간결 또 간결하게 경건하면서도 슬프지 않은 장례문화가 되어야 한다. 필자는 그 시범을 보일 것이다.

094
어떻게 죽을 것인가

잘 죽은 사람 예를 들어보자. 방지일 목사(106세 사망)는 사망 1년 전까지도 꼿꼿한 자세로 설교, 시인이자 수필가며 대학교수였던 금아 피천득(97세)은 사망 1년 전까지 바이올리니스트인 외손자의 공연을 보며 박수치고 사진 찍고 하였다. 소리꾼 이은관(97세) 씨는 사망 6개월 전까지도 서대문 개인사무실에서 후진 양성에 열정을 쏟았고, 스콧 니어링(100세)은 100세에 의사의 조력으로 스스로 죽음을 선택하였으며, 제인 구달 박사(104세)는 104세에 이젠 쓸모없다며 의사의 조력을 빌어 안락사의 길을 택했다. 무소유를 실천한 법정 스님은 77세로 다비식 없이 거적에 싸여 조계산 중턱에서 나무 두 개에 얹어져 다비식장에서 태워졌으며 사리 수습 같은 형식적이며 번거로운 절차에서 벗어났다. 백양사 서옹스님의 좌탈입망도 눈여겨볼 만한 죽음이다.

사전연명의료의향서 작성은 물론 재산이 있다면 사망 전 확실하게 교통정리를 하는 게 좋다. 돈은 독약이다. 자식에게 독약을 먹이는 부모가 돼서는 안 된다. 자연스러운 죽음, 집에서 죽는 죽음, 고통 없는 죽음을 맞아야 한다. 영국 텔레그래프의 디디스 씨는 19살부터 94살까지 75년간 현역 기자로 활동하며 기네스북에도 올랐다. 그는 하우스만의 시구를 인용 '젊은이여 일어나게, 잠시 후면 계속 잘 텐데 웬 잠을 그리 자는가.' 했다. 살아있을 땐 투철하고 맹렬하게 최선을 다한 삶을 살아야 하고 죽을 땐 미련 없이 깨끗하게 죽어야 한다.

095
산다는 것과 죽는다는 것

필자는 최근 20여 일 사이에 마음속 깊이 본원적 질문을 던지는 죽음 두 개와 마주했다. 하나는 가까운 친구의 죽음(3월 24일)이며 또 다른 하나는 4월 12일 둘째 며느리 가족의 죽음이다. 이 두 죽음은 일반적 죽음과는 다른 나에게 죽음이란 무엇인가에 대한 본원적 질문으로 다가왔다. 과연 죽음이란 무엇이며 어떤 것인가. 이 죽음을 보면서 삶과 죽음을 되돌아보는 계기가 되었다. 따라서 삶이란 무엇이며 죽음이란 무엇인가에 대한 깊은 성찰을 해보고 싶었다. 삶은 살아있음으로 나타나는 여러 현상, 이를테면 움직이는 것, 숨을 쉬는 것, 눈앞에 어떤 형상이 존재하는 것으로 살아있음이 대표된다. 그렇다면 죽음은 그 반대 아니겠는가. 움직임이 없는 것, 호흡이 없는 것, 눈앞에 어떤 형상이 보이지 않는 것 등일 것이다. 죽음은 나이 들어 노쇠하여 생명체의 기능이 다 소진하여 자연사하는 것이 일반적 죽음이다. 그런데 삶은 그런 자연사만을 바라기엔 주변엔 죽음에 이르게 하는 무수한 문명의 이기나 자연재해 같은 변수가 존재한다.

어찌 보면 우리의 삶은 아무 일 없이 하루하루를 보내는 자체가 기적에 가깝다. 하루가 멀다고 화재, 교통사고, 살인사건, 자연재해 등이 이어진다. 갈등, 재산싸움, 가난, 치정, 우울증 같은 일로 자살자도 계속 늘어난다. 이런 일들은 어떤 조짐이나 사전 신호를 알아챌 수 없는 불가항력적 요소가 더 많다. 흉악범이나 악질범죄자를 빼면 거의 모든 죽음은 안타까움과 슬픔으로 점철되기 마련이다. 그래서 어느 장례식장이든 분위기는 착 가라앉고 비명과 통곡과 애통함과 서글픔으로 꽉 차 있다.

7~80년대 인기를 누렸던 여자 코미디언 A씨는 늘 웃는 인상 때문에 상가 조문을 잘 가지 못했다는 얘기가 한때 회자된 적이 있을 만큼 장례식장 분위기는 어둡고 침울하다. 죽음은 이토록 슬픔의 끝이다. 천수를 다한 자연사는 호상(好喪)이라 하여 그나마 슬픈 분위기는 한결 덜하다. 어린 죽음이나 젊은 죽음은 많은 사람에게 슬픔을 안긴다. 특히 부모보다 먼저 가는 자식의 죽음은 부모의 가슴을 도려낸다. 이럴 때마다 '우리는 잘 죽는 죽음은 어떤 죽음일까, 어떻게 하면 그런 죽음에 이를 수 있을까, 죽음이란 무엇인가, 어떤 죽음이 잘 죽는 죽음인가, 또 어떻게 하면 좀 덜 슬픈 죽음을 맞을 수 있는가.' 같은 질문과 마주한다. 또 그런 질문들을 고찰해봐야 한다.

'죽음은 낮이 밤이 되듯 생명체에겐 너무나 자연스러운 현상이다'(법정스님). 때문에 죽음에 대한 이해가 필요하다. '삶이란 죽음 바로 앞에 놓인 잠깐의 유희다', '탄생은 우주와 맺은 일방적 계약이다. 죽음은 그 일방의 계약을 파기하는 것이다.', '죽음은 탄생

이전으로 돌아가는 아주 자연스러운 현상이다.'(필자의 '자유, 너는 자유다'에서) 죽음이 별난 것인 양 오해하게 되면 죽음을 맞는 각자의 마음은 두렵고 생경한 일이 된다. 그도 그럴 것이 우리가 처음 마주하는 첫 경험이어서 그렇다. 그러니 그 두려움에 대한 반작용으로 죽음을 피하게 되고 도망치려 하고 그 방법을 찾으려 백방으로 헛수고를 하게 된다.

그런 마음 상태에서의 죽음은 낯섦과 생경함으로 당사자는 두려움으로 떨고 주변 사람은 갑작스러운 상실감으로 오열을 하게 된다는 점이다. 그러나 죽음과 친하게 지내며 죽음을 이해한다면 훨씬 자연스럽게 죽음을 대할 수 있다는 점이다. 이어령의 '메멘토 모리'에서 언급했듯이 우리는 늘 죽음을 기억하고 생각하며 아름다운 마무리를 위한 웰다잉(well-dying)을 공부하고 준비해야 한다는 점이다. 웰다잉(well-dying)에 초점이 맞춰지면 삶은 자연히 웰리빙(well-living)이 된다는 것이다.

모든 생명체는 탄생과 동시에 죽음을 잉태하고 있다는 점이다. 모든 과일에 씨앗이 들어있듯 삶 속에는 죽음이 박혀있다. '탄생은 죽음을 향한 첫 번째 단추를 꿴 것이며 죽음은 마지막 단추까지 꿴 것이다.'(필자의 '자유, 너는 자유다'에서) 다만 그것을 인지하며 살아가지 않기에 어느 날 갑자기 하늘에서 뚝 떨어진 것처럼 죽음을 알고 있기에 두렵기만 한 것이다. 하루살이는 하루를 살고 한해살이풀은 한 해를 살다 죽는다. 이렇듯 모든 생명체는 수명이 있다. 다만 짧고 긴 차이만 존재하는 것이지 생과 사의 여부에는 예외가 없는 것이다.

'태양과 죽음은 똑바로 바라볼 수 없다'고 프랑스의 작가 로슈푸코는 말했다. 죽음을 생각한다는 것은 태양을 바라보는 것만큼이나 고통스러운 일이다. 죽음은 인간이 가장 두려워하는 재앙이자 가장 혐오하는 불행이다. 따지고 보면 우리의 삶은 죽음을 회피하거나 지연하기 위한 노력이다. 삶은 죽음을 배경으로 할 때 가장 잘 보인다는 점을 간과하면 안 된다. 따라서 잘 죽는 죽음에 관한 관심과 고찰이 필요한 이유다. 죽음을 정직하게 바라볼 수 있어야 삶의 진정한 의미와 가치를 인식할 수 있다. 또한 우리의 소중한 삶을 의미 있게 잘 살아야 좋은 죽음을 맞이할 수 있다. 죽음의 운명은 바꿀 수 없어도 죽음을 맞이하는 우리의 마음은 바꿀 수 있다.

우리는 모두 의미 있는 죽음을 맞고 싶어 한다. 내 인생이 가치 있기를 원해 여기서 내가 추구할 그 무엇이 없다는 것은 두려운 일이라 생각한다. 우리는 죽음이 무엇인가를 알아야 한다. 그리고 인간은 어떻게 죽어 가는가에 대한 이해가 따라야 한다. 우리는 죽음을 왜 두려워하는가, 인간은 죽음을 어떻게 대처하는가. 어떻게 잘 죽을 수 있는가에 관한 관심과 이해가 따라준다면 죽음이 꼭 그렇게 두렵고 마주하기 싫은 대상만은 아니라는 점이다. '죽기 전에 죽는 사람은 죽을 때 죽지 않는다'고 17세기 독일의 한 신부가 말했다. 그렇다. 사즉생의 삶을 사는 사람은 생즉사 하는 사람의 가치적 측면에서 한참 위에 있다는 점이다.

불교 초기 경전 숫타니파타에는 이런 문구가 있다. 소치는 사람 다니야가 말했다. "나는 밥도 이미 지었고 우유도 짜 놓았다.

나는 큰 강변 언덕에서 가족과 함께 살고 있다. 내 움막은 지붕도 이었고 불도 지펴 놓았다. 하늘이여, 비를 내리려거든 내리소서." 그의 말을 듣고 스승이 말했다. "나는 집착을 내려놓고 분노에서 해방되었다. 나는 큰 강변 언덕에서 하룻밤을 쉴 것이다. 내 움막은 지붕도 드러나고 욕망의 불도 꺼졌다. 하늘이여, 비를 내리려거든 내리소서."

죽음은 모든 것 중에서 가장 평등하고 민주적이다. 죽음만큼 공평한 것은 존재하지 않는다. 이 얼마나 위안받을만한 평등인가. 이것만으로도 슬픈 마음은 상당 부분 사라진다. 우리의 삶은 영원한 시간과 무한한 공간 속에서 우리에게 주어진 기적 같은 선물이다. 의식의 마지막 불꽃이 꺼지는 순간까지 우리의 삶을 소중하게 여기며 충만하게 살아야 한다. 우리는 모두 아름다운 마무리를 위해 죽음을 똑바로 바라보아야 할 때가 되었다. 하늘이여, 비든 눈이든 이제 내리려거든 맘껏 내리소서. 이런 죽음이 되게 하소서. 모두의 바람일 것이다.

혹 많은 사람의 위안이 되지 않을까 해서 시 한 편을 소개한다. 제목은 '내 무덤 앞에서 울지 말아요'다. 시를 쓴 이는 미국의 시인으로 메리 엘리자베스 프라이다.

내 무덤 앞에서 울지 말아요

- 메리 엘리자베스 프라이

내 무덤 앞에서 울지 말아요
난 거기에 잠들어 있지 않아요
나는 천 개의 바람이 되어 흘러 다니고
눈송이가 되어 보석처럼 빛나며
햇빛이 되어 익어가는 곡식을 비추고 있어요
당신이 아침의 고요 속에서 깨어날 때
나는 가을비가 되어 내리고 있어요
아름답게 원을 그리며 나는
새들의 날갯짓 속에 있으며
밤하늘 별빛이 되어 빛나고 있어요
내 무덤 앞에서 울지 말아요
난 거기에 잠들어 있지 않아요

096
친구 떠난 지 석 달 열흘

친구가 떠난 지 백일이 되었다. 많이 보고 싶다. 강동역 플랫폼으로 가면 금방이라도 마천행을 타고 4-1칸에서 튀어나올 것만 같다. 창밖을 내다보며 환하게 웃으며 손을 흔들던 그 모습이 떠올라 가슴 먹먹하다. 어디 그뿐인가. 13년 동안의 추억이 얼마나 많겠는가. 도보 여행가인 나를 만나 참 많이도 돌아다녔다. 그는 나를 알고 새 세상을 발견했다며 아이처럼 손뼉 치며 활짝 웃는다. 초창기는 친구의 건강이 괜찮아 주 5회 정도 만났다. 거의 매일 만난 셈이다. 그 이후엔 건강이 조금씩 나빠져 주 2~3회, 한 달 3회로 점점 간격이 길어지긴 했지만 걷는 양을 줄이면서 친구를 걷도록 했다.

난 친구에게 잔소리 늘어놓는 건강주치의며 돌봄이 역할을 했다. 조금이라도 같이 있는 시간을 늘리기 위해서였다. 어떤 부모·형제보다도 자주 만났다. 만날 때마다 우리는 좀 더 일찍 만났으면 좋았을 걸 하며 아쉬워했다. 그래서 더 자주 만났고 더 많은 대화를 나눴다. 죽이 잘 맞아 서로 즐거워했다. 자주 만났지만, 화제는 끊어지지 않았다. 누가 먼저라 할 것도 없이 화제는 이어진다. 같은 화제를 재탕 삼탕 하는 일 없이 싱싱한 화젯거리로 늘 즐거웠다. 맞장구도 잘 쳤지만 리액션 또한 좋았다. 우리는 늘 그랬다. 춘원과 청담스님처럼 대화를 나누고 싶어 했다. 또 그들이 갖고 있는 6박 7일의 대화 기록도 깨보자면 의기투합했다. 난 주로 백아 역할을 했고 친구는 종자기 역할을 했다. 친구는 내 거문고 실력을 침이 마르도록 칭찬했고 백아는 그 칭찬을 듣고 내 거문고 실력을 알아주는 사람은 종자기 밖에 없다며 매우 귀하고 반갑게 친구를 대했다.

　난 지금 그리움으로 그와 걸었던 길을 다시 밟고 있는 중이다. 우리가 늘 다니던 수도권 맛집 아홉 곳을 순회하듯 다닌다. 친구가 좋아하는 춘천시 신북읍에 있는 9천 원짜리 두부짜박이 집을 무척 좋아하여 방문회수가 다른 곳보다 많다. 그다음 많이 가는 곳은 안산시장 내에 있는 천 원짜리 돼지껍질 무한리필집이다. 천 원짜리 막걸리 한잔 시키면 돼지껍질, 허파볶음, 콩나물무침, 고추나물 무침 등을 허리띠 풀어놓고 먹는다. 애잔한 추억 길을 밟고 있는 내내 장마철의 비를 가슴속에 맞으며 눈시울 적시며 아쉬움과 허전함에 몸을 떤다. 1시간 20여분 경춘선을 타고가 춘천역에 내려 30여분 거리에 있는 소양2교를 향하여 걷는다. 중간에 아리따운 아가씨가 있어서다.

　꼭 들러 수작을 부리고 간다. 김유신의 말이 기생 천관의 집에 자동으로 가듯 우리도 그 아가씨 있는 곳으로 자동안내 된다. 아가씨 앞에 대좌하고 앉아 술 한 잔 따라달라고 주문도 하고 좀 활짝 웃어보라며 장난도 친다. 그 아가씨는 청순미인이다. 추운 겨울에도 가마솥더위에도 늘 하얀 저고리에 검정 주름치마를 입고 옷고름을 늘어뜨리고 치맛자락을 펄럭인다. 잔정은 없어도 변덕부리지 않아 좋다. 한결같은 모습으로 우리 같은 늙은이를 대해주니 감개무량할 따름이다. 권커니 잣거니 하며 두 어 잔 마신다. 아가씨에게도 한 잔을 가득 따라 내 밀어 보지만 미소만 짓고 오늘도 사양한다. 수작(酬酌)실패! 실패해도 단 한 번도 쓸쓸하게 헤어진 적이 없다. 변덕부리지 않는 일편단심의 올곧은 성정 때문이다. 그냥 좋다. 다시 올 때까지 잘 있으라고 인사한다. 그제야 소양강처녀는 오른팔을 들어 답례한다. 참으로 맑고 깨끗한 매력 있는 아가씨다.

나의 허무는 니체의 허무와는 다르다. 나의 허무는 덧 있음과 의미 있음에 대한 허무다. 무에서 무에로의 허무가 아닌 존재에서 부존재로의 허무다. 그래서 나의 허무는 더 애잔하고 더 슬프다. 그래서 지금의 없음을 과거의 있음에서 소환하여 내 앞에 현현시키려한다. 난 지금 없는 친구와 똑같이 술잔 나누며 똑같이 노래 부르며 농담하며 걷는다. 다른 사람들은 날 보고 분명 혼자 걷는다 하겠지만 사실은 내 옆에는 친구가 있다. 맛있는 두부짜박이 먹으러 거두촌두부 집에 도착했다. 주인 아낙네가 그 예의 높은 음으로 나를 맞는다. 단박에 알아보고 친구의 부재를 캐묻는다. 난 분명 옆에 친구가 있는데 주인아낙은 보이지 않는 모양이다. 돈 사람으로 여길까봐 사실대로 털어놓았다. 깜짝 놀란다. 몸이 좀 약해보이긴 했지만 이제 짝을 잃어 어떻게 하느냐는 등 속사포처럼 질문을 해댄다.

인사를 나누며 지내는 세련된 주방장님도 귀를 잠깐 주방 밖에 내 건다. 늘 붐벼서 우리는 그 시간대를 피하여 2시쯤 도착한다. 그 시간에 가야 주인 아낙과 대화를 푸짐하게 할 수 있다. 주인아낙의 말솜씨가 보통이 아니 어서다. 뇌가 팍팍 돌아간다. 센스 있고 임기응변이 뛰어나다. 단 하나의 흠은 흠이 없다는 게 흠이다. 곰배령을 마시며 임영웅의 곰배령을 듣는다. 참 맛있고 참 감미롭다. 오늘 일정은 두부짜박이에서 멈추어야 할 것 같다. 순도 99.9%의 강순금여사! 안녕~ 오늘도 존재에서 부존재로의 허무를 실컷 맛봤다. 허무 속에서도 삶은 지속된다. 허무는 끝이 아니라 끝의 시작이다.

097
자다가 죽고 싶다

　죽음은 그리 큰 문제 아니다. 개미를 보라. 그들과 우리가 무엇이 다른가. 밟혀 죽는 비명횡사한 개미의 슬픔을 우리가 모르듯 개미 또한 우리의 죽음과 슬픔을 모른다. 너무 발광할 필요 없다. 그냥 먼지처럼 왔다가 먼지처럼 사라진다. 또 슬픔이 존재한들 무엇 하겠는가. 그저 잠시 잠깐 눈물 흘리다 세월이 흐르면 잊고 추억도 옅어진다. 그런 시간이 길게 흐르면 그게 그만인 시점이 온다. 너무 요란스러울 것도 너무 호들갑 떨 이유도 없다. 슬프지 않게 그러면서도 경건하게 잠시 고인과의 추억을 떠올리는 시간을 갖는 것 정도면 될 것 같다.

　살아생전 멋진 흔적, 아름다운 흔적을 남긴다면 그건 분명 멋진 삶을 산 것이다. 필자의 생각은 장기기증이나 시체 기증도 고려해볼 만하다. 그냥 재로 날려 보내기보다 의과대학생들의 연구용으로 쓰이는 것도 보람 있을 것 같다는 생각에서다. 한 사람의 장기기증으로 9명 정도를 살릴 수 있다고 하니 값진 행위가 될 것 같다는 생각이다. 그러나 꼭 흔적이 아니라도 대다수 사람이 그렇듯 평범하게 다른 사람에게 폐 끼치지 않으면서 한 생을 살았다면 그 또한 멋진 삶이 된다. 그렇게 잠시 머무르다 영원 속으로 사라지는 게 모든 생명체의 운명이다.

　어떻게 하면 이 소망을 이룰 수 있을까. 자다가 죽고 싶다는 이 모든 사람의 소망이 진정 불가능한 건가. 필자는 '아니다'라고 감히 말한다. 답은 간단하다. 건강하게 90살을 넘기면 자다가 죽을 수 있다. 아니 자는 것처럼 죽을 수 있다. 그 이유와 원리는 간단하며 누구나 그렇게 될 수 있다. 수명이 다 된 노후화된 기계는 쉽게 그 기능을 멈춘다. 인체의 각 기관의 수명은 조금씩 기관에 따라 차이가 있지만 대체로 5~60년 또는 6~70년이다. 의술과 약품의 발달로 연장 또 연장하여 수명이 이렇게 늘어났다. 건강 여부는 각 개인의 건강관리 노력과 깊은 관계가 있고 또 유전자 등의 차이로 개인차가 많이 발생한다.

　오래 살려고 건강관리를 하는 게 아니라 관리를 하게 되면 오래 살게 되는 것이다. 알뜰살뜰 살면 기계는 마지막까지 온 힘을 다해 몸 주인을 위해 최선을 다하다가 제풀에 꺾여 막을 내린다. 자듯이 너무도 편안하게 이생에서 마지막을 맞는 것이다. 반대로 기계의 수명이 아직 남아 펄쩍펄쩍 뛰는데 강제로 마지막 순간을 맞게 되면 온갖 부작용이 드러나는 것이다. 그 부작용이 바로 고통이다. 그러니 자다가 죽게 해달라고 기도할 게 아니라 그 시간에 아프지 않도록 운동을 하는 것이다. 그것이 자다가 죽는 비결이다. 오래 살면 살수록 고통의 기간은 짧아진다. 아흔을 넘긴 사람들은 고통의 순간이 3~5일 정도다. 길어야 열흘, 보름을 넘기지 않는다.

098
장례를 어떻게 할 것인가

　최근 한 언론에서 발표한 기사 내용을 보면 미국 캘리포니아주를 비롯한 5개 주에서 퇴비장(葬) 법안을 통과시켜 2027년부터 시행한다고 한다. 생소한 퇴비장은 인간의 시신을 철제 용기에 담아 풀과 꽃, 나뭇조각, 짚 등을 섞어 미생물이 자연분해 하도록 하는 방식을 말한다. 그동안 매장이 주축을 이루다가 2005년경부터 화장은 매장을 추월하였고 지난해는 화장률이 90%를 넘어섰다. 장례는 나라마다 종교마다 조금씩 차이를 보인다. 조로아스터교나 티베트불교는 조장(鳥葬)을 지낸다. 말하자면 새 밥이 되게 하는 것이다. 조장은 영혼이 새와 함께 하늘로 오른다는 믿음에서 출발했다. 거칠고 땅이 척박하고 바람이 센 지역에선 풍장(風葬)을 지내는 곳도 있다. 인도 같은 데선 화장의 형식을 빌리긴 하지만 완전히 태운 시신이 아닌 채로 자신들이 신성시하는 갠지스강에 띄워 보낸다.
　우리도 예전 섬에선 땅이 부족하여 매장할 곳이 마땅찮아 초분(草墳) 또는 초장(草葬)이라는 장례가 있었다. 초분은 시신을 바로 땅에 묻지 않고 돌이나 통나무 위에 판을 얹고 이엉 등으로 덮은 초가 형태의 임시무덤으로 1~3년 후 초분에 모신 시신이 탈육(脫肉)되고 나면 뼈만 간추려 매장한다. 그 흔적은 지금도 섬에서 찾아볼 수 있다. 요즘엔 화장이 대세이나 노인인구가 빠른 속도로 늘어나고 화장시설의 부족 등의 이유로 장례가 점차 간소화하는 경향이 뚜렷하다. 납골당, 납골묘, 자연장, 수목장, 잔디장이 속속 등장한다. 오늘날 장례의 큰 화두는 '녹색 죽음'이라고도 불리는 친환경이다. 영국에선 시신을 가수분해기 통에 넣어 서너 시간 만에 뼈만 남기고 살을 녹이는 장례법도 등장했다.

　필자는 유서에도 분명하게 남겼지만, 허례허식일 뿐인 현재의 장례 제도에서 벗어나야 한다는 점과 간소화를 오래전부터 주장해왔다. 지금도 결혼식, 장례식을 보면 가진 자들의 과시용의 장소로 많이 이용된다는 느낌이다. 결혼식이든 장례식이든 가까운 친인척과 친구 몇 명만 모여 즐거우면서도 경건한 결혼, 슬프지 않으면서 거룩한 장례가 되었으면 하는 바람이다. 필자는 그 모범을 보이기 위하여 유서에 친인척과 친구 몇 명의 참가자 명단도 남겼다. 물론 축의금, 부의금, 화환 같은 겉치레는 일체 사절한다는 내용도 들어 있다. 그렇게 할 이유도 의미도 없다는 뜻에서다. '사전연명의료의향서' 등록(2019.3.5.)도 초기에 이미 해 놓았다.

　죽음을 너무 거창하게 해석할 필요가 없다. 죽음은 생명체가 때가 되면 숨을 거두는 너무나 자연스러운 현상이다. 죽음만큼 공평한 것도 없다. 죽음만큼 위대한 피날레도 없다. 죽음만큼 모든 고통을 일순 해결하는 것도 없다. 공수래(空手來)하여 이만큼 즐기고 누렸으면 됐다. 기력도 없는데 자꾸 더 살려고 삶을 구걸하면 추하다. 잘 살았으니 이제 공수거(空手去) 하면 된다. 멋진 마무리가 얼마나 아름다운가. 고인을 기리는 뜻만 바뀌지 않는다면 어떤 장례 방식이 되었건 무슨 상관이 있겠는가. 죽음에 대한 다양한 해석이 필요한 때다.

099
멋진 마무리

어떤 삶이어야 아름다운 마무리일까. 아마도 이런 삶이 아름다운 마무리가 아닐까. 돈이 있다고 다 할 수 있는 게 아니다. 그 사람의 철학과 인생관과 가치가 조화롭게 이루어져야 가능한 것이다. 아래에 세 사람의 예를 든다. 이들의 멋진 마무리의 증거를 나의 스크랩 자료 중, 신문 기사를 통해 공인된 내용으로 정리해 보았다.

김정주 넥슨 창업주

'넥슨 신화' 김정주 미국에서 별세

한국 게임 산업을 이끌었던 넥슨의 창업주 김정주 NXC

(넥슨지주사) 이사가 2월 28일 미국에서 별세했다. 향년 54세. NXC는 1일 "유가족 모두 황망한 상황이라 자세히 설명 드리지 못함을 양해 바란다"면서 "고인은 이전부터 우울증 치료를 받아 왔으며 최근 들어 악화한 것으로 보여 안타깝다"고 밝혔다. 1968년 서울에서 태어난 고인은 서울 광성고와 서울대 컴퓨터공학과를 졸업했다. 이후 한국과학기술원(KAIST)에서 전산학과 석사 학위를 받았다. KAIST 박사과정에 진학했지만 6개월 만에 학업을 중단하고 대학 동기 송재경 엑스엘게임즈 대표와 함께 1994년 서울 강남구 역삼동의 작은 오피스텔에서 자본금 6,000만 원으로 넥슨을 창업했다. 넥슨은 세계 최초의 그래픽 온라인 게임인 '바람의 나라'를 비롯해 '메이플스토리' '카트라이더' 등이 한국은 물론 해외에서도 인기를 끌며 성장을 거듭해 넷마블, 엔씨소프트와 함께 한국 게임 산업을 대표하는 '3N'이 됐다. 당시에는 개념조차 생소했던 온라인 게임이라는 장르를 발굴하면서 시가총액 24조 원, 연 매출 3조 원에 이르는 기업을 일궈냈다. 블룸버그에 따르면 김 창업주의 재산 규모는 74억6,000만 달러(약 8조9,855억 원)로 전 세계 338위, 국내 3위 부자다. 아버지인 김교창 변호사의 투자 이외에는 외부 투자를 단 한 차례도 받지 않고 2011년 국

내 IT 기업으로는 처음으로 국내 증시가 아니라 도쿄증시에 넥슨을 상장시켰다.

고(故) 김 창업주는 1988년 서울대 학부 재학 때 일본항공의 장학생으로 선발돼 일본 조치대에서 연수하면서 일본 시장과 게임에 눈을 뜬 것으로 알려졌다. 일본 방문 당시 닌텐도 게임기를 사려고 줄을 길게 서 있는 사람들을 보고 "꼭 닌텐도를 뛰어넘는 게임회사를 설립하겠다고 다짐했다"고 밝히기도 했다.

고인은 2019년 1월 10조 원 규모에 넥슨 매각을 추진하다가 철회하면서 넥슨 경영에서 한발 물러났다. 지난해 6월 말에는 전문 경영인 체제로 전환하겠다며 16년 만에 지주사 대표이사에서도 물러났다. 당시 그는 "보다 자유로운 위치에서 넥슨 컴퍼니와 우리 사회에 도움 되는 길을 찾겠다"고 밝혔다. IT 업계에 따르면 고인은 최근까지 미국 뉴욕에서 대학생인 딸과 함께 거주하며 미국 공유경제 펀드인 콜라보레이티브 펀드의 벤처 파트너 직책을 맡아 업무에 집중한 것으로 알려졌다. 또 뉴욕에서 가상화폐 업계 사람들과 교류하며 "앞으로 몇 년간은 크립토(가상화폐) 쪽에 기회가 있을 것"이라고 자주 말한 것으로 전해졌다. 특히 평소 "디즈니처럼 사람들에게 사랑받는 회사를 만들고 싶다"고 말한 대로 엔터테인먼트 분야 진출에도 적극적이었다고 한다. 고인의 한 지인은 "우울증이 있는 것은 알고 있었지만 최근까지 평소와 다른 점을 느끼기 어려울 정도로 밝은 모습이었고 사람들도 만났다"고 했다.

고인은 학창 시절부터 틀에 얽매이는 것을 싫어하는 괴짜로 유명했다. 고인의 은사인 이광형 KAIST 총장은 '카이스트의 시간'에서 김 창업주에 대해 "머리카락이 노랗게 변하기도 하고 어떨 때는 붉은 빛을 띠기도 했다. 귀걸이를 하고 다녔는데 양쪽에 같은 모양의 귀걸이를 달지 않았다"고 회고했다. 특히 자신이 하고 싶은 일에 대해서는 절대로 고집을 꺾지 않고 몰두했다고 한다. 초등학교 때는 음악에 이후에는 코딩에 빠져 살았다. 주변 사람들은 이런 외골수 성격 덕분에 고인이 연 매출 3조 원에 이르는 게임회사를 키워냈다고 평가한다.

김 창업주는 인재 확보에도 상당히 노력을 쏟았다. 평소 주변에 "사업의 성공은 자기를 위해 일해 줄 유능한 사람을 찾는 것"이라고 자주 말했다고 한다. 회사를 인수하는 것은 오직 인재를 인수하기 위해서라는 것이다. 고인과 평소 교류했던 게임업계 인사는 "인재 영입을 위해 그 사람의 대학교 졸업식에도 참석하고 부모님을 찾아가 면담까지

하는 집요한 면이 있었다"고 말했다. 사회공헌에도 큰 관심을 보였다. 2012년 이재웅 다음 창업자 등 인터넷 창업 1세대와 힘을 합쳐 후배 벤처기업인을 키우기 위한 200억 원대 민간펀드를 조성하기도 했다. 2018년에는 "경영권을 자식에게 물려주지 않고 재산을 사회에 환원하겠다"고 발표했고 넥슨 재단을 통해 어린이재활병원 건립에도 앞장섰다.

김 창업주는 서울대 동기였던 진경준 당시 검사장에게 넥슨 비상장 주식을 사실상 공짜로 줘 120여억 원의 시세차익을 거두게 했다는 의혹으로 2016년 검찰 조사를 받고 기소됐으나 2018년 무죄가 확정됐다. 하지만 이 사건을 겪으면서 상당히 심적인 고통을 받은 것으로 알려졌다. 유족으로는 아내와 두 딸이 있다. 부친은 기업법 전문가로 꼽히는 김교창 변호사이고 고 김재익 청와대 경제수석과 한승주 전 외무부 장관이 이모부다. 넥슨 관계자는 "국내 조문 등 장례 절차는 정해지지 않았다"고 밝혔다.

- 이벌찬. 장형태 기자, 조선일보 2022.3.2일 자 기사

"나의 슬픔을 당신은 아시나요" 바이올린과 연극을 사랑했던 은둔의 경영인

영재 김정주, 다양한 취미의 소유자(바이올린, 레고, 자전거, 연극배우, 괴짜, 노마드의 자유로운 영혼, 사무실도 없었던 수수하고 털털한 인간미 등) 요절이 아깝다. 많이 아쉽다. 참 멋진 인물이다.

별세한 '게임 황제' 김정주 알려지지 않은 이야기들
2019년 12월 14일 저녁 7시, 전남 여수 교동에서 배로 1시간 가야 하는 외딴섬에서 소금기 가득한 바닷바람을 타고 바이올린 소리가 들린다. 멕시코의 천재 작곡가 마누엘 퐁세의 '작은 별(Estrellita)', "나의 슬픔을 당신은 아시나요/나의 아픔을 아시나요/···/당신은 아시나요/내가 사라져 간다는 것을." 이어서 아렌스키의 피아노 트리오 1번이 흘렀다. 바이올린 현의 선율이 첼로, 피아노와 만나 우수에 찬 듯 쓸쓸했다.
바이올린을 든 남자는 넥슨 창업자 김정주 NXC 이사. 친구인 김정운 전 명지대 교수가 미역 창고를 개조해 만든 작업실 '미력창고(美力創考)에서 피아니스트 한지호, 첼리스

트 허정인 등과 '미역 창고 섬 음악회'를 열었다. 2월 말 미국에서 별세한 김정주(54)는 '은둔의 경영자'로 불렸다. 공식 행사에 모습을 드러낸 적이 많지 않아서다. 다양한 인수합병으로 넥슨 제국을 만들어 '게임 황제'로 불리기도 했다. 그러나 가까운 지인들은 김정주를 음악과 연극을 사랑했던 '예술인'으로 기억한다. 백팩을 메고 전 세계를 돌아다니며 레고와 자전거, 사진을 즐겼던 노마드이기도 했다. 김정주 사후 넥슨의 향방이 국내외 게임 업계 초미의 관심사로 떠오른 가운데 잘 알려지지 않은 그의 숨은 이야기를 들었다.

이화콩쿠르에서 우승한 바이올린 영재

김정주가 여수에서 바이올린을 잡은 건 40년 만이었다. 초등학교 6학년이던 1979년 제28회 이화경향콩쿠르에서 바이올린 부문 우승을 차지한 영재였다. 정경화. 조성진을 배출한 그 대회다. 그도 이때부터 음악의 길을 걸었다. 1980년에는 KBS와 협연했고 이종숙. 김남윤을 사사했다. 줄리아드 예비학교에 입학해 도로스 딜레이, 강효의 가르침을 받기도 했다. 음악적 재능은 서울대 음대에서 피아노를 전공한 어머니 이연자 씨에게 물려받았다. 외가는 예술가의 피가 흐르는 집안, 그의 둘째 이모는 한국미술사학회장을 지낸 이성미 씨, 막내 외삼촌은 서울대 동양사학과 교수를 거쳐 규장각 관장을 지낸 이성규 씨다.

여수 음악회를 마친 뒤 김정주는 어머니에게 연주하는 사진을 보여줬다. 어머니는 김정운 교수에게 "아들이 다시 바이올린을 켜게 해줘 고맙다"는 인사를 건넸다. 김정주는 "최고의 효도를 한 것 같다"며 밝게 웃었다. 김정주에게 바이올린은 마지막 안식처였다. 2020년 '콰르텟 제이'를 결성해 그해 12월 '김정운의 인문학콘서트'에서 첫 무대를 가질 예정이었으나 코로나 확산으로 무산됐다. 지난 9일 대통령 선거 날 오후에도 작은 음악회를 열 계획이었으나 오미크론으로 일정을 재조정하는 중이었다. 김정운 교수는 "이번엔 (김정주의) 부모님까지 초대하려 했는데…"라며 말끝을 흐렸다.

김정주의 예술가적 기질은 음악뿐만이 아니었다. 2006년 그는 홀연히 대학로 연극단 '독'에 합류한다. 이미 회사는 전문 경영인 체제로 운영되고 있었다. 회사에서는 젊은 회장이지만 극단에서는 늙은 막내, 그는 헐렁한 티셔츠에 바지, 샌들을 신고 땀을 뻘뻘 흘리며 무대 장치를 못질하고 음향을 점검하고 포스터를 붙이고 다녔다. 연극 '돌고 돌아' 때는 직접 무대에 오르기도 했다. 실전경험만 쌓은 건 아니다. 2007년 김정주는 마흔에 한국예술종합학교에 입학한다. 그는 어린 학생들과 연극도 하고 뮤지컬도 보고 사진도 찍으면 5년을 보냈다. 여기서 멈추지 않았다. 뉴욕코미디스쿨로 유학을 떠난 것이다.

경비도 못 알아본 회장님

이렇게 세계를 누비고 다녔지만 아무도 그가 13조 원대 부자인 것을 몰랐다. 넥슨이 선릉역에 있던 시절, 넥슨은 주변 건물 네 개를 임차해 쓰고 있었다. 김정주는 이 중 어디에도 자신의 사무실을 두지 않았다. 그가 있던 곳은 늘 선릉역 커피빈. 직원들과 의논할 일 있으면 늘 커피빈으로 불렀다. 그러다 비 오는 어느 날, 회사에 일이 있어 급히 건물로 뛰어 들어오니 경비가 막아섰다. 배낭에 청바지를 입은 그가 회장일 거란 생각을 못 한 것이다. 김정주도 자신이 대표라는 걸 증명할 방법이 없었다. 평생 수행비서도 없었다. 해외 출장길, 그는 늘 스스로 비행기 티켓을 사고 대중교통으로 움직였다. 사진을 즐겨 찍을 때는 렌즈 하나 바꾸는 것도 비싸다고 덜덜 떨었다. 그러나 쓸 땐 썼다. '푸르메 재단 넥슨 어린이재활병원'은 그가 사재

500억 원을 기부해 지었다. 백경학 푸르메 재단 상임이사는 "모두 그를 국내 IT산업을 이끈 선두주자라고 하지만 나는 그가 소외된 장애 어린이와 부모들의 눈물을 닦아준 기업가로 기억되길 바란다"고 했다.

레고와 자전거를 즐긴 노마드 사업가

김정주는 타고난 사업가였다. 전 세계를 돌아다닌 것도 사업 아이템을 찾기 위해서였다. 취미도 많았다. 레고를 좋아했고 자전거도 곧잘 탔다. 이재웅 다음 창업자 등이 이끄는 '86학번 모임'에 자전거를 타고 나타났다가 대리를 불러 돌아가기도 했다. 레고를 좋아해 2013년 개인이 레고를 사고파는 온라인장터 '브릭링크'를 인수했다. 같은 해 12월에는 '강남유모차'로 불리는 노르웨이 유아용품 스토케를 인수하기도 했다. 사업가 자질은 아버지 김교창 변호사에게 물려받았다. 음악가 대신 사업가로서 삶을 선택한 것도 아버지 영향이었다. "무대 위에서 박수받는 삶보다 무대 아래에서 박수를 치는 삶이 더 좋지 않을까." 그때부터 김정주는 마음잡고 공부해 서울대 컴퓨터공학과에 입학한다. 대학에서도 별난 공대생이었다. 음대에서 오케스트라 수업을 듣고 교양 필수인 사회학 개론 대신 교양 선택인 범죄

심리학을 들었다. 그래서 학점 미달로 대학을 1년 더 다녀야 했다. 그때 창업에 대한 꿈을 키웠다고 한다.

    김정주가 넥슨을 창업한 건 1994년 12월, 이미 몇 번의 창업을 실패한 후였다. 사실 그는 창업할 필요가 없었다. 삼성 장학생이었던 그는 졸업과 동시에 삼성에 취직하기로 돼 있었다. 그러나 그는 삼성의 7시까지 출근해 4시에 퇴근하는 제도를 끔찍하게 싫어했다. 다행히 가족 누구도 그런 삶을 강요하지 않았다. (출처 불확실함)

    넥슨의 미래는?

    넥슨의 지배구조는 NXC. NXMH-넥슨-넥슨코리아 등으로 이어진다. 김정주는 NXC 지분의 67.49%를 보유하고 있었고 아내인 유정현 감사가 29.43%, 두 딸이 각각 0.68% 등 전체의 98.28%를 보유하고 있다. 아직 유족은 어떤 입장도 밝히지 않았지만 김정주의 지분은 아내와 두 자녀에게 상속될 가능성이 크다. 다만 경영 개입 가능성은 작아 보인다. 이미 김정주와 유 감사가 경영 일선에서 물러났고 김정주는 앞서 두 딸에게 경영권을 물려주지 않겠다고 발표한 바 있다. 매각설도 나오지만 2019년 그와 가족이 보유한 NXC 지분 전량을 공개 매각했을 때 적당한 매수자가 없어 성사되지 않은 바 있다.

경제지 포브스는 지난해 5월 기준 김정주의 자산 규모를 109억 달러로 평가했다. 현재 환율로는 13조 원이 넘는다. 상속세 및 증여세법에 따르면 최고 상속세율은 50%다. 최대 주주의 주식 등에 대해서는 20%를 더 가산하게 돼 있다. 김 이사의 자산가치 13조 원을 적용할 경우 8조 원 가까운 상속세가 나올 것으로 보인다. 일각에서는 이 상속세를 가족들이 NXC 지분으로 물납하는 방법을 택할 가능성이 클 것으로 보고 있다. NXC는 비상장사이고 비상장사 지분을 물려받을 땐 상속세를 주식으로 대신 낼 수 있다. 이렇게 NXC 지분 40.49%를 상속세로 납부해도 여전히 유가족이 보유하게 되는 지분은 절반이 넘어 넥슨 오너십이 쉽사리 흔들리지는 않으리라고 분석된다.

최근 사우디아라비아 국부펀드인 '퍼블릭 인베스트먼트 펀드'(PIF)가 넥슨 주식을 추가로 매입하며 지분율을 7.09%로 끌어올렸지만, 이 역시 큰 영향은 없을 것으로 보인다. PIF는 이번 매수를 단순 투자로 경영 참여가 아닌 주식 보유에 따른 기본 권리만 행사하겠다는 입장인 것으로 전해졌기 때문이다.

- 이혜윤 기자, 조선일보 2022.3.12.일 자 기사

#2. 최명재 파스퇴르유업 창업자

"창조적 천재 1명이 수백만 먹여 살려" 민족사관고 세우고
1,000억 쏟아 부어
최명재 파스퇴르유업 창업자 별세

    파스퇴르유업과 민족사관 고등학교를 세웠던 최명재(崔明在.95) 민사고 이사장이 6월 26일 노환으로 세상을 떠났다. 최 이사장은 1927년 전북 김제시에서 태어났다. 만경보통학교, 전주북중, 경성경제전문학교(현 서울대 경영대)를 마치고 상업은행에서 직장생활을 시작했다. 돈을 더 벌겠다는 각오로 은행을 그만두고 택시 운전에 뛰어들었다. 여기서 얻은 성공 경험을 바탕으로 1960년대 운수회사(성진운수)를 세웠고 1970년대엔 물류 사업에 뛰어들어 큰돈을 모았다. 60세 되던 1987년 강원 횡성에 파스퇴르유업을 설립하고 '저온살균 우유'를 앞세워 기존 우유업계를 공격하는 직설적 마케팅으로 화제를 모으며 급성장했다.
    1996년에는 강원도 횡성 파스퇴르유업 공장 옆 127만 2,700m2(38만5,000평) 땅에 민사고를 세웠다. '민족주체성 교육'을 통해 세계적인 지도자와 노벨상을 탈 수 있는 인재를 키우겠다는 목표였다. 1970년대 영국 이튼스쿨을

방문했을 때 넬슨 제독 전승 기념행사를 보면서 "한국엔 넬슨보다 훌륭한 이순신 장군이 있는데 이튼 같은 학교는 없다"고 생각하며 갖게 된 필생의 꿈을 실천에 옮긴 것이다. 초기엔 최 이사장이 파스퇴르유업 수익을 매년 30억~50억 원 민사고에 투자하면서 우수 학생을 뽑아 기숙사비를 포함 교육비를 받지 않고 운영했다. 모두 1,000억 원을 쏟아부은 것으로 알려졌다. 그러나 1998년 IMF 외환위기로 파스퇴르유업이 부도처리 되면서 재정난을 겪어 지금은 등록금으로 운영한다.

민사고는 재학생들이 개량 한복을 입고 아침, 저녁으로 교사에게 문안 인사를 하는 등 남나른 학풍(學風)으로도 주목을 받았다. 졸업생들은 서울대를 비롯해, 국내 명문대뿐 아니라 스탠퍼드. 코넬. 듀크. 케임브리지. 홍콩과기대 등 전세계 유명 대학으로 다양하게 진학한다. 최 이사장은 "나는 장사꾼이다. 기왕 장사를 시작한 바에는 큰 장사를 하려고 한다. 창조적인 천재 한 사람이 수백만 명을 먹여 살린다고 한다. 학교를 만들고 영재를 교육해 장차 이 국가와 민족을 위해 일하게 한다면 나로서는 수천, 수만 배 이익을 얻는 셈이 아니겠는가."라고 자주 말했다. 빈소는 서울 아산병원에 마련됐다. 발인은 28일 6시 20분. 영결식은

28일 오전 9시 민사고에서 열리며 장지는 민사고가 자리한 횡성군 덕고산 자락이다. 유족은 부인과 장남 최경종 민사고 행정실장 등 2남 2녀가 있다.

- 김연주 기자, 조선일보 2022.6.27일 자 기사

윤영환 대웅제약 명예회장

윤영환 대웅제약 명예회장 별세… "온라인 추모관으로만 조문 받습니다"
'베아제' '우루사' 키워 낸 창업주

소화제 '베아제'와 간장약 '우루사'를 국민 대표 의약품으로 키워낸 윤영환(88) 대웅제약 명예회장이 8월 20일 별세했다. 고(故) 윤 명예회장은 성균관대 약대를 졸업하고 교사 생활을 하다 1958년 약국을 개업했다. 이후 1966년 대웅제약의 전신인 대한비타민을 인수하며 본격 경영을 시작했다. 그는 1974년 우루사를 복용이 편리한 캡슐형으로

내놓으며 베스트셀러 의약품으로 올려놓았고 1988년 국민 소화제로 꼽히는 베아제를 출시했다. 2001년에는 국내 바이오 신약 1호인 '이지에프'를 개발하는 데 성공했다. 아울러 고혈압치료제 '올로스타'와 일명 보톡스라 불리는 보툴리눔톡신 '나보타' 등 다양한 신약을 선보였다. 그는 '좋은 약을 만들어 국민의 건강을 지키고 건강한 사회를 만든다'는 의약보국(醫藥報國)의 신념으로 회사를 이끌었다. 윤 명예회장은 2014년 경영 일선에서 보유주식을 모두 출연해 '석천대웅재단'을 설립, 사회공헌활동을 해왔다. 그는 대한약사회 부회장과 제약협회 부회장 등을 역임했다.

유족으로는 윤재용, 재훈, 재승, 영 씨가 있다. 장례는 비공개 회사장으로 치르며 빈소를 공개하지 않기로 했다. 대웅제약 측은 "고인의 유지에 따라 조문과 조화를 정중히 사양하고 온라인 추모관을 통해 외부 조문을 받기로 했다"며 "이러한 시도가 장례 참가로 인한 개인적. 사회적 수고나 비용에 대한 개선 등 새로운 장례문화의 시발점이 됐으면 한다"고 밝혔다.

- 유지한 기자, 조선일보 2022.8.22.일 자 기사

김동길 연세대 교수

시신은 연세대, 살던 집은 이대… 다 기증하고 떠났다 故 김동길 교수(1928~2022)
유언 따라 병원 아닌 자택에 빈소 정재계 인사 등 600여 명 조문
"약자에겐 한없이 다정하고 강자의 잘못엔 물러서지 않던 분"
10월 7일 발인 대신 가족 예배 예정

"너무 일찍 가셨습니다. 항상 뵐 때마다 아무리 본인이 힘드셔도 유머와 따뜻함으로 맞아주셨던 것을 잊을 수가 없습니다."(안철수 국민의 힘 의원) "대학 시절부터 마음속으로 깊이 존경하던 분인데…. 돌아가셨다니 정말 슬플 뿐입니다."(정몽준 아산재단 이사장)

　5일 오후 서울 서대문구 대신동 김옥길 기념관. 검은 옷을 입은 조문객들이 잇달아 건물 1층으로 들어섰다. 전날 밤 신촌 세브란스 병원에서 별세한 김동길(94) 연세대 명예교수의 빈소가 이곳에 마련됐기 때문이다. 한평생 직언(直言)으로 자유민주주의의 가치를 깊이 설파했던 김 교수의 영정 앞에서 사람들은 고개를 숙이며 넋을 기렸다. 김옥길 기념관은 김동길 교수의 누나이자 이화여대 총장, 문

교부 장관을 지낸 김옥길(1921~1990) 여사를 기념하기 위한 건물로 1999년 김 교수의 집 마당 자리에 건립됐다. 자택 앞에 빈소를 마련한 이유는 '나를 위한 장례식을 병원에서 치르지 말라'고 밝힌 김 교수의 유지 때문이다. 장소가 협소해 화환은 윤석열 대통령이 보낸 것 말고는 모두 돌려보내야 했다.

김 교수가 2011년 원고지에 직접 써서 이철 당시 연세대 의료원장에게 보낸 서신은 이날 공개됐다. '내가 죽으면 장례식. 추모식을 일체 생략하고 내 시신은 곧 연세대학교 의료원에 기증하여 의과대학생들의 교육에 쓰이기를 바라며 누가 뭐래도 이 결심은 흔들리지 않습니다.' 고인의 뜻에 따라 시신은 연세대에 기증됐고 김옥길 기념관을 포함한 자택은 2020년 이화여대에 기증됐다. 한 지인은 "집을 제외하고 남은 재산은 거의 없는 것으로 알고 있다"고 말했다. 이날 김대기 대통령 비서실장, 원희룡 국토교통부 장관, 국민의 힘 정진석 비상대책위원장과 주호영 원내대표, 권성동. 김석기. 안철수. 윤상현 의원, 김문수 경제사회노동위원장, 강창희 전 국회의장, 이종찬 전 국정원장, 유종호 전 대한민국 예술원 회장, 정몽준 아산재단 이사장, 김장환 극동방송 이사장, 노태우 전 대통령의 자녀인 노소영 아트

센터 나비 관장과 노재헌 동아시아 문화센터 이사장, 조선일보 방상훈 사장과 간부 일동 등이 빈소를 찾았다. 일반인을 포함해 약 600명이 조문했다.

안철수 의원은 "최근에 입원하셨다는 소식을 듣고 연락드렸더니 '금방 퇴원 할 테니 집에서 보자'고 하셨는데 그게 마지막이었다."고 말했다. 고인은 지난 대선에서 안철수 후보의 후원회장을 맡았었다. 유종호 회장은 "정말 재능과 기억력이 뛰어나고 사회적인 기여도 많이 하신 분인데 이렇게 가실 줄은 몰랐다고 안타깝다"며 "노년이라고 하는 것이 내일이 없다는 것을 새삼 깨닫게 됐다"고 말했다. 고인의 제자로 임종을 지켜본 김동건 전 KBS 아나운서는 "지난 2월 코로나19에 걸렸다 회복하셨지만, 3월에 입원하신 뒤 최근 쇠약해진 모습 앞에서 눈물을 흘렸다"고 말했다. 고인에 대해서는 "평생 자유민주주의를 지키기 위해 헌신해 오시며 귀감이 되셨고 언제라도 민주주의를 위해 자신의 생명을 바칠 수 있다는 사랑과 진심, 의협심과 정의감을 보여주신 분"이라며 "사람은 약자에게 강하고 강자에게 비굴해지기 마련인데 박사님은 약자에게 다정했으며 강자의 잘못 앞에서 물러서는 일이 없었다"고 했다.

유족들은 고인의 발인을 대신한 가족 단위의 예배를 7일

11시 김옥길 기념관에서 거행할 예정이다.

*　　　*　　　*

김동길 연세대 명예교수의 유서

이철 의료원장, 2011년 10월 2일

내가 죽으면 장례식, 추모식은 일체 생략하고 내 시신은 곧 연세대학교 의료원에 기증하며 의과대학생들의 교육에 쓰이기를 바라며 누가 뭐래도 이 결심은 흔들리지 않습니다. 법적 절차가 필요하면 미리 말해주시기 바랍니다.

성명: 김동길 인

주소: 서울 서대문구 대신동 92

생년월일:1928년 10월 2일

- 유석재 기자, 조선일보 2022.10.6.일 자 기사

자유인 김동길

김동길 교수는 서양문화사 강의를 연세대 강의실이 아니라 강당에서 했다. 2,000명이 넘는 수강생을 수용할 강

의실이 없었기 때문이었다. 출석부가 77쪽에 달했다. 출석 체크가 불가능했다. 그래도 결석자는 적었다. 청강생이 더 많이 들어와 강당 정원을 초과할 때가 많았다. 그의 강의는 힘이 있었고 유머가 넘쳤다. 김 교수를 흉내 낸 최병서의 개그보다 그의 강의가 더 웃겼다. 엄청난 인기였다. 글과 말에서 동시에 달인은 드물다. 김 교수는 드문 사람이었다. 타고났기 때문만은 아니다. 그는 20여 년 동안 매일 아침 6시 미국 한인 방송을 통해 강연을 했다. 방송국 사정 때문에 갑자기 결방 소식을 들은 날에도 카메라 앞에서 그냥 강연했다고 한다.

글도 200자 원고지 석 장씩 매일 썼다. 김 교수는 "혼수상태가 될 때까지 글을 쓰겠다"고 했다. 실제로 병석에 들기 직전인 지난 설날까지 글을 올렸다. 그는 강골이었다. 대학 때 도봉산으로 단체 친목회를 갔다가 깡패들을 만났다. 가진 것을 내놓으라고 협박당했다. 김 교수 혼자 다 때려눕혔다. 당시 유일한 여학생이던 故 심치선 교수의 생전 증언이다. 그런 분이 하루 한 끼만 드셨다. 자택에서 식사를 함께해보고 의문이 풀렸다. 그릇 크기가 대단했고 양도 상당했다. 비상한 기억력도 유명했다. 시 300수를 외웠다고 한다. 몇 편 암송을 부탁한 적이 있다. 시마자키 도손,

윤선도, 윌리엄 워즈워스의 시 3편을 순식간에 암송했다. 김 교수는 "키를 눌렀는데 시가 안 나온다? 그때가 인생 끝나는 때"라고 했다.

손위 누이인 고 김옥길 선생처럼 그도 사람을 좋아했다. 대문을 열어놓고 살았고 종종 자택에서 냉면 모임을 했다. 많은 식객이 신세를 졌다. 그 가운데 부하까지 몰고 와 냉면을 가장 많이 먹고 간 사람은 5공 때 김 교수를 핍박했던 전두환 전 대통령이었다. 50여 명이 100그릇 넘게 먹고 빈대떡까지 싸갔다고 하다. 노년엔 여든 넘은 지인들과 함께 100세 클럽을 만들었다. 멤버였던 백선엽 장군과 김병기 화백이 백 살을 넘기고 세상을 떴다. 김형석 교수와 김창묵 선생은 여전히 건재하다. 11년 전 생일 김 교수는 세브란스 병원 의료원장에게 편지를 보냈다. "내가 죽으면 장례식, 추모식은 일체 생략하고 내 시신은 의과대학생들에의 교육에 쓰여지기 바란다."고 했다. 그리고 "누가 뭐래도 이 결심은 흔들리지 않는다."며 도장까지 찍었다. 그는 일생 자유민주주의를 전파하면서 살았다. 가는 길도 자유인이었다. 선우정 논설위원

- 선우정 논설위원, 조선일보 2022.12.13.일 자 칼럼

100
늙지 않는 장수의 비결

- 세계적인 장수마을 5곳

전 세계에서 가장 건강하게 오래 사는 사람들이 모인 곳은 어디일까. 인구통계학적 연구를 통해 장수의 비결을 밝히고 건강 장수를 추구하는 '블루 존(Blue Zone)' 프로젝트 창시자 댄 뷰트너를 따라 세계 5대 장수촌을 들여다본다.

#1 사르데냐(이탈리아)

초원지대에서 산다. 양을 기른다. 따라서 매우 활동적이며 낚시와 농사를 직접 지으며 살아간다. 양에서 나오는 우유로 치즈를 만들어 먹는다. 산책을 정기적으로 한다. 올리브유를 많이 섭취한다. 반주(포도주)를 먹는다. 노인 공경문화가 있다. 친구와 어울려 함께 웃기를 즐긴다. 스트레스 관리를 한다. '해피아워'를 정기적으로 가진다.

#2 오키나와(일본)

일본 최남단에 위치한 세계적 장수마을이다. 기후가 따뜻하며 조용한 바닷가 마을이다. 텃밭 가꾸기로 신체활동을 한다. 소식을 생활화하며 배의 80%만 채우는 하라하치부의 삶을 철저히 한다. 채식을 즐긴다. 생선을 먹는다. 유제품을 먹는다. 컬러 푸드를 즐긴다. 공동체문화인 '모아이' 습관이 있다. 이키가이라 해서 '인생의 즐거움과 보람'이라는 의미로 삶의 목적을 실천하고 행복을 추구하는 삶의 철학을 갖고 있다. 새벽을 여는 이유를 떠올린다. 사명감으로 산다. 목적이 이끄는 삶을 살아간다. 열량을 제한하여 생존 회로와 장수 유전자가 활성화되도록 한다.

#3 로마린다(미국)

미국 서부 캘리포니아 남부에 있는 장수마을로 미국인 평균보다 10년 이상 장수한다. 침례교회 교리 따라 술, 담배를 하지 않는 건전한 생활 습관을 갖고 있다. 채식주의를 고집하며 생선을 많이 먹는다. 운동을 한다. 성생활을 한다.

#4 이카리아섬(그리스)

세계 5대 블루 존이다. 하루 언덕 20개를 오르내린다. 야외생활 활발히 하는 것은 공통이다. 미국인 모라이티스는 1976년 의사 10명으로부터 폐암으로 9개월밖에 못 산다는 사망선고를 받았다.

이카리아섬에서 임종을 맞으려고 고향으로 돌아왔다. 집을 손수 고치고 동네 친구들과 밤늦게까지 게임 즐기고 와인을 만들며 지금 97세로 건강하게 살아간다. 이 의문을 풀기 위해 자기에게 폐암 선고를 내렸던 의사를 찾아갔더니 모두 죽고 없었다고 한다. 그들의 삶을 들여다보았다.

1. 충분한 휴식을 한다.
2. 채소 위주의 식사와 올리브유 염소젖 등 지중해 식단을 즐긴다.
3. 설탕 밀가루 고기 섭취는 하지 않는다.
4. 가공식품은 먹지 않는다.
5. 낮잠을 잔다.
6. 성생활을 한다.
7. 활발한 사회생활을 한다.
8. 운동을 빠뜨리지 않는다.
9. 스트레스받지 않는다.
10. 이런 습관들이 상호강화작용을 한다.

#5 니코야(코스타리카)

행복한 삶에 대한 열망이 강하다. 행복 조건으로는
1. 가족 간의 강한 유대관계를 형성한다.
2. 매일매일 목적의식에 의한 삶을 살아간다.
3. 잘 먹는다.

4. 열량이 낮은 식품 선호한다.
5. 이른 시간에 가벼운 저녁을 먹는다.
6. 호박, 옥수수, 콩을 즐겨 먹는다.

다섯 나라 장수마을의 공통적 특징

1. 자연스럽게 움직이기
2. 목적의식이 뚜렷하다.
3. 단순한 생활을 한다.
4. 80%만 먹기
5. 채식 위주의 식단
6. 하루 와인 한두 잔
7. 신앙심
8. 가족 우선의 삶
9. 올바른 관계 맺기
10. 내 몸의 건강 상태를 주기적으로 체크.
11. 뇌혈관 상태 및 뇌의 노화 정도를 주기적으로 확인.

세계인의 장수마을을 살펴봤으니 이제 필자의 삶을 중심으로 장수 견해를 적는다. 필자는 1999년 4월부터 몸일지를 쓰면서 나이 들면서 내 몸의 변화가 어떻게 일어나는지 꼼꼼하게 기록하며 건강한 장수비결을 찾아보려 애쓰고 어느 정도의 희망도 갖는다.

몸일지를 쓰면서 느낀 바도 있고 그 장수 가능성도 발견했다. 필자가 몸일지를 쓰는 이유와 이번 책을 쓰는 이유는 전적으로 노인 천만 시대를 맞아 노인들이 건강하고 행복해야 한다는 절대적 바람을 이루고자 함에 있다. 위에 피력한 세계적인 장수마을 다섯 곳의 삶과 필자의 삶이 크게 다르지 않다는 점을 발견하였다.

필자는 2016년 9월 벌초 후 온몸에 가려움증이 생겨 지금까지도 낫지 않아 적잖이 괴롭힘을 당한다는 점과 치과를 잘못 선택해 치아 문제로 고생을 하는 것만 빼면 아직은 건강이 좋은 편이다. 2년마다 하는 정기건강검진과 6개월에 한 번씩 하는 국민 체력 100(각 구청이나 보건소에 시설 있음)에서 지금까지는 1등급을 받는다. 그 건강검진 결과표와 증서를 보관 관리하며 건강을 체크하고 전년도와 비교해 안 좋은 것은 고치고 보완하며 좋은 점은 계속 이어나간다. 필자의 매일 매일의 생활을 적는다. 필자의 강점은 언행일치와 초지일관이다. 계획한 것은 철저하게 이행한다는 점이다. 철저하게 지켜나가는 필자의 일상을 적는다. 이 이론을 무시하는 사람에겐 백약이 무효다.

101
건강을 위한 생활 습관

 필자의 변함없는 일상을 적는다. 내 몸을 대상으로 54살이던 1999년 4월 25일부터 시험하고 있다. 이런 삶을 살았을 때 인간의 각 기관은 그렇지 않은 삶을 산 사람과 어떤 차이가 있을까. 어떤 차이가 확실하다면 인간의 장수와 큰 관계가 있음을 나타내는 훌륭한 자료가 되지 않을까 싶다. 현재까지는 매우 만족할 만한 결과를 얻고 있다는 점이다. 매우 고무적이고 흥분된다. 이 글을 쓰면서도 자신감으로 충만하다. 이런 건강과 체력을 가질 수 있음에 대한 강한 믿음이다.

 1. 일찍 자고 일찍 일어난다.
 취침 시간은 21시며 기상 시간은 3~4시 안팎이다. 수면시간이 짧지만 숙면을 취하기 때문에 낮에 졸리거나 피로하지 않다. 이 습관은 젊은 시절부터 이어져 온 습관이다. 일반사람보다 1~2시간을 더 확보할 수 있어 많은 활동을 한다.
 2. 일어나면 1시간쯤 '돌솔 체조(일명 장동건 체조)'를 한다.

3. 일기 쓰고 책 읽고 원고 쓰는데 3시간쯤 사용한다.

4. 08시에 아침 식사를 한다.

5. KBS 아침마당을 보면서 신문 스크랩(기사 고르기와 가위질 등)을 위한 작업을 한다.

6. 2시간쯤 책을 읽고 글을 쓴다.

7. 1시간 걷고 13시에 점심을 먹는다.

8. TV를 통해 노래하고 춤추는 것, 세계테마기행, 동물의 왕국, 자연다큐멘터리, 골프중계(KLPGA)를 본다. TV를 시청하면서 악력기와 아령, 스쾃, 팔굽혀펴기 등을 한다.

9. 1시간쯤 걷고 벤치프레스 등 근력운동을 30분쯤 한다.

10. 18시쯤 저녁을 먹는다.

11. 책을 읽고 글을 쓴다.

12. TV 드라마(KBS 20시 30분) 한 편을 본다. TV 뉴스는 가끔 본다. 그리고 21시에 잠자리에 든다.

이것이 필자의 뭉뚱그려진 일상이다. 일상을 벗어나는 경우가 몇 가지 있다. 수도권에 있는 맛집 9곳을 일정한 간격으로 순회한다. 전철을 주로 이용하며 월 3회는 좀 먼 곳을 여행한다. 필자는 차를 버린 지 14년이 되었다. 주 이동 수단은 발과 전철이다. 필자는 방황을 좋아한다. 방황하기엔 걷기가 최고다. 차로는 방황을 할 수 없다. 궁금하면 좀이 쑤셔 못 견딘다. 첫 경험을 매우 중요시한다. 첫 경험 거리가 뉴스에 뜨면 메모했다가 반드시 그곳을 찾는다. 박물관과 미술관, 영화관과 교보문고 천호점을 자주 들른다.

고향 대관령기슭에 30년 계획을 세워 놓고 정원을 만들어가고 있다. 디자인이라 할 것도 없고 규격도 계획도 없다. 말하자면 제멋대로의 정원이다. 그 속에 작은 도서관(하늘200 도서관)을 만들 계획이다. 작지만 세상에 하나밖에 없는 도서관, 숲속에서 또 개울가에서 책을 읽을 수 있도록 통나무 의자를 여러 곳에 놓을 것이다. 그냥 내 마음 가는 대로 꽃과 꽃을 보기 위한 유실수를 심는다. 이름도 휘게원(hygge園)이다. 이런 것들이 필자의 작은 꿈이다.

 화단이 넓어 나무 한 그루, 꽃 한 포기 심어봐야 자리도 나지 않는다. 풀을 뽑고 베고 나무를 자르고 낫질과 도끼질과 삽질하느라 땀을 뻘뻘 흘린다. 주변 사람들은 그곳에 감자나 옥수수를 심어 수확하는 게 좋지, 꽃을 심어봐야 뭣 하느냐며 충고도 하지만 난 들은 척도 하지 않는다. 한 달에 열흘에서 보름은 그곳에서 땀을 흘린다. 시골에 가 있는 동안은 적막강산이다. 한 사람도 못 보는 때도 있다. 상대가 없으니 말 한마디 하지 않는다. 목소리도 말도 어눌해짐을 느낀다. 그래서 작은 사각 라디오를 하나 옆에 두고 가끔 인간의 소리와 음악을 듣는다. 매일 아침 물소리 새소리 청량한 바람 소리 들으며 마시며 노래 두 곡을 큰 소리로 부른다. 그러면 목이 트인다. 내가 그런 적막한 곳에서 즐기며 사는 것은 뚜렷한 목적이 있어서다. 책 30권을 쓰겠다는 것과 그곳에 작은 도서관을 하나 세우고 싶다는 열망 때문이다.

 이곳은 소음이나 미세먼지라는 게 아예 없다. 오직 들리는 것은 물소리, 바람 소리, 새소리, 나비 날갯짓 소리, 개미 기어가는 소리뿐이다. 공기가 깨끗하여 방에 먼지가 앉지 않는다. 언덕이 많아 자연스럽게 운동이 된다. 수도가 없어 도랑물을 물통에 받아 옮긴다. 옷을 빨랫줄에 널어도 먼지 한 톨 묻지 않는다. 전기 수도가 없어 모두 불편하지만 난 그것을 즐긴다. 좋은 것도 많지만 나쁜 것도 없지 않다. 성가시게 하는 날파리 문제다. 늘 땀에 젖어 있어 더 극성인 것 같다. 백수의 왕인 사자도 눈에 덤벼드는 파리 때문에 골머리 앓는 것을 연상하면 된다. 그다음엔 가끔 맞닥뜨리는 뱀이다. 언제 봐도 징그럽고 무섭다. 늘 장화를 신고 다니지만 무서운 것은 해결 안 된다. 정말 만나고 싶지 않다. 어쩔 수 없이 만나는 놈들이기에 공생해야 하는데 아직 거기엔 이르지 못했다.